光明行 系列丛书

北京与文明

北京市监狱管理局
北京市戒毒管理局 编著

中国政法大学出版社

2025·北京

图书在版编目（CIP）数据

北京与文明 / 北京市监狱管理局，北京市戒毒管理局编著. -- 北京：中国政法大学出版社，2025. 3. --（"光明行"系列丛书）. -- ISBN 978-7-5764-1983-2

Ⅰ. K291

中国国家版本馆 CIP 数据核字第 2025UR6474 号

书　名	北京与文明 BEIJING YU WENMING
出版者	中国政法大学出版社
地　址	北京市海淀区西土城路 25 号
邮　箱	bianjishi07public@163.com
网　址	http://www.cuplpress.com (网络实名：中国政法大学出版社)
电　话	010-58908466(第七编辑部) 010-58908334(邮购部)
承　印	北京中科印刷有限公司
开　本	720mm×960mm　1/16
印　张	18
字　数	280 千字
版　次	2025 年 3 月第 1 版
印　次	2025 年 3 月第 1 次印刷
定　价	68.00 元

第一版编委会

修订版编委会

顾　　　　问：秦　宣　章恩友　林　乾　元　轶
　　　　　　　刘　津　许　燕　马志毅　杨　光
　　　　　　　吴建平　巫云仙　金大鹏
编委会主任：禹　冰
副　主　任：崔　冰　何中栋（常务）
编　　　　委：林仲书　戴志强　董世珍　徐长明
　　　　　　　王　宏　赵　跃　徐万富　赵永生
总　策　划：何中栋
执 行 策 划：尉迟玉庆
策　　　　划：曹广健　马　锐　练启雄　李春乙
丛 书 统 筹：秦　涛

分册主编：乐成章
副　主　编：王铁娜　姜　国
分册统筹：龚　瑶
作　　　者：赵　旭　苏日娜　夏明友　郑天瞳（特邀）

修订版总序

　　教材是传播知识的主要载体，体现着一个国家、一个民族的价值观念体系。习近平总书记指出："紧紧围绕立德树人根本任务，坚持正确政治方向，弘扬优良传统，推进改革创新，用心打造培根铸魂、启智增慧的精品教材。"监狱作为教育人、改造人的特殊学校，更加需要一套科学系统的精品教材，洗涤罪犯灵魂，将其改造成为守法公民。多年来，首都监狱系统在"惩罚与改造相结合、以改造人为宗旨"的监狱工作方针指导下，始终坚持用心用情做好教育改造罪犯工作，秉持以文化人、以文育人理念，于2012年出版了北京市监狱管理局历史上第一套罪犯教育教材——"光明行"系列丛书，旨在用文化的力量，使人觉醒、催人奋进、助人新生。

　　丛书自问世以来，得到了司法部、北京市委政法委、市司法局等上级机关和领导的充分肯定，获得了范方平、舒乙、洪昭光等知名专家的高度评价，受到了全国监狱系统同行的广泛关注，得到了罪犯的普遍欢迎，成为北京市监狱管理局科学改造罪犯的利器。这套丛书获得了多项荣誉，2012年被国家图书馆和首都图书馆典藏，《道德与践行》被中央政法委、北京市委政法委列为精品书目，《健康与养成》获得了"全国中医药标志性文化作品"优秀奖等。"光明行"系列丛书已经成为北京市监狱管理局罪犯改造体系的重要组成部分，成为北京市监狱管理局的一张名片，为全面提升罪犯改造质量发挥了重要作用。

　　党的十八大以来，以习近平同志为核心的党中央高度重视监狱工作，习近平总书记多次作出重要指示，为监狱工作提供了根本遵循，指明了前进方向。特别是随着中国特色社会主义进入新时代，社会主要矛盾发生根本转变，经济生活发生巨大变化，社会形势发生重大变革，全党确立习近平新时代中国特色社会主义思想，提出了一系列治国理政的新理念、新思想、新战略，取得了举世瞩目的成就。近年来，随着刑事司法领域全面深化改革的逐步推进，国家相关法律和监狱规章发生较大调整，监狱押犯构成发生重大变化，监狱机关面临新形势、新任务、新挑战，需要我们与时俱进，守正创新，在罪犯改造的理论体系、内容载体、方式手段，以及精准化水平等方面实现新的突破，以适应新的改造需要。在这样的背景下，北京市监狱管理局以"十个新突破"为指引，正式启动对"光明行"系列丛书的修订改版，进一步丰富完善罪犯教育教材体系，推动教育改造工作走深、走精、走活、走实。

本次修订对原有的《监狱与服刑》《道德与践行》《法律与自律》《劳动与改造》《心理与心态》《回归与融入》6 本必修分册，以及《北京与文明》《信息与生活》《理财与规划》《健康与养成》4 本选修分册进行更新完善，同时新编了一本《思想与政治》必修分册，以满足强化罪犯思想政治教育、树立"五个认同"的现实需要，使得丛书内容体系更加科学完善。

新修订的"光明行"系列丛书共计 160 余万字，展现出以下四大特点：一是反映时代特征。丛书以习近平新时代中国特色社会主义思想为指导，反映十几年来社会发展和时代进步的最新成果，将中央和司法部对监狱工作的新思路、新要求融入其中，特别是坚持同中国具体实际相结合，同中华优秀传统文化相结合，对理论及内容进行更新，充分展现"四个自信"。二是彰显首善标准。丛书总结这十几年来北京市监狱管理局改造工作经验，将"十个新突破"及教育改造精准化建设的最新要求融入其中，体现了市局党组和全局上下的使命担当和积极作为，反映了首都监狱改造工作取得的成绩和经验，展现了首都监狱工作的特色和水平。三是贴近服刑生活。丛书立足监狱工作实际，紧扣服刑、改造、生活、回归等环节，贯穿服刑改造全过程，摆事实、讲道理、明规矩、正言行，既供罪犯阅读，也供民警讲授，对罪犯有所启发，使其有所感悟，帮助罪犯解决思想和实际问题。四是适合罪犯学习。丛书更新了大量具有时代性和典型性的故事和事例，以案析理、图文并茂，文字表述通俗易懂、简单明了，每个篇章新增了阅读提示、思考题以及推荐书目和影视作品，使罪犯愿意读、有兴趣、能读懂、易接受，将思想教育做到潜移默化、润物无声。

本次修订改版从策划编写到出版问世，历时一年，经历了内容调研、提纲拟定、样章起草、正文撰写、插图设计、统稿审议、修改完善和出版印刷等大量艰辛繁忙的工作。丛书修订得到了各级领导的大力支持和悉心指导，参与社会专家达到 21 人，参与编写的监狱民警 80 余人，组织召开各类会议 130 余次，问卷调查涉及罪犯 1800 余人次，投入经费 200 万元。我们还荣幸地邀请到秦宣、章恩友、马志毅、金大鹏、林乾、吴建平、元轶、刘津、许燕、杨光、巫云仙等知名专家担任顾问，加强指导、撰写序言、提升规格、打造精品。希望广大罪犯珍惜成果、加强学习、认真领悟、真诚悔过、自觉改造，早日成为有益于社会的守法公民。

在此，谨向付出艰辛劳动的全体编写人员致以崇高敬意，向支持帮助丛书编写出版的同志们及社会各界人士表示衷心的感谢！由于时间和水平有限，难免存在疏漏和不足之处，欢迎批评指正。

"光明行"系列丛书编委会
2025 年 1 月

分　序

　　"冷云间，夕阳楼外数峰闲。等闲不许俗人看，雨髻烟鬟。倚西风十二阑，休长叹。不多时暮霭风吹散，西山看我，我看西山。"

　　元代唐毅夫的这首散曲，将北京西山的巍峨和顶峰云罩雾绕的朦胧美景刻画得动人心魄，蕴含着作者对人生逆境的无限思考与深刻感悟。而这座腾蛟起蟒的"太行山之首"——西山遥遥拱卫的千年古都北京，也因此更显历史深邃。

　　中华文明五千年历史源远流长，北京是中华文明和中华民族发祥地之一。这里最早曾是战国七雄之一——燕国的国都"蓟"，此后辽、金、元、明、清均在此建都，王朝的兴衰更迭、社会的发展变迁、百姓的喜怒哀乐，如一幅波澜壮阔的长篇画卷，在这片土地上留下了深刻的印记。气势恢宏的紫禁城、雄伟壮丽的八达岭长城、雅致幽美的颐和园、庄严规整的祈年殿，饱经风霜的卢沟桥……一砖一瓦、一阑一松无不诉说着历史的沧海桑田。拥有三千年底蕴的北京见证了华夏民族和中华文明的辉煌与延续。

　　古都新韵，风华千载。新中国成立以后，首都北京作为国家的政治、文化、国际交往、科技创新中心，正在以惊人的速度蜕变，承接着新时代赋予的新使命，千年文明古都的积淀和现代化国际都市的光影在这里完美交融。鸟瞰世界文化遗产之一的北京中轴线，北起钟鼓楼，途经景山、故宫、天安门、正阳门，到最南端的永定门。一路沿着中轴线走来，你既能聆听到历史的低吟，更能欣赏现代的交响。亚洲金融大厦、奥林匹克塔、国家会议中心、王府井步行街、东西长安街、北京坊以及数不清的高校、科研机构和互联网企业，在中轴线两侧拔地而起、兴荣发展，彰显着这座世界一线都市的新质生产力和文化软实力。如今的北京正在以更加包容、开放、积极的姿态融入世界、拥抱未来。

读过新修订的《北京与文明》，我试图将所有章节合并成一个词来概括北京，思量了很久，或许"醇和厚重"比较恰当。在这座最能代表中国文化的城市中，每一条胡同、每一座旧宅、每一棵古树、每一枚瓦片，都散发着古老而又鲜活、静谧而又深沉、亲切而又难解的极致魅力。特别是深秋时节，走在北京大学未名湖畔金色铺地的银杏路上，嘴里咀嚼着酸甜的冰糖葫芦，空气中仿佛都弥漫开了岁月寂寥的味道。正如郁达夫在《故都的秋》所写："不逢北国之秋，已将近十余年了。在南方每年到了秋天，总要想起陶然亭的芦花，钓鱼台的柳影，西山的虫唱，玉泉的夜月，潭柘寺的钟声。"我们身在其中，又怎能不踌躇满志、豁然开朗，在"西山看我，我看西山"的超脱意境中凭栏远眺呢。

朋友们，衷心希望大家阅读本书后有所收获，或有片刻沉浸之感，在忙碌的生活中，感受北京这座城市真实的历史和其独特文化所带来的愉悦。

中共中央党史和文献研究院副研究员　杨光

2024 年 12 月

目　录

第一篇　先民足迹　　　　　　　　　　　　　/ 001

　一、可爱的家乡：北京湾　　　　　　　　　　/ 003

　二、我们的母亲河：永定河　　　　　　　　　/ 007

　三、古老的先人：北京人　　　　　　　　　　/ 014

　四、平原生活：东胡林人和雪山文化　　　　　/ 020

第二篇　五朝帝都　　　　　　　　　　　　　/ 027

　一、北京城起源：幽燕都会　　　　　　　　　/ 029

　二、帝都序幕：水上大都　　　　　　　　　　/ 036

　三、王朝气象：明代北京　　　　　　　　　　/ 042

　四、夕阳盛景：八旗制度　　　　　　　　　　/ 048

第三篇　百年嬗变　　　　　　　　　　　　　/ 053

　一、侵略与抗争：火烧圆明园　　　　　　　　/ 055

　二、帝制末日：宣统退位　　　　　　　　　　/ 060

　三、革命先锋：五四运动　　　　　　　　　　/ 065

　四、浴血抗战：卢沟桥事变　　　　　　　　　/ 070

　五、黎明的曙光：和平解放　　　　　　　　　/ 073

　六、历史新篇：开国大典　　　　　　　　　　/ 078

第四篇　皇家气派　　　　　　　　　　　　/ 087

一、京城脊梁：中轴线　　　　　　　　　　/ 089

二、城墙变故："凸"字形的外城　　　　　　/ 094

三、北京的城门故事　　　　　　　　　　　/ 099

四、昔日城中城：故宫　　　　　　　　　　/ 104

五、天圆地方：天坛和地坛　　　　　　　　/ 109

六、天地为师：三山五园　　　　　　　　　/ 115

七、万里雄关：明代长城　　　　　　　　　/ 121

第五篇　古都风情　　　　　　　　　　　　/ 127

一、城市经脉：老北京胡同　　　　　　　　/ 129

二、传统民居：北京四合院　　　　　　　　/ 135

三、雅俗共赏：京城庙会　　　　　　　　　/ 142

四、字正腔圆：北京话的儿化音　　　　　　/ 147

五、商业传奇：京城老字号　　　　　　　　/ 152

第六篇　京韵文化　　　　　　　　　　　　/ 159

一、国粹艺术：京剧　　　　　　　　　　　/ 161

二、平民味道：北京小吃　　　　　　　　　/ 167

三、服饰经典：变身的旗袍　　　　　　　　/ 171

四、和谐并立：北京的宗教文化　　　　　　/ 175

五、文化地标：从天桥到遍地开花的艺术区　/ 182

六、城市灵魂：北京精神　　　　　　　　　/ 189

第七篇　时代华章　　　　　　　　　　　　/ 195

一、时代晴雨表："我爱北京天安门"　　　　/ 197

二、城市靓装：十大建筑　　　　　　　　　/ 202

三、双奥之城：从 2008 年到 2022 年　　　　/ 209

四、运河明珠：北京城市副中心　　　　　　　　/ 215

五、魅力京郊：绿水青山与金山银山　　　　　　/ 223

第八篇　未来航向　　　　　　　　　　　　　/ 231

一、红旗飘扬：全国政治中心　　　　　　　　　/ 233

二、星光璀璨：全国文化中心　　　　　　　　　/ 238

三、WELCOME TO BEIJING：国际交往中心　　　/ 247

四、数字北京：科技创新中心　　　　　　　　　/ 254

附　录　　　　　　　　　　　　　　　　　　/ 262

附录一　北京爱国主义教育示范基地　　　　　　/ 262

附录二　北京历史文化名人　　　　　　　　　　/ 267

参考文献　　　　　　　　　　　　　　　　　/ 270

第一篇
先民足迹

这里地理位置显赫、山川雄奇、土地肥沃、物产丰富，历来被视为藏龙卧虎的神州宝地。《日下旧闻考》记载："幽州之地，左环沧海，右拥太行，北枕居庸，南襟河济，诚天府之国。"从70万年前至20万年前的"北京人"开始，先民们一步步跨过山涧、走近河边、定居平原，开创并延续着文明。

【阅读提示】

1. 北京平原的地理地形特点。

2. 纵观永定河的过去和现在，了解历代治理永定河的经历。

3. 北京先人们用智慧和汗水开创远古文明的艰辛历程。

一、可爱的家乡：北京湾

地理学上，人们称北京地区为"北京湾"。而回顾历史，我们并没有发现北京地区曾经临近大海。为什么会有这个名称呢？其实，这跟大海没有关系，而是一种对北京地形的形象说法。

海畔云山拥蓟城

翻开北京市地图，我们清楚地看到：北京北边与燕山、内蒙古高原接壤，西部以太行山与山西高原毗连，西部山地属于太行山余脉，俗称北京西山；北部和东北部山地属燕山山脉，与西山相连接的一段为军都山，两条山脉在关沟附近交会。东北与松辽大平原相通，东南距渤海约150公里；往南与黄淮海平原连片。北京的山地丘陵自西、北和东北三面怀抱着北京城所在的小平原，在空中看，整个地形就像一个临海的港湾，西面、北面、东北面连绵不断的山地与东南部分的平原受断层控制，差异性升降显著，过渡急剧，山边线平直清晰，极像一个半封闭的海湾，所以人们形象地叫它"北京湾"。

唐代诗人祖咏在《望蓟门》中写道："沙场烽火连胡月，海畔云山拥蓟城。""蓟城"就在现在的北京地区，而且诗中用一个"拥"字很形象地描写了北京的地形特点和特别的地理位置。这里东南距渤海很近，且有辽东、山东半岛拱卫海上防御；向东偏北出山海关可到东北地区；向西北出居庸关到我国最大牧区内蒙古，西距山西等产煤地不远；南为物产丰富的黄淮海平原。由于地理上扼守中原与北方地区的交界位置，军事上易守难攻，这里历来就是兵家必争之地，也是后来几个朝代定都的重要因素。

北京地区最早被称为蓟。据史书记载，公元前11世纪，周武王克商以后，封帝尧之后于蓟，封召公奭于燕（因临近燕山而得国名）。燕以蓟城为国都，即现在北京的前身。秦灭燕之后，设置蓟县，故址在今北京城。《尚书·舜典》记载"燕曰幽州"，幽州也是今天的北京一带。

中国封建时代的两汉、魏、晋、唐代都设置过幽州。唐肃宗乾元二年（759年），史思明自称燕帝，以范阳为燕京。安史之乱平定后，罢燕京。后来北京的正式命名虽屡有变动，燕京这个名称却广泛使用。近百年来，燕京是北京最常用的一个别称。随后，辽、金、元、明、清等朝代均把北京作为统治中心。从辛亥革命至新中国成立，北京两度改为北平，最后确定叫北京，作为中华人民共和国的首都。

芙蓉朵朵与天齐

北京多山，山地面积约占全市总面积的 2/3。自西往北到东，环抱京城的是绵延的太行山脉和燕山山脉，群山连绵不断，高峰林立；高低错落，雄伟壮观。东临雾灵山，北有海陀山，西有东灵山、百草畔、百花山……山海莽莽，形成拱卫在北京周边的一道天然屏障。明朝诗人王鳌曾用诗句这样描写："百二河山势自西，芙蓉朵朵与天齐。"

过去，北京小平原的山要比现在高，平原地区是浅海，后来随着外力作用风化侵蚀，山慢慢被削平，泥沙被流水冲到低地沉积下来，形成了山水河流、陆地平原。原来，在漫长的地质历史中，北京处于燕山沉降带的西段，既经历过大幅度的下降，又产生过剧烈的造山运动。

△ 雾灵山

在中生代，以燕山运动为主的构造变动奠定了北京地区地质构造的基础骨架以及地貌发育的雏形；自晚古生代到中生代期间，地壳运动一直处于下降凹陷状态，因而堆积了巨厚沉积物并称其为西山凹陷。后经燕山运动影响，西部褶皱隆起成山（即北京西山）；之后，新生代自第三纪以来的新构造运动的影响，使北京地质和地貌类型更加复杂多样。如今，谁能想到这样平静的"北京湾"，经历过如此轰轰烈烈的地质构造运动。

在长期的风力、流水、冰川等外力的作用下，北京的山脉奇特，或刀削斧劈般拔地而起，险峻异常，令人望而生畏；或云岫谷中溪瀑妙曼，花朵缤纷，像别有洞天的世外桃源。瀑布、溶洞、石峰、石柱、石林、石笋等奇山异石数不胜数，蔚为壮观。"三里不同天，一山有三季"的燕山山脉主峰雾灵山，曾经出现"山下飘桃花，山上飞雪花""山下阴雨连绵，山上阳光明媚"的美丽景色。位于京西的百花山，山势险峻秀丽，白云缭绕其间，既有根深叶茂的原始桦木林，又有平似绿毯的草坪，被誉为北京最美的山。

素有"北京黄山"之称的云蒙山，以奇山怪石、仙人古洞、飞瀑流泉而闻名。山中有一处"鬼谷仙人洞"，洞壁刻留"云蒙宝山，鬼谷仙洞"8个篆字，顶峰建有孙膑庙。传说，春秋战国时期，孙膑与庞涓在此拜鬼谷子学艺。山中至今还存有孙膑庙遗址、鬼谷子峰。如今，这些名山胜景都是人们登山旅游的好去处。

【知识链接】

京都第一峰

东灵山位于北京市门头沟区西部，隶属太行山脉，海拔为800米以上，其中主峰海拔2303米，为北京市第一高峰，也是华北地区较高的山峦。地貌为以构造侵蚀为成因的高山地貌，山峰峻峭，谷深坡陡，山势雄伟，怪石嶙峋，有天然森林和亚高山草甸。东灵山自然风景区是北京市生态旅游的胜地。人们去泰山为的是观日出，其实登灵山观日出有同样的韵味。

桑叶纷纷下蓟门

一千多年前，南北朝诗人庾信曾在深秋季节到此游览，见满目秋风中摇曳的桑林，即兴而咏"桑叶纷纷下蓟门"。宜人的秋天美景让人感受到浓浓的秋意。在四季分明的北京，秋天是一年中最好的季节，不像冬天那样寒冷，不像春天的气温多变，还易发生大风、沙尘天气，也没有夏季的炎热。北京的秋天秋高气爽、硕果丰收、气候宜人，放眼望去，秋静秋色尽收眼底。

郁达夫在《故都的秋》中这样描述："在皇城人海之中，租人家一椽破屋来住着，早晨起来，泡一碗浓茶、向院子一坐，你也能看得到很高很高的碧绿的天色，听得到青天下驯鸽的飞声。从槐树叶底，朝东细数着一丝一丝漏下来的日光，或在破壁腰中，静对着像喇叭似的牵牛花（朝荣）的蓝朵，自然而然地也能够感觉到十分的秋意。"天高云淡，暖暖的阳光，牵牛花的蓝朵，幽静的住所，加上一碗浓茶，作者笔下秋天的生活休闲而惬意。

然而，这样舒爽的秋天在北京只有 2 个月左右，短促得让人留恋。由于北京地形垂直落差达 2295 米，明显影响着北京的四季分布时间。秋天短，但是冬季最长，约 5 个月，夏季次之，约 3 个月。春天既短促又不均衡，在 4 月初北京大部分地区进入春季时，西部和北部山区的春天才姗姗来迟。最北部的延庆县佛爷顶，可能在 5 月末才迈进春天的门槛。

【知识链接】

北京历史上气温和降水之最[1]

历史气象资料显示，1 月是北京最冷的月份，平均最低气温为零下 8.4℃，1966 年 2 月达到零下 27.4℃；7 月是北京最热的月份，平均最高气温为 30.9℃，1999 年 7 月高达 41.9℃。

据资料记载，在北京降水最多的 1959 年，达到 1406 毫米；最少的 1869 年，只有 242 毫米，相差达 1164 毫米。2023 年"七下八上"期间（7 月 16 日至 8 月 15 日），北京遭受极端暴雨事件，过程最大雨量位于昌平王家园水库（744.8 毫米），为北京地区有仪器测量记录 140 年以来最高降水量，降雨持续时间达 83 小时。

---

〔1〕 数据来源：北京市气象局。

二、我们的母亲河：永定河

永定河是首都北京的"母亲河"，是国家四大重点防洪江河之一，也是京津冀区域重要水源涵养和生态保护的廊道。它发源于山西省宁武县管涔山北麓，全长747公里，流经北京市境内门头沟、石景山、丰台、房山、大兴5个区，全长170公里，流域面积3168平方公里，

△　永定河

是流经北京地区最长、最古老的河流。

"母亲河"的由来

永定河的历史悠久。我国先秦古籍《山海经》称它为㶟水。三千多年前，当时的永定河从晋北高原穿过军都山脉的崇山峻岭奔腾而下，一过现在的门头沟三家店这个位置便坡势骤缓，再过了卢沟桥所在地则更是一马平川。永定河水如同巨龙突然没有了束缚，便伴随着季节性水量的增减，在广阔而平坦的平原上随意地冲刷，形成了一片片冲积扇，既造就了平原地区肥沃的土壤，又留下了大量湖沼和丰富的地下水。北京地区最初的文明就在这片土地上形成，在后来的岁月里，永定河的河水也滋养了北京城。

永定河中上游多山地丘陵，广泛分布着茂密的森林。从三千多年前蓟城形成于永定河上的古渡口，以及千百年来北京的城市建设和生活，永定河中上游的茂密森林是历史上北京城所需木材、木柴和木炭的主要来源。尤其永定河流域穿插于长城内外，沿河两岸广大地区成为我国北方民族汇集融合之区，在政治、经济、军事方面起过非常重要的作用。

【知识链接】

永定河上的古渡口

人类文明史表明，人们逐水而居，择水源而兴建城邦。北京原始城址的选定充分说明了古代先民的慧眼独具。最早的蓟丘在今北京西南广安门一带，距离永定河交通荟萃的古渡口不远，其西有莲花池作为水源，地势稍高，可避永定河易发生洪水暴涨的危害。西周灭商，裂土分疆，封帝尧之后于蓟，封地中心在这一带；封同姓贵族姬奭于燕，封地中心在今琉璃河董家村一带。两个封国毗邻并存，相距不过百里，大致以永定河为分界。其后，燕国逐渐强盛，吞并了蓟国，至春秋时期燕襄公时，迁至蓟城作为国都。由此，蓟城成为北京历史上最早的都邑。可见，永定河上的古渡口是北京城的前身蓟城最终形成的重要因素之一。

永定河早期从北京城北流过，故地下水充足。大家知道玉泉山的水好，那里清冽的泉水是永定河水通过石灰岩层渗滤而来的。圆明园等著名风景区的形成也与此水源有关。后来，河道往西南迁移，为北京留下了丰厚的馈赠。城中风光旖旎的河湖淀泊如什刹三海、积水潭、金鱼池、龙潭湖，均为古永定河河道的余脉，泽惠后人。元代不仅打通了南北交通大动脉大运河航道，而且利用永定河作为运输物资粮饷的运道。时至今日，永定河仍然是承担北京地区工业、农业和城市生活的主要水源之一。

从远古的居民聚落点、诸侯方国，到北方重镇乃至发展成全国政治中心的首都，北京城的迁移与扩展与永定河密不可分。称永定河为"北京的母亲河"，实至名归。

【知识链接】

"三海"之水来自永定河

北京"三海"原有"前三海"和"后三海"之分。其中，"后三海"，也称什刹海，包括前海、后海和积水潭；"前三海"是北海、中海、南海，位于北京城内故宫和景山的西侧，合称"三海"。明清时期的西苑，是中国现存历史悠久、规模宏大、布置精美的宫苑之一。它从10世纪的辽代开始营建，里面有山，有水，还有许

△ 什刹海

多精美的宫殿园林。这些园林的水源都来自永定河故道。

治理永定河

金、元、明清时期，北京城市生活对木柴、木炭的大量消耗，无节制地采矿、开荒、砍伐，导致永定河中上游流域的自然环境遭到极大破坏，茂密的森林慢慢消失，水土流失逐渐加剧，永定河中上游流域的森林几乎被砍伐殆尽。"母亲河"不再温和，"性格"开始变得暴躁起来。在北到温榆河、南至大清河、东到蓟运河、西至白沟河的下游流域，永定河游荡回旋，极易改道，而且经常洪水肆虐，成为历史上一条多灾的河流，因此，有"小黄河""无定河"的别称。

永定河"决堤"的情形，历史资料常见记载。光绪十六年（1890年），北京大雨倾盆，永定河河水暴涨而引发决堤，给京城造成巨大的灾害。当时受灾的情形，御史何福在奏折中写道，"彰义门（即广安门）南西门（即右安门）外一带，平地水深丈许，洪流淹浸之处，室庐十不存一"。大清门左右的各部院衙门"难以办公"，外城的"永定、左安、右安各门，雨水灌注不能启闭，行旅断绝。一切食均不能进城"。

据记载，从元代（1271年—1368年）到清代（1644年—1911年）的640年间，发生漫溢决口124次，大约每5年一次。洪水肆虐时，灾害十分严重。北京城内，家家屋内存水，紫禁城内水深数尺，"人多避

树上巢居"，屋宇倒塌不计其数，道路因洪水阻滞交通，城市平民无处安身。

为了保护母亲河，历代统治者十分重视对永定河进行治理。金、元时期采取筑堤防水、开发漕运来治导永定河，明代以防洪保护北京为核心，大兴堤防工程。清代一直把永定河治理列为重大国事，不仅治水还注重治沙。康熙皇帝称"此河性本无定，溜急易淤。沙既淤则河身垫高，必致泄溢"。康熙三十七年（1698 年）将无定河向东改道，峻工后，康熙将无定河钦定为"永定河"。康熙以后的雍正、乾隆二帝，一直将"筑堤束水、以水攻沙"作为治理永定河的核心策略，起到一定的效果。

【知识链接】

刘靖治水

三国时期人们就重视开发永定河水利。当时驻守蓟城的征北将军叫刘靖。他率兵驻守蓟城后，为了部队屯田的需要，"登梁山（今石景山）以观源流，相湿水以度形式"，并组织士兵上千人在今石景山永定河道上修建起一座水利工程——戾陵堰，开左岸岩石凿成矩形引水渠，名"车箱渠"。

《水经注》说："立遏于水，导高梁河，造戾陵遏，开车箱渠。"戾陵堰的主坝"高一丈，东西长三十丈，南北广七十余步"，戾陵堰的运用是，洪水来时"乘碣东西"，平时来水则"自北门入"。戾陵堰使用了 36 年后，于晋元康四年，永定河一场大洪水将工程"毁损四分之三"。后来，刘靖之子刘弘继承父业，经过近一年的努力终于复建完工，恢复了灌溉效益，戾陵堰"岁灌良田二千顷"，成为北京地区最早的大型水利工程。西晋以后，车箱渠工程经加固改造，灌溉面积达百余万亩，对防洪泄洪和农田灌溉发挥着重要作用。

历史上，永定河缔造了北京昔日的辉煌；如今，永定河被列为中国四大重点防洪河道之一。新中国成立后，北京市曾对永定河进行了大规模的治理，特别是 1954 年修成官厅水库后，永定河中下游的河道基本稳定。

为改善永定河流域的生态环境，做好饮用水安全保障，北京市从 2009 年开始实施永定河治理工程。在 2014 年前投入了 170 亿元巨资建设永定河绿色生态发展带，使永定河 170 公里的北京段恢复流水，再辅以河道内外园林生态绿化，使永定河的水资源发挥更大的作用，让北京成为河流稳固的生态平衡城市。

近年来，北京市深入贯彻习近平总书记"十六字"治水方针和关于治水重要讲话指示批示精神，根据永定河综合治理与生态修复国家战略，坚持"用生态的方法解决生态的问题"，开创并深化"湿河底、拉河槽、定河型、固河滩、复生态"治理模式，"以水开路，用水引路"。2019 年以来接续实施永定河北京段生态补水，2020 年实现了北京境内河段水流贯通，2021 年实现永定河全线连山通海，河势河型优化巩固，河流连通性显著提升，地表地下协同修复，生物多样性进一步丰富，"流动的河、绿色的河、清洁的河、安全的河"治理目标取得了阶段性成果，永定河逐渐恢复生命，京津冀协同发展在生态环境领域取得重大进展。[1]

永定河文化

永定河不仅历史悠久，而且文化积淀底蕴深厚。许多关于永定河的传说内容丰富、形象生动、流传广泛。这些传说留有历史的影子，记述了不同时期人们治理永定河的历史，表现了人们为治理水患与大自然不懈抗争的精神，不仅具有浓厚的北京地方色彩，而且凝聚了永定河两岸人民群众的智慧。

例如永定河传说中《河挡挡河的传说》借用历史上"刘靖治河"的史实，将"刘靖"变成了"刘瑾"，并从"三国时期"移植到了"明代"。在《石经山和湿经山的传说》中，"湿经山""石经山"（石景山的谐音）和石景山的"晾经台"等真实地名有关，变成了唐僧取

---

〔1〕　本文信息载北京市水务局官网：https://swj.beijing.gov.cn/swdt/ztzl/2023nydhstbsdt/202303/t20230320_2940003.html，最后访问日期：2025 年 2 月 20 日。

经途中打湿并晾晒经书的传说。《冯将军严惩老兵痞》更是以史为据，说的是冯玉祥将军在永定河防汛抢险的故事。

【知识链接】

冯玉祥将军防汛永定河

1924年夏天，永定河河水骤然猛涨，出现了百年以来罕见的水灾。7月8日，洪水达到前所未有之势。当时冯玉祥将军任陆军检阅使，驻兵南苑。他得知这个消息以后，火速派二十二旅长鹿钟麟、第八混成旅长李鸣钟率领军队二千多人到堤岸协助防汛。广大官兵同民工一起负薪运土，与洪水搏斗，守护河堤危险地段接连几昼夜，随溃随抢。慰劳官兵时，冯玉祥将军在防汛大堤上同大家一起负薪运土。当洪水将漫决堤坝时，他先跳入水中，组成人墙，波涛汹涌的洪水甚至冲走了他的上衣。

在冯玉祥将军的指挥下，南苑驻军官兵经过一个多月的奋力救护，大堤保住了，永定河沿岸数百个村庄得免被淹没。为了纪念冯玉祥将军在治水抢险中的贡献，当时的永定河河务局在1925年1月为其立了一块"冯检阅使德政碑"。此碑就在今丰台镇南边的北天堂村西的龙王庙前，紧挨着永定河大堤。

永定河还为世人留下了丰富的文化历史遗存，如商旅古道、进香古道、军旅古道。京西古道上留下了众多隘口，左岸傍山越岭的古道形成重要的军事通道，沿途留存着许多汉代以来的军戍、屯防遗迹，如三家店军庄将军山石堡、妙峰山陈家庄古城等古代军事防卫遗存，至今有往来游人流连凭吊。古军道是永定河西山峡谷中华北平原与黄土高原之间交通往来的重要通道。

永定河流域还有如灵水村、三家店等古村落遗存。距今1万年左右的"东胡林人"遗址的发现，填补了自北京猿人、山顶洞人以来北京地区人类发展史上的一段空白。地处永定河畔的门头沟卧龙岗、丰台的鹰山、石景山区高井电厂附近发现了多处古人类遗址，有力地证明了从最早的先民聚落点开始，北京悠久的历史文明发源于永定河。

　　2017年，在北京一些专家学者和北京永定河文化研究会建议下，"永定河文化"写入了《北京城市总体规划（2016年—2035年）》中，成为"三个文化带"之一的西山永定河文化带。永定河文化源远流长、丰富多彩，涉及中国古人类起源、中华民族起源、古都北京起源等重要内容，是中华民族文化和北京文化的精彩篇章。

三、古老的先人：北京人

1929年12月2日，我国古人类学家裴文中先生在北京西南的龙骨山一处洞穴里，发掘出土了第一颗完整的"北京人"头盖骨。这一发现震惊了世界学术界，北京历史上最古老的先民终于露出了神秘的面目。

首次发现"北京人"化石

正规的发掘工作从1927年在房山区周口店镇展开。1929年12月2日下午4时多，太阳已经西沉，洞里特别暗，裴文中先生和他的助手们只好借助蜡烛的微光发掘。据事后回忆，当时裴先生喊道"人头"，其他人马上围拢过来，想看个究竟。头盖骨埋在土中，发掘时，虽然由于震动其略有损伤，但经过修复，仍保持完整。第一颗完整的"北京人"头盖骨就这样面世了！1989年，科学家采用电子自旋共振法测定，"北京人"化石距今约有57.8万年。

△ 北京人头像雕塑

通过考古学家复原的"北京人"头盖骨，我们可以发现"北京人"的外貌特征——前额低平，眉骨粗壮，颧骨高凸，嘴巴前伸，身材粗短。男性高约162厘米，女性高约152厘米。腿短臂长，头部前倾。头部残留猿类特征，身体可以直立行走，既像猿又像人。他们就是著名的"北京猿人"，考古学上也称"北京直立人""北京人"。

考古发掘工作持续到1937年，考古学家从洞穴中挖出26 000多立方米的堆积物，从中先后掘出头盖骨5个、面骨6件、颅骨碎片15块、下颌骨14块、牙齿47枚，以及其他部位化石。但是，这些珍贵标本在

后来的战乱中失踪了。

人们最后看到这些标本的时间是 1941 年，那是在北京王府井大街由协和医院里。1941 年，经当时国民政府批准，"北京人"头盖骨化石移交给即将离开北京撤回美国的美国海军陆战队，转移到美国。同年12 月 5 日，该部队所乘火车驶往秦皇岛。但由于随后珍珠港事件爆发，日本军队俘虏了这支准备撤回美国的部队，"北京人"化石从此下落不明。

【知识链接】

"北京人"头盖骨之谜

"北京人"头盖骨到底在哪里？1998 年，中国 14 名院士发起"世纪末的寻找"，2005 年房山区成立了寻找"北京人"头盖骨化石工作委员会，但至今也没有找到。2006 年 9 月，周口店北京人遗址博物馆公布了新收集到的三条寻找"北京人"头盖骨化石的线索——天津医学院、北京协和医科大学以及日本东京皇宫有可能存有珍贵的"北京人"头盖骨化石。

对"北京人"头盖骨的下落说法之一是，化石或留在日本。1941年运送化石的火车是在天津被日军劫掠。日军占领北京后，对存放过"北京人"化石的协和医院进行严密搜查。而化石被带到日本后也可能流失到日本民间。

解放后，考古学家们恢复发掘工作，发现了"北京人"的 5 颗牙齿、一块上臂骨、一块小腿骨和一个牙床，还发现了大批的各种野兽化石和石器。加上抗战以前的发掘成果，在这里先后发掘出近 200 件人类化石，差不多代表了 40 个男女老少个体，还有近 200 种动物化石、1 万多件石器。这些考古发现足以证明周口店地区是世界上同时期内涵最丰富、材料最齐全和最有科研价值的古人类及古生物遗址。因此，联合国教科文组织在 1987 年把周口店北京人遗址列为世界文化遗产。北京周口店由此成为世界闻名的早期人类发祥地之一。

山顶洞穴是古老居所

龙骨山位于房山区周口店镇，距今北京城区西南约 50 公里，地质成分主要是石灰岩。由于石灰岩容易被水溶解，经过千百万年的溶蚀，山上形成了许多溶洞和裂隙。"北京人"就选择这些大小不一的天然石灰岩溶洞作为居所，现在人们常称其为"猿人洞"。

"猿人洞"的洞穴入口比较狭窄，下到谷底却很敞亮。在其中一个猿人洞里，考古学家发现堆积层剖面有 13 层，第 4、8、9、10 层都有用火后的灰烬层，其中在第 4 层的灰烬层发现了烧骨、烧石和大的石灰岩块，厚度差不多有 6 米。这些化石不仅证明了原始人类在这里断断续续生活了近 40 万年的足迹，更反映了这些先民在与自然斗争中积累的生活智慧。

△ 龙骨山的山顶洞穴

"猿人洞"的选址也有讲究，一般在周口店龙骨山半山腰处，周围有山、有水、有平原。龙骨山东边是一条河流，北面是重叠的高山，西面和西南为低缓、环绕的群山，东南方是广大的平原。从居住环境来看，先民们既不选平坦的地面，也不选采光条件好而且干燥的山顶，而是选龙骨山的半山腰作为住处，选择近江河湖泊等有水的地方。依山傍水的优美环境隐蔽方便生活、生产。这与几十万年后人们对宜居之所总结出的"藏风""得水""聚气"等风水意识有异曲同工之处。

在漫长的历史岁月中，这里曾生活着距今 70 万年至 20 万年的"北京人"、距今 20 万年至 10 万年的早期智人、距今 3.85 万年至 4.2 万年的田园洞人、距今 3 万年左右的山顶洞人。今天，我们可以认为龙骨山是"北京人"的故乡。"北京人"在这里劳动生息，是北京最早的开拓者。

【知识链接】

人类的摇篮：龙骨山

龙骨山是一个海拔约 200 米的小山，龙骨山上的岩洞最长的 140 米，最宽的地方 40 米。附近山上有 4 亿多年前的石灰岩，由于地壳发生变化，地层形成了许多褶曲，又因为石灰岩容易被水溶解、击穿而形成了许多岩洞。在离龙骨山不远的地方有著名的水帘洞、孙膑洞、张良洞、贾岛洞等。有的岩洞很大，里边可容纳 1000 多人，有的岩洞很深，钻进去走三五天也走不出来。有的山洞内还有水、有鱼、有兽、有草。

如今，驱车沿笔直的长安街西行，转向西南方向，跨过著名的卢沟桥，经过千年古迹良乡塔，大约 40 分钟便可到达龙骨山。

发明工具和用火

在漫长的岁月里，"北京人"以这些溶洞和裂隙作为栖息之所，与恶劣的自然环境相处，顽强地生存下来，开创了原始的人类文明。

他们制作了第一件劳动工具——粗糙的石器。虽然很粗糙，却是人类进化史和创造文明历程中一件惊天动地的大事——自觉地制造并利用工具。著名考古学家苏秉琦在《中国文明起源新探》中谈到，"精于工艺，善于创造。这一特点可以上溯到中国猿人那里。他（她）们采劣质的石材（例如脉石英），却打制出小型石器。这一传统在其后数十万年中一直传承"。

北京的先民们还干了一件惊人的事情，就是发明利用天然火。在周口店遗址，考古学家发现了"北京人"用火的遗迹，这是目前世界上人类用火历史最早的证据，由此奠定了周口店遗址在全世界古人类学研究中不可替代的特殊地位。

发现并使用火是人类征服自然的重要本领，也是人类史上的一个里程碑。发明用火方式以后，先民们可以吃到烧烤的熟食，香味满足了食欲，促进身体的发育和脑容量的增加。据研究，"北京人"的脑容量达到1000多毫升，约为现代人的80%，是早期猿人的两倍，比南方古猿脑容量大了约一倍。

继发现"北京人"之后，考古学家又发现了山顶洞人和田园洞人的骨骼化石和大量的文化遗存，地点分别在周口店地区龙骨山的洞穴里和园林场内。这群远古人生活在距今约3万年前，属于晚期智人，是旧石器时代晚期的原始人类，模样和现代人基本相同，脑容量已达1300—1500毫升，生理上已经基本上接近现代人。

【知识链接】

人类发展分为哪几个阶段

人类的发展阶段总括起来分为早期猿人、晚期猿人、早期智人和晚期智人四大阶段。

（1）早期猿人。现发现的年代最早的原始人类化石都集中在中非坦桑尼亚、肯尼亚、埃塞俄比亚一带，因此东非有"人类的摇篮"之称。

（2）晚期猿人。生存年代距今180万年至20万年。我国云南的元谋人和北京猿人就是晚期猿人最著名的代表。北京猿人的平均脑容量已达到1043毫升，不仅能制造石器，还知道用火，聚族穴居，晚期猿人也称直立人。

（3）早期智人。生存年代距今30万年至5万年。典型化石是1856年在德国发现的尼安德特人，故早期智人又称尼人。尼人的脑容量平均已达1350毫升，和现代人相差无几。早期智人的化石已被发现于亚、非、欧广大地区，说明当时人类的分布非常广泛，其石器文化和社会组织都较猿人有很大发展。

（4）晚期智人。距今35 000年左右，晚期智人从体质上说是现代人，脑容量约1400毫升、容貌和体型都和现代人基本一致。晚期智人的典型化石是1868年法国发现的克鲁马农人。其在世界各地的分布较早期智人更为广泛。

遗址中发现了缝制衣服的骨针，证明当时已有了一定的制造工艺，开始用兽皮缝制衣物遮体御寒，告别了赤身裸体的时代；还有经过磨光、染色的石珠饰品，一些经过钻孔的兽牙等生活用品，表明他们已经有了明显的服饰文化和审美观念。他们开始从游徙不定的生活，到寻求一个固定的聚会地点以追祭死者，进而建立永久性的人为聚集地——村落。

与"北京人"相比，山顶洞人和田园洞人的生存能力有了很大的进步。

四、平原生活：东胡林人和雪山文化

古老安静的清水河，在青白口汇入永定河。1966 年，考古学家在清水河畔的门头沟区斋堂镇东胡林村发现一座古人类墓葬遗址。这是一座三人合葬墓，包括两名成年男子和一名女性。考古学上称他们为"东胡林人"。1958 年，昌平军都山旁的雪山文化遗址也被发现，于1962 年发掘。

此时，人类社会处于新石器时代。人们已经开始从事原始农业和畜牧业，能够进行制陶、织麻等原始手工业，并且普遍使用磨制石器。东胡林人墓葬和之前发现的雪山文化遗址让我们清楚地看到北京先民们的生活足迹——从高山洞穴迁徙到大河两岸，再到平原居住。

飘忽不定的东胡林人

北京西部地区属太行山余脉，永定河、清水河等京城几大水系都从此流过。此处生长着大片茂密的森林，许多动物成群地出没，优越的自然环境造就了"环山聚水"的独特生态气候，非常适合古人类居住。于是，东胡林人离开祖辈居住的山洞，在永定河支流清水河北岸，选择在背山面水，避寒风迎暖流的黄土坡上建造房屋，安营扎寨。

东胡林人生活的时代距今约一万年，相当于新石器时代早期。他们的体质形态与现代人基本一致，是继"北京人"和"山顶洞人"旧石器文化遗址之后的人类祖先之一。许多专家称这个遗址填补了山顶洞人以来北京地区人类发展史一段空白，将旧石器时代晚期到新石器时代早期人类链条连接了起来。

但是，东胡林人从哪里来？为什么选择在这里生活？生活的状况怎么样……这些疑问仍未解开，依然留给世人许多的猜想。因此，考古学家称他们为飘忽不定的东胡林人。

【知识链接】

关于东胡林人的几大猜想

东胡林人尸骨的出土引发了我国考古界和地质界的极大震动，但是，仍然留下了许多待解之谜。

猜想之一：他们从哪儿来？东胡林人是 1 万年前介于旧石器时代晚期和新石器时代早期的古代人类。对于东胡林人的来源，专家们也有诸多猜想：是从北京的山顶洞人演变来的，还是从周边地区迁移过来的？东胡林人与北京周口店人、山顶洞人究竟有何历史渊源？自山顶洞人（距今约 3 万年）以来北京地区人类发展史上的这段空白，正等待着通过对东胡林人的进一步研究来填补。

△ 东胡林村遗址

猜想之二：东胡林人为何定居在此？中国科学院研究员周昆叔教授推测，北京的西部地区属太行山余脉，永定河、清水河等京城几大水系都从此流过，优越的地势造就了环山聚水的独特生态气候，非常适合古人类居住。

猜想之三：东胡林人如何生活？中国科学院黄慰文教授说，东胡林人生存的时期正好处于地球上自然环境发生巨变的时期，人类如何适应这种巨变而得以存活，一直是国际上相关学者研究的重点课题。东胡林人尸骨的出土为他们研究北京地区特别是山区气候的变化、环境变化与人类早期文化发展的关系提供了重要的研究依据。

猜想之四：东胡林人有没有发展农业？赵朝洪教授说，在墓葬中找到了猪的肩胛骨和牙齿，表明东胡林人当时的"食谱"包括猪，至于到底是野猪的还是驯养的家畜，还有待考证。另外在对尸骨进行清理的过程中，考古专家还收集了 600 多袋土粒以备筛选，希望能从中找到 1 万年前的谷物。

在墓葬及后来陆续发掘出的文化遗物中，最引人注目的是那些精美的装饰品。在少女遗骨的颈部周围，发现了由 50 多枚大小均匀的螺壳串成的"项链"；手腕

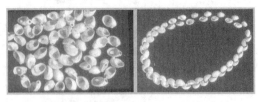

△ 散落在黄土中的紫游螺（一万年前）及串合而成的项链

周围佩戴的骨镯则由牛肋骨截断磨制而成的骨管组成，长短接近，相间排列。还有大量的石器、玉石、陶器等物品。这些活动的遗迹表明，旧石器时代通过采摘、渔猎等方式向大自然索取食物的劳动实践，已经不能保证稳固的生活来源，于是，在这种生活的紧迫感中，他们从专营采集、狩猎的生活到发展渔牧、养殖业，使北京地区的社会经济生活逐步繁荣，逐渐脱离原始形态，进入一个全新的发展时期。

在这个过程中，妇女的作用和地位越发凸显。妇女在长期的采集劳动中，把采来的天然植物种子种到地里，开创了原始农业。她们还学会了编织渔网捕鱼和制造复合工具，掌握了人工取火的技术，发明了用骨针缝制兽皮衣服和制造一些简单的装饰品。由于她们从事的劳动比较稳定，对生活比较有保障，在新的分工中，妇女是农业、畜牧业、制陶业、纺织业的主要发明者，自然地成了氏族的中心，承担着氏族集团主持者和领导者的事务。这种以母系血缘关系的纽带把氏族成员紧紧地联系在一起，这时的群居时代，是母系氏族制社会时期。

层次分明的雪山文化

1958 年，在昌平军都山旁的雪山村发现了雪山文化遗址。雪山文化的新石器文化遗址分为三层。最下层的称为雪山一期，距今 6000—5000 年。出土的陶器以夹砂褐陶为主，有的在陶土中用大量云母末作为羼和料。器型以双耳陶最多，另有钵、壶、盆等，还发现了陶制纺轮。石器有磨制的石斧、石刀、石镞、磨棒等。遗迹中有圆形灰坑，可能是窑穴，也可能是房屋基址。出土的陶器与中原仰韶文化陶器近似，也有人认为近乎与辽代地区红山文化陶器有一定联系。类似的文化遗址

在昌平马坊林场和密云燕落寨均有发现。

中间一层称雪山二期，距今约 4000 年。出土陶器有磨光黑衣灰陶双耳罐、黑陶盆、三足鼎等。此外，还发现了三座半地穴式房址，表明北京先民们已经开始了定居生活。

最上层的雪山三期出土的器物中，出现了金、铜耳环等青铜制品和用红白彩绘纹饰的红陶鬲，说明先民们在用火方面的又一次飞跃，他们不再满足于用火取暖做饭，还有了用火制作器物的能力。

△ 三足鼎

据遗址出土的器物分析，雪山一期和二期属于新石器时代晚期，遗址的文化堆积从上至下包含了战国、西周、夏家店下层和新石器时代四个时期。

炎黄阪泉之战

据记载，5000 年前，中华民族历史上一件开天辟地的大事在阪泉发生，就是炎黄之战。对于这次战争的意义，后人认为它是"开启中华文明史、实现中华民族第一次大统一"的战争。

传说中的黄帝部落是中国北方逐渐兴起的一个强大的氏族部落。之前，为打败九黎部落，黄帝部落与炎帝部落结成联盟，在北京以西的涿鹿打败并杀死了九黎部落的酋长蚩尤。后来，两大部落间的争霸战不可避免地展开了。最终，他们选择在阪泉一决雌雄。

【知识链接】

阪泉之战的遗址之争

关于黄帝与炎帝阪泉之战的遗址，有人认为在河北涿鹿东南，也有人说是在今山西运城市解州镇，另一种说法是在今北京延庆。总之，目前国内学术界的说法不一。

就此问题，北京部分历史学家根据最新的考古和历史研究成果进行了研究：在考古研究中发现，阪泉是北京延庆境内的一个地名，延庆县西北部张山营镇有阪山，并有泉名阪泉。山脚下还有上阪泉和下阪泉两村。专家们还在《续书史会要》、乾隆《延庆州志》等多部史籍和北京地方史志、延庆县志中，都发现了延庆阪泉为炎黄阪泉之一，云山（今缙山）也证明了这一发现。历史学家刘建业针对当地泉眼遍布和山势平坦的特点也认为，这符合古时扎营作战特点：一是靠近水源，利于生存；二是地势开阔，背靠大山，便于展开军队，进可攻，退可守。《礼记·乐记》中说："武帝克商反殷，未及下车而封黄帝之后于蓟。"蓟和燕原是商的北方属国，都在今北京地区或附近。武王灭商后，它们又都成了周的诸侯国。蓟燕两国的位置，大约是燕在南（都城在房山琉璃河一带），蓟在北，即所谓南燕北蓟。从平谷的地理位置看，商周时正是古蓟国的所在。相传周人与黄帝都是姬姓，武王为"追思先圣王"，故特封黄帝之后于蓟。而黄帝平生上百战，包括杀蚩尤、克榆罔、炎黄阪泉之战等均在古涿鹿地区，并建都涿鹿之阿。可见黄帝平生的主要活动地区是在北京延庆、河北怀来、涿鹿及蓟县一带。因此，专家们初步认定：炎黄阪泉之战遗址在北京延庆境内。

关于阪野之战的最早文字记载见《史记·五帝本纪》："轩辕乃修德振兵，治五气，艺五种，抚万民，度四方，教熊罴貔貅貙虎，以与炎帝战于阪泉之野。三战，然后得其志。"通过阪泉之战，黄帝打败炎帝，确立了部落联盟的首领地位。

在这个历史时期，北京地区还有平谷盆地的上宅地区出现了原始人群生活的身影。他们集聚成部落，劳动、生息、繁衍的身影最早出现在北京平原上。可以说，北京文明的历史由此开端。

【知识链接】

平谷鱼子山的轩辕台

《史记》中记载，"黄帝崩，葬桥山"，桥山是现在的陕西黄陵县桥山。而在河南、河北和甘肃都有黄帝陵。1992年10月，经专家实地考察，确认平谷鱼子山的轩辕陵即中华民族始祖黄帝之陵。

有研究认为：黄帝阪泉之战胜后，在涿鹿建立都邑。据说，黄帝的第三代继承者颛顼曾到"幽陵"祭祀，"幽陵"就是幽州，是北京地区最早的名称。

传说中的黄帝陵现在在北京东部的平谷，诗中可以佐证。黄帝陵又称轩辕台，唐代著名诗人陈子昂诗中咏道："北登蓟丘望，求古轩辕台。"大诗人李白也有诗云："燕山雪花大如席，片片吹落轩辕台。"

还有很多著名的地方历史文献，如《长安客话》《帝京景物略》《天府广记》《大清一统志》等，都说轩辕陵在京东平谷城北鱼子山下。其中《天府广记陵园》中这样写道："北京东北平谷县境内鱼子山大冢俗呼轩辕台，相传为黄帝陵，旧有庙，今圮，黄帝都冀，故其陵在冀境内。旧云在桥山，又曰在宁洲，非也。至鼎湖龙髯之说，则亦荒唐矣。蓟洲（今蓟县）东北有崆峒山，（黄帝）问道广成子处。今陕西崆峒山有玄鹤，谓黄帝时物，恐亦神其说耳。"此文证明，黄帝问道广成子实际是在蓟县北部的崆峒山，而非甘肃平凉的崆峒山，有人说甘肃平凉崆峒山有黄帝时的玄鹤，其实这只是没有根据的传说而已。

思考题

1. 人们为什么叫北京为"北京湾"？

2. 永定河流经那些省市？目前在北京的基本走向？

3. 如何缓解北京缺水的现象？

推荐书目

1. 《北京文明的曙光》，武弘麟，北京出版社2000年版。

2. 《北京史话》，侯仁之、金涛，上海人民出版社1980年版。

推荐电影

《北京人：人类最后的秘密》（2024年），雅克·马拉泰尔执导。

第二篇 五朝帝都

从西周开始，北京已经有 3000 多年的建城历史。在漫长的封建时代，北京经历了辽（南京）陪都、金中都、元大都、明北京和清京师五朝帝都的辉煌时期，奠定了帝都的历史文化基调。北京作为全国政治、经济、文化中心至今也近 800 年。那么，北京是怎样一步步从北方重镇成为五朝帝都的呢？在各个时期，北京的社会经济文化呈现出哪些特点？

【阅读提示】

1. 早期北京城市的历史及具有地域特色的幽燕文化。
2. 元大都的城市规划及政治、文化意义。
3. 明代北京的盛景及强化君主专制的各项措施。
4. 清代八旗制度对社会历史发展的影响。

一、北京城起源：幽燕都会

曾流行一种说法，"三千年历史看陕西，一千年文明看北京，一百年发展看上海"。其实，北京建城的历史最远可以追溯到西周时期，最初叫蓟，为周朝所分封的一座都城，距今有 3000 多年，而且形成了影响较大的区域性文化——幽燕文化。

考古学的发现为北京城的起源提供了有力的证据。20 世纪 60 年代，考古学家在房山区琉璃河董家林村、黄土坡村一带发现古城遗址。这段古城址位于琉璃河商周遗址董家林村北部和东、西两边，城墙为黄土夯筑。北墙长 800 余米，东墙和西墙分别探出 300 米。城墙宽 10 米左右，城墙底部有浅槽，主城墙下部两侧有"护坡"，城外有壕。城墙采用分段夯筑，夯土纯净，呈红褐色，质地坚硬。夯层一般厚 3—5 厘米，夯窝呈圆形，直径约 3 厘米，十分密集。遗址中不仅发现了古城墙的遗存，还出土了大量的陶器、陶灶等生活生产用具，以及远古墓葬。

考古学家称它为董家林古城，是今北京范围内所见的最早的城市遗存，也是研究北京商周时期的历史的重要依据。文献记载的历史证明了董家林古城的存在。周武王统一天下，册封燕召公到燕地。《史记·燕召公世家》所说的"周武王之灭纣，封召公于北燕"，说的就是这件事。而《史记·周本纪》又说，"蓟、燕二国俱武王立，因燕山、蓟丘为名"。燕山、蓟丘都是奴隶社会阶段建立北京地区的城市国家。经董家林遗址的出土文物证实，董家林地区就是燕都故城。蓟城是春秋中期以后的燕国都城，大致范围是今天北京城的西南部。

【知识链接】

董家林遗址的房屋和墓葬

商周遗址位于琉璃河董家林村、黄土坡村一带，包含居住址、古城址和墓葬区三部分遗存，属商周二代的古文化遗存。

居住址发现商周时代人们居住过的房基，用过的窖穴、陶窑等，并发现一些生活用具和生产工具，其中有陶器、陶灶、石器、蚌器和骨角器等。在西周时代地层中还发现了经钻凿的卜骨。在一些灰坑和地层中，发现少数属于商代的陶器。

墓葬区最集中的地区，是在遗址中部的黄土坡村。至 1983 年底，已发掘了大、中、小型墓葬 300 余座，车马坑 30 余座。按照墓葬规模，可分为大、中、小三种类型。墓葬的基本特征是：中、小型墓为长方形土坑竖穴，四周一般有熟土二层台，坑底置棺椁；大型墓墓室部分亦为长方形土坑竖穴，一般带有两条墓道，个别的带有 4 条墓道，坑底棺椁保存较好。人骨保存情况，一般是小型墓较好，葬式多为仰身伸直，屈肢葬则较少。中、小型墓，有殉狗。其中 7 座墓发现有殉人现象。随葬器物，多放在二层台上及头前的棺椁间，小型墓以陶器为主，中型墓以青铜器为主，大型墓因被盗严重，青铜器不多见。附葬的车马坑，最少殉有两匹马，一辆车，最多为 42 匹马，10 余辆车。有的车马坑会发掘出众多的铜质车马器。

由于地理位置特殊，地处中原与蒙古高原、东北平原乃至黄土高原交接的地带，北京地区自建城以后，一直处于中原农业文明与游牧渔猎文明碰撞的最前沿，而成为历代兵家必争之地和北方边防重镇。

秦朝时，北京附近被设为广阳郡，为第一个统一的封建王朝的三十六郡之一，治所在蓟城（据考古发现，城遗址在今广安门一带）。汉代以后，这里被称为幽州、涿郡等。隋唐时期，蓟城成为北伐东辽和高丽的重要军事阵地。据说，唐太宗北伐高丽失利归国，在蓟城修建一座悯忠寺，以悼念阵亡的将士，现名法源寺。五代后期，后晋石敬瑭向辽割让幽云十六州，少数民族开始统治北京附近，不仅让这里作为军事重镇的地位更加突出，更让这里成为北方民族的聚集地，促进了民族交流、融合。

同时，民族交流融合的传统让游牧民族与华夏部落文化在这里汇聚、渗透，并相互影响，逐渐发展成为具有较大影响的区域文化——幽燕文化，这种文化一开始体现出了极强的开放性和包容性。从出土的一些墓葬来看，华夏部落的礼俗为北方山戎部落所吸收，而草原地区的青铜艺术也影响到燕国的文化。例如，一些装饰取材于展翅的雄鹰或者奔驰的骏马，具有明显的游牧生活特色。契丹民族的一些传统习俗在今天还能领略到。例如，北京特产果脯与契丹人的"蜜渍山果""蜜晒山果"之类食物具有一脉相承的关系。出于游牧生活需要，契丹人饮食因地制宜，用蜜浸渍水果成蜜饯、果脯以便保存，通过民间的频繁交流，这一加工食品的工艺成就了北京特产。如今的消暑佳品西瓜，也是在五代时从西域传入北方，辽金宋时期逐渐在北方和中原推广开来。这种民族融合几乎没有停止。

【知识链接】

辽代的天宁寺塔

△　天宁寺塔

　　天宁寺塔始建于辽天庆九年（1119年），建成年代为辽天庆十年（1120年），位于西城区广安门滨河路西侧，是一座八角十三层密檐式实心砖塔。天宁寺塔在整体造型和局部手法上表现了辽代密檐砖塔的建筑风格，既是研究中国古代佛塔的重要实例，又是研究辽南京城（即南京析津府，辽陪都）址地理位置的重要依据。整座塔造型俊美挺拔，雄伟壮丽，体现了辽代建筑艺术的高超水平。

　　天宁寺始建于北魏孝文帝年间（一说唐朝），辽代修建了天宁寺塔。

　　幽燕文化对后世影响深远。尽管在沧桑历史进程中，北京地区曾反复出现中原统治者和少数民族交替统治的局面，有时是秦、汉、隋、唐全国性统一政权的北方重镇，有时是辽、金等地方割据政权的统治中心，但幽燕文化的影响始终存在，几乎在以后的每一个历史时期都能看到燕文化延续、变化的历史轨迹。

辽契丹族在唐幽州城的基础上建立了南京城，作为辽的五京之一，而且自金朝海陵王之后，这一地区有了"燕京"之名，并被视为都城首选。《金史·梁襄传》中记载："燕都地处雄要，北倚山险，南压区夏……亡辽虽小，止以得燕故能控制南北，坐致宋币。燕盖京都之选首也。"

元朝以金中都为都城，同样是看中燕地先进的传统文化和优越的地理位置。《元史·霸突鲁传》中记述身为先锋元帅的霸突鲁在兵伐南宋时对忽必烈讲："幽燕之地，龙蟠虎踞，形势雄伟，南控江淮，北连朔漠。且天子必居中以受四方朝觐。大王果欲经营天下，驻跸之所，非燕不可"。自元代以后，北京开始成为统一国家的首都城市，北京的文化更是高度汇集了全国各地区、各民族的文化精华。北京是全国的政治、文化中心，并逐步成为社会政治、经济、文化全面发展的世界知名的大都市。但燕文化的历史"痕迹"依然十分明显，直至清代社会文化繁荣发展的鼎盛时期，燕文化的影响仍时有显现，如清中期乾隆皇帝将京师地区在金、元、明时期流传的历史名胜古迹、人文景观汇集提炼后，钦定御书为："金台夕照、蓟门烟树、居庸叠翠……"等著名胜景，仍被冠以"燕京八景"而著称于世，并广为流传至今，足见燕文化影响之深远。

【知识链接】

燕京八景

太液秋风　是指太液池的景色。太液池位于中南海。北海和中南海是金代离宫，金章宗定燕京八景中的"太液秋风"，是指金中都西苑内太液池，亦名西华潭。西苑不仅有太液池，而且池上还有岛屿等，太液池周围有许多建筑，成为当时人们游赏之地。

琼岛春阴　是指北海白塔山东、倚晴楼南一带的春景。"琼华瑶岛郁嵯峨，春日轻阴景色多。云护凤楼松掩映，瑞凝仙掌竹婆娑……"这是乾隆到北海的琼岛游玩时，望着满目盛景，兴之所至，所题写的一首诗，他还写下"琼岛春阴"四个大字。琼岛四面皆景，尤以春天云天景观更为动人。广寒仙境，云蒸霞蔚，瑞气氤氲，松柏苍翠，花木含苞，山石俏丽。琼岛春阴正是古人对大地春回、万物复苏的生动纪实。

金台夕照　又称道陵夕照，位于中都西南大房山。金代定都后，海陵王选址大房山云峰山修建金帝陵墓。云峰山又称三峰山，古有"幽燕奥堂"之誉。这里群山环绕、峰峦重叠，九条山脉奔腾而下，号称"九龙"。山巅林木隐映，云雾苍莽，山间隘口处泉水淙淙，长流不息。金朝帝王陵墓依云峰山南麓而建，绵延百余里，为古都北京最早的规模宏大而又集中的皇陵群。金陵在金元之际已遭破坏，到明代因年久失修，仅有残迹，现为北京的一处遗址景观。

蓟门烟树　指西直门以北的元大都城墙遗址西段。这段城墙为夯土构建，元末明军攻陷大都后，将元大都北侧城墙南移5里，蓟门烟树所指一段城墙遂遭荒废，在夯土城墙的遗址上树木生长，遂称蓟门烟树。但是在历史上，金代的典籍中就有蓟门烟树的记载，有学者认为蓟门烟树指的是古蓟州城门附近的树林，目前的蓟门烟树是清乾隆年间考证错误的结果。乾隆御书蓟门烟树碑位于北京电影学院附近的元大都城墙遗址。

西山晴雪　主要泛指西山雪景。北京西北郊的西山山脉素称"神京右臂"，早在金代，就有西山积雪之说。西山是指北京西郊连绵山脉的总称，是太行山的一支余脉。所说的雪景亦泛指此一带。香山是这一带典型的山峰，故乾隆把西山晴雪碑立在香山山腰。

△《燕山八景图之西山晴雪》
（清）张若澄

玉泉垂虹　玉泉山风景秀丽，泉水清澈，晶莹如玉，山以泉名，故名玉泉。金章宗于山麓建芙蓉殿，辟为玉泉行宫。由于这里水清而碧，澄洁似玉，"以兹山之泉，逶迤曲折，蜿蜒然其流若虹"，因而当初定名"玉泉垂虹"，成为燕京八景之一。

卢沟晓月　据金代《明昌遗事》所载，卢沟桥建于金章宗时期。在桥的东西两头各立御碑一通，东头为清代乾隆帝御书"卢沟晓月"碑，西头则是清康熙帝于1698年为记述重修卢沟桥而竖的御制碑。古时，这里涧水如练，西山似黛，每当黎明斜月西沉之时，月色倒影水中，更显明媚皎洁，从而成为古代著名的燕京八大景点之一。

居庸叠翠　居庸关位于北京西北，是长城三大名关之一，有南北两口，南为南口，北称八达岭。中间是一条长达十余公里的山涧溪谷，俗称关沟。两侧山势雄奇、翠嶂如屏、林木繁茂、景色幽美，故有"居庸叠翠"之名，列为燕京八景之一。

历史上如荆轲、豫让、燕丹、高渐离等任侠重义、视死如归的豪杰侠士，都曾活跃于燕赵之地。他们爱国忠诚，敢于舍生取义，这股独特的民风深刻地体现着幽燕文化的影响。韩愈在《送董邵南序》写道"燕赵古称多慷慨悲歌之士"，这说明燕赵一带多有豪侠之士。荆轲刺秦王的故事大家耳熟能详，特别是易水河畔那段送别前的千古悲歌，"风萧萧兮易水寒，壮士一去兮不复还"，至今仍让人荡气回肠、热血澎湃。

【知识链接】

荆轲刺秦王

据史书记载，荆轲喜好读书击剑，为人慷慨侠义，后游历到燕国，被称为"荆卿"，随之由燕国智勇深沉的"节侠"田光推荐给太子丹，拜为上卿。秦国灭赵后，兵锋直指燕国南界，太子丹震惧，与田光密谋，决定派荆轲入秦行刺秦王。荆轲献计太子丹，拟以秦国叛将樊於期之头及燕督亢（今河北涿鹿县、易县、固安一带，是一块肥沃的土地）地图进献秦王，相机行刺。太子丹不忍杀樊於期，荆轲只好私见樊於期，告以实情，樊於期为成全荆轲而自刎。

公元前227年，荆轲带燕督亢地图和樊於期首级，前往秦国刺杀秦王。临行前，许多人在易水边为荆轲送行，人群中包括擅长筑节而歌的侠士高渐离。送别场面十分悲壮而经典，"风萧萧兮易水寒，壮士一去兮不复还"，荆轲吟唱与众人告别。荆轲来到秦国，秦始皇在咸阳宫隆重召见了他。荆轲假装献燕督亢地图，想在地图铺开露出匕首时行刺，结果没有刺中，反遭杀害。

二、帝都序幕：水上大都

元大都的辉煌气派，随着意大利威尼斯商人马可·波罗旅行笔记的问世而世界闻名。他描述了气势不凡的宫殿建筑，也记载了整齐划一的街区，让所有人对"当时世界上绝无仅有"的大都城充满了向往。

对忽必烈的汗八里（皇宫），《马可·波罗行纪》作了这番细致的描述："在这四英里的广场内，建有大汗的宫殿。其宏大的程度，前所未闻。这座皇宫从北城一直延伸到南城，中间只留下一个空前院，是贵族们和禁卫军的通道。房屋只有一层，但屋顶甚高，房基约高出地面十指距，周围有一圈大理石的平台，约二步宽。所有从平台上经过的人外面都可看见。平台的外侧装着美丽的柱墩和栏杆，允许人们在此行走。大殿和房间都装饰雕刻和镀金的龙，还有各种鸟兽以及战士的图形和战争的图画。屋顶也布置得金碧辉煌，琳琅满目。"

马可·波罗所言不虚。1272 年 2 月，忽必烈把中都更名为大都，将之作为元朝的首都后，这里发生了翻天覆地的变化。大都城不仅规模空前，而且规划完整、设计周密，是反映当时科学技术最高成就的作品，在中国建筑史上占据重要位置。

修建大都城，有两个人的贡献很大。一个叫刘秉忠。他主持了大都城的规划设计，包括选址、建筑理念、布局等工作，可以说是大都城的总设计师。另一个人是郭守敬。这个人被忽必烈称赞为"习知水利且巧思绝人"，他把水融入城市设计之中，把大都变成"水上大都"。

刘秉忠是忽必烈非常信任的学者，大都城的规划设计充分展示了他的学识和智慧。他秉承了儒家的思想，按照《周礼·考工记》对都城的理念设计都城的布局，即"匠人营国，方九里，旁三门，国中九经九纬，经涂九轨，左祖右社，面朝后市"，同时又受道家思想的影响，使"人法地，地法天，天法道，道法自然"的天人合一思想与儒家思想在大都城的建设规划中得以充分体现。

刘秉忠大胆地舍弃元金中都的旧址，以琼华岛为中心规划了一座新城。这种以宫城为核心，左祖右社、面朝后市的棋盘状建筑布局，集中体现了皇权至高无上的威严，堪称中国古代建筑的典范，直接奠定了今日北京城的面貌。

△ 北海琼华岛现貌

整个城市布局如同棋盘形状，十分壮观。城市的建筑是对称式的城池建设，以中轴线为中心，分为内城、皇城、宫城。城中的街道笔直宽阔，主干道宽约二十五米，就是一般的胡同也宽达六七米，车马人行均十分方便。历代相沿，一直到今天都很少变动。此外，大都城中的坊市制度也打破了汉、唐以来封闭的建筑形式，去除了坊与坊之间的高墙，使整个城市显得更加开阔而富有生气。

全城平面呈南北略长的长方形，有十一座城门，东、南、西各三座城门，北面有两座。北面城墙和东西两面城墙的北段，至今地面遗迹犹存，即今北京北郊所谓的"土城"；东西两面城墙的南段，与明清北京的东西墙一致；南城墙在今长安街的南侧，皇城位于城南部的中央地区，俗称"阑马墙"，墙基宽约三米，东墙在今南北河沿西侧，西墙在今西皇城根，北墙在今地安门南，南墙在今东华门大街、西华门大街以南。宫城在皇城偏东部。宫城的南门（崇天门）约在今故宫太和殿的位置，北门（厚载门）在今景山北部，它的夯土基础已被发现。宫城的东、西两垣在今故宫东、西两垣附近，但墙基在明代已被拆除改建，残存处最宽约十六米。

特别值得一提的是，新城建成之后，旧城居民迁入新城，胡同里面的四合院逐渐成为北京最有代表性的民宅。四合院里的安宁生活，胡同里的人伦风情，成为北京城的世俗基因和文化标签。至今北京城区东四以北的街道胡同还基本保留着当时的布局。

【知识链接】

大都总设计师刘秉忠

刘秉忠（1216—1274），字仲晦，原名刘侃，邢州人。早在他4岁时，邢州就已经变成蒙古政权的统治区，他的父亲也在蒙古政权的地方机构中担任了下级官吏。刘秉忠自幼学习很刻苦，"日诵数百言"，长大以后，先是在政府中任下级官吏，后弃官投到全真教门下当道士，号为藏春散人。此后，又投在虚照大师门下为僧，法名子聪。

△ 刘仲晦像，即刘秉忠像

在这10年间，刘秉忠身历官、道、佛三教之门，学问大有长进。他不仅"兼通儒释"，对《易经》及宋代道学大家邵雍的《皇极经世书》更有较深的研究。如天文、地理、律历、卜筮等各门学问，刘秉忠也都能博学而深究之。1242年，一个偶然的机会，刘秉忠被忽必烈召见，这成了他一生中重大的转折点。此后，忽必烈凡有征战大事，经常听取刘秉忠的意见。

刘秉忠曾向忽必烈上万言书，全面提出了自己的政治主张。他指出，蒙古骑兵的武力可以征服天下，但不能维持长治久安；只有取法中国原有的三王之道，提倡三纲五常的儒家学说，才能够达到汉、唐盛世的大治局面。对于具体的政治措施，他认为，慎重选择丞相主内政、大将安四境是当务之急。其他如减轻百姓的徭役、禁止官吏的贪暴、制法令、兴学校等各项主张，都深得忽必烈的赞同。

1260年，忽必烈登上汗位后，刘秉忠的才干得到了进一步的发挥。首先，他和当时的名儒许衡共同参酌古今之宜，制定了元朝的官制；其次，他劝说元世祖采用中原王朝的旧习，建立年号之制，先称中统，后称至元，又取《易经》中"大哉乾元"之意，建国号为大元。正是在刘秉忠的辅佐下，"朝廷旧臣，山林遗逸之士，咸见录用，文物灿然一新"，元朝的统治机构不断完备，政治日益巩固和强化。最后，在选择都城时，刘秉忠力荐燕京，得到元世祖的采纳，并主持新都城的设计和营建。

刘秉忠的才学不仅表现在治国经邦的政治方面，还表现在许多方面，如天文历法、文学、书法等他都十分精通。元代，他被誉为"学兼三教，经邦建国"的盖世奇才。

水是生命之源，一个城市不能没有水，尤其作为一个帝国都城的大都更离不开水。大都建设期间及之后，郭守敬陆续解决了城市的供水、漕运和灌溉水源等问题，建成功能完整的河湖水道系统，使元大都成为独具风格的街市建筑与水风貌完美结合的都城。所以，后来人又把大都城称为"水上大都"。

如今北海的水域是元代的太液池，在明代为同中海、南海区分而称为北海。全园布局继承我国古代园林建筑的传统风格，在水中设置岛屿，沿岸建筑亭台楼阁。太液池水面广阔，占全园面积一半以上。琼华岛耸立于水面南部，波光塔影，景色宜人。沿岸一带建有濠濮间、画舫斋、静心斋、五龙亭等，隐现于绿丛水色之间。

当时，皇城宫殿群以太液池为中心设计建筑。在太液池的东岸，是以大明殿为主体的宫城，周长近三千五百米，宫殿林立，金碧辉煌，是元朝帝王生活和处理政务的场所。太液池的西岸，原建有皇太子的东宫，后来改建为皇太后及皇后、妃子居住的隆福宫、兴圣宫等建筑。

从水资源来看，北京地区并不贫乏，它拥有莲花池、永定河、高梁河三大水系，但水资源多位于山区，不便于开发。由于金中都所依托的莲花池水资源严重不足，元大都将城址中心定在金中都的东北郊，原金朝离宫琼华岛上，转而依托于高梁河水系。此后，高梁河水系便一直贯穿于大都城的心脏地带。但是，大都城仅依托一个高梁河水系还是远无法正常发展的，必须解决漕运问题，开辟新的航道，寻找新的水源。

【知识链接】

高粱河

高粱河发源于平地泉（现今紫竹院湖），是古代永定河水系中的一个小水系，大约在西汉以前是永定河出西山后的一条干道。大约在东汉以后，永定河河道南移，原来的河道即成为高粱河，高粱河水系包括积水潭、什刹海、北海、中海以及毗邻的上下游的河流。

元朝初年，为了彻底解决首都漕运的水源问题，郭守敬主持重新开凿了一条由大都直到通县的运河，叫作通惠河。1291 年，郭守敬向忽必烈谏言开凿通州至大都的运粮河道，并规划大都水利工程，以运河引西北山泉入城，为北京城市发展提供了基本保证。他先在城北昌平选择了水质好，水量充沛的白浮泉作为水源，然后设计了一条"西折南转"的引水路线，让白浮泉水汇集沿途水源流入大都城西北的瓮山泊（今颐和园的昆明湖），然后再向东自和义门（今西直门）进入大都城汇聚为积水潭，成为运河的开端。积水潭的水向南连通皇城内的太液池，向东出"万宁桥"，经文明门（今崇文门）出大都，再往东流向通州汇入北运河。

△ 通惠河

1292 年春，通惠河开工。第二年秋天，这条全长"一百六十四里一百零四步"的运河河道完工通航，成为大都的物资生命线。这套通惠河漕运系统和"金水河—太液池"一起，构成大都城内的两大供水道。通惠河开通后，积水潭作为大运河南北漕运的终点，成了大都城内最繁忙的码头，一时间"川陕豪商，吴楚大贾，飞帆一苇，经抵辇下"，其东北岸边的斜街和钟楼一带也因此成为大都城中最繁华的闹市。除了商贾云集，水色湖光的景色也会聚了四方游人骚客，在岸边的歌台酒榭中吟风弄月。

同时，郭守敬运用自己的智慧开通了北线运河——坝河，利用玉泉水补给漕运；在总结金代引水的失败教训基础上，在金口上游预开减水口（即现代的溢洪道）分洪，保证安全引水。他治水所形成的白浮泉瓮山河、长河、坝河、通惠河与瓮山泊、积水潭等湖泊，形成了大都"两入、两出、两蓄"特有的水系格局，在促进元大都经济繁荣发展，巩固元大都的全国政治、军事、文化中心地位方面起到特别重要的作用。

三、王朝气象：明代北京

　　每当新年来临或是庆典时刻，北京大钟寺内传出激越、磅礴、沉雄、悠远的钟声，仿佛从历史深处而来。铸造于明代永乐年间（1420年前后）的大钟，顽健如初，钟声依旧。跨越时空的不朽之声，似乎在提醒人们，这里曾是最具王朝气象的明代帝都。

△ 永乐大钟

　　1421年，明成祖朱棣迁都北京。当时，明成祖朱棣下令铸造了这口无与伦比的大钟，为迁都北京肇基定鼎，也为炫耀自己的文治武功。永乐大钟向世人展示了明代金属铸造技术的高超技艺，是中国科学技术登峰造极的经典之作。大钟通高6.75米、重46.5吨，钟体内外铸满了佛教经文17种，共有22.7万余字。如此巨大的尺寸和重量，如此精美的质地和工艺，如此繁多的文字，真正令人叹服。

　　钟声响起时，彰显帝国威严，诏告着皇权显赫。永乐皇帝最想要的正是这一点。为了显示帝都的气势和威严，他还花了十几年进行了大规模的整修和加固，拥有了更加宏伟的紫禁城。不仅如此，永乐皇帝和他的子孙们还耗费巨大的人力、物力修筑规模宏伟的陵寝，就是今天所看到的十三陵。为了巩固京城北部防御，历时二百余年不停地修筑万里长城。几乎从里到外，明代皇帝营建了封建帝都最具王朝气象的华丽外表。正如明史专家方志远教授所讲，"一个浮华富足（又危机四伏）的时代"。

【知识链接】

明十三陵

举世闻名的明十三陵位于北京市昌平区境内天寿山南麓，总面积120多平方公里。自永乐七年（1409年）五月始作长陵，到明朝最后一帝崇祯藏入思陵止，其间230多年，这里先后修建了13座帝王陵墓、7座妃子墓、1座太监墓。

△ 定陵

陵区周围群山环抱，中部为平原，陵前有小河曲折蜿蜒，13座皇陵均依山而筑，分别建在东、西、北三面的山麓上，形成了体系完整、规模宏大、气势磅礴的陵寝建筑群，分别是长陵、献陵、景陵、裕陵、茂陵、泰陵、康陵、永陵、昭陵、定陵、庆陵、德陵、思陵，其中最著名的要数长陵和定陵。

长陵建成于明永乐十一年（1413年），是明朝第三帝朱棣的陵墓，也是十三陵中最早的一座。高耸的明楼是长陵的标志。定陵建于明万历十二年至十八年（1584—1590年），为明代万历皇帝朱翊钧和孝端、孝靖两皇后的合葬墓。

明十三陵建筑雄伟、体系完整、历史悠久，具有较高的历史和文物价值，于2003年7月3日列入《世界遗产名录》。

封建帝都的王朝气象还体现在君主专制得到空前强化上。第一步是从机构着手，强化君权。定都北京后，朱棣马上对政治机构进行改革，在皇帝与六部之间设置"内阁"，内阁大学士由皇上钦点，以此控制六部，牢牢掌握军政大权。第二步直接掌握京城防卫。在京城内外和周围州县设立七十二卫，成立五军、三千、神机三大营，合称"京军"，负责防守京城，直接由皇帝控制。第三步设立厂卫特务机构，直接听命于皇帝。"厂"指的是东厂、西厂和内厂3个侦缉机构，三厂的厂卫遍布在各个衙门甚至街头，碰到形迹可疑的人或遇到"犯上"言行，无论官民一律缉捕。担任厂公或督主的全部是皇帝最信任的太监，历史上比较出名的大太监冯保、王振、刘瑾、魏忠贤都担任过此职务。"卫"是威震朝堂江湖的锦衣卫，也是皇帝的卫队。最高长官是指挥使，由皇帝任命，只对皇上负责。有了这些措施，明代皇帝的威权得到史无前例的强化，达到封建中央集权的巅峰。

有了如此严密的中央集权措施，明代出现了数十年不上朝的嘉靖皇帝，不能不算是封建帝制历史上的奇观。皇帝不上朝，庞大的国家机器能够勉强照常运转，也算一个奇迹。

此外，重用厂卫机构给明朝政治带来了极大的危害。不仅给宦官干政开辟了绿色通道，也为日后"宦官专权"埋下了祸根，而且这些锦衣卫和太监在百官和百姓面前拥有很大的特权，常常无视朝廷法度，为非作歹，草菅人命。东厂创立之初主要靠雇用勋戚子弟和地痞流氓充当打手，侦缉案件。明朝中后期，"宦官之祸""厂卫之劣"在官方正史和民间野史都屡有记载。明世宗时，兵部员外郎杨继盛因上疏弹劾严嵩，被锦衣卫抓捕入狱，并杀于西市；御史杨涟、左光斗因揭露魏忠贤罪状，结果被诬陷死于狱中。连朝廷高官都如此，百姓在厂卫眼里更如同草芥。宦官专权的祸患最极端的实例当属"土木堡之变"，最后连皇帝自己都做了阶下囚。

【知识链接】

土木堡之变

1449年7月，蒙古族瓦剌部落也先大举向内地骚扰，大同前线战败，明英宗朱祁镇在王振的煽惑与挟持下，准备亲征。兵部尚书邝埜和侍郎于谦"力言六师不宜轻出"，但英宗偏信王振，一意孤行，执意亲征。7月16日，英宗和王振率50余万大军从北京出发，由于组织不当，一切军政事务皆由王振专断，军内自相惊乱。当明军进到大同，也先为诱明军深入，主动北撤。王振看到瓦剌军北撤，仍坚持北进，后闻前方惨败，则惊慌撤退。本欲使英宗于退兵时经过其家乡蔚州"驾幸其第"，显示威风；又怕大军损坏他的田园庄稼，故行军路线屡变。最终在土木堡，英宗被俘，王振被护卫将军樊忠锤死，而50万明军死伤过半。这次战役，《明史》上称为"土木之败"，是明王朝由初期进入中期的转折点。

君主专制强化的另一个方面是思想控制。明中叶后，出现了思想家王阳明。他创立了心学，还提出著名的哲学命题"心外无物""心外无理"。在王阳明看来，事物的"理"不存在于客观事物之中，而是存在于人们的心中，所以说"心即理"。如封建的伦理道德观念原是封建社会的产物，而王阳明告诉人们这是心中所固有的，是"良知"。只要人们体识到"良知"，扫灭私欲，哪怕"愚夫愚妇"也可以成为"圣人"。他的学说适应了当朝统治的需要，得到明代统治者的欢迎和推崇。

八股取士也是君主专制强化的体现。明代科举录取的人数大量增加。但是，科举考试中的八股文写法呆板，限制个人发挥，而且四书五经字数有限，咬文嚼字地学十几年、考十几年，中举出身的文人大多是言必称"圣人"，事必仿古的迂腐之人。在明朝中期科举考试中的君权强化措施发展完善，影响了后来近五百年的知识分子治学重心，也为中国科技的衰落埋下了伏笔。

【知识链接】

八股文

明代考试科目分为三场，第一场考经义，即四书五经；第二场考实用文体写作；第三场考时务策论。三场考试中最重要的就是经义，这是取士的关键。考试的范围就是四书五经，题目只能在这里出。

八股文分为破题、承题、起讲、入题、起股、中股、后股、束股几个部分，其中精华部分是起股、中股、后股、束股，这四个部分不能随便写，要用排比对偶句，共八股，既要对仗整齐，还不能多写一个字，所以叫八股文。

考场上僵化呆板，而京城的商业却是迥然不同的景象，十分地繁荣活跃。明代的北京商品经济发达，漕运畅通，各地风物汇聚京城。苏杭的锦缎、景德镇的瓷器、佛山的铁锅都能在这里集散贸易。

城内有多处固定市场，前门有"朝前市"棋盘街商业中心，东有灯市，西有西四，还有地安门外、东西单、菜市口、崇文门外等固定市场。明代商业从业者众多。根据《宛署杂记》记载，万历年间缴纳铺行银两（纳商业税）的人户，属大兴者 26 223 户，属宛平者 13 579 户，共计 39 802 户。而大兴、宛平两县所管的农村户口，据万历《顺天府志》记载：宛平为 14 441 户，大兴有 15 163 户。通过农户数与铺户数对比，从事商业人口之多不言而喻，足以说明当时商业的繁盛程度。

而且，著名商铺的字号文化已开始显现。"鹤年堂"药店、"六必居"酱园、"便宜坊"烤鸭店等一批著名的商业老字号均创始于明代，在当时已声名远播。许多店铺在长年经营中形成了自己的特色，产品闻名京城。如"勾栏胡同何开门家布，前门桥陈内官家首饰，双塔寺李家冠帽，东江米巷党家鞋，大栅栏宋家鞋，双塔寺赵家薏苡酒，顺承门大街刘家冷淘面，本司院刘鹤家香，帝王庙街刀家丸药，凡此皆著名一时，起家钜万。至钞手胡同华家柴门小巷专煮猪头肉，内而宫禁，外而勋戚，皆知其名"，还有许多"卖饼卖菜、肩挑背负、贩易杂货等"不属固定行户，数量亦不少。

△（清）《明宪宗元宵行乐图》（局部）
图为花灯会

到了节日，商贾不仅赶制时令商品，还利用看花灯等群众欢聚场合，销售商品。如北京中秋节时，明代《帝京景物略》记载，"纸肆市月光纸，缋满月像，趺坐莲花者，月光遍照菩萨也"。重阳节时，"市上卖糕人头带吉祥字""糕肆摽彩旗，曰花糕旗"。灯市更是热闹，每岁正月初八日起，至十八日止，在"东华门外，迤逦极东，陈设十余里，谓之灯市，则天下瑰奇巨丽之观毕集于是"。当时商业的繁荣景象，可见一斑。

四、夕阳盛景：八旗制度

新中国成立后，周总理曾经用"不能学八旗子弟"这句话约束亲属子弟，不能搞特殊化，更不能像清末八旗子弟那样，凭借祖宗福荫，领着"月钱"，游手好闲、好逸恶劳、沾染恶习，最后沦为令人不齿的纨绔子弟。"八旗子弟"能够形成这样一个庞大的群体，在于清代实行的八旗制度。

清朝建立后推行八旗制度，因此产生大量的八旗子弟。最初的八旗制度在开疆拓土上是高效的，女真族崛起于白山黑水之间，入主中原，甚至开拓辽阔的中国版图，三百年金戈铁马的辉煌战绩和统一大业，就是这个制度的驱动。

最初，八旗制度是女真族的生活和战斗的组织。旗，满语为"gu-sa"（固山）。在平时，人们从事耕作、狩猎等活动；在战时则应征为兵。其起源于女真族的狩猎组织——牛录，具有旗籍的家族人员称为旗人。1601 年，努尔哈赤以旗帜颜色作为军队编制的标志，建立黄、白、红、蓝四旗，后来又增加了镶黄、镶白、镶红、镶蓝，共八旗，即后来的满洲八旗。清太宗时，又建立蒙古八旗和汉军八旗，旗制与满洲八旗同。八旗制度不但在军事上发挥重要作用，而且具有行政和生产职能。依靠八旗制度形成的强大战斗力，清政权打败了明朝军队，直至定鼎中原。

入驻北京后，清朝保留了八旗制度。清军进城后，迫使内城汉人迁往南城或其他地方，将内城划为八旗驻地，以拱卫紫禁城。由于清朝贵族官吏和八旗军队的大量聚集，统治阶层在城中圈占房屋和土地，而且建立制度，在近郊圈占土地分给各旗，作为旗地，以安置入城的贵族和军

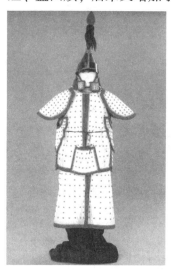

△（清）镶白旗盔甲
故宫博物院馆藏

队。如今北京还有许多如西三旗、蓝旗营、厢（镶）红旗等地名，正是清代在北京实行八旗驻防、圈地历史留下的烙印。

军事方面，八旗制度在清朝统治期间仍然起到积极的作用。康熙皇帝指挥八旗兵将平定三藩之乱、收复台湾，还在尼布楚打败俄国人，几场胜仗下来，不仅维护了国家主权，统一了国土，而且为后来出现的康乾盛世创造了和平发展环境。但是，八旗制度运用到治理国家和制定民族政策之中，则动摇了统治基础。

首先是圈地运动。清朝定都北京后，为了解决八旗官兵的生计问题，决定强占北京附近的土地，顺治年间先后三次下达圈地令。先是圈占无主的荒地，后来则是抢。旗人携绳骑马，大规模地圈量抢夺汉人的土地，导致"近畿土地，皆为八旗勋旧所圈，民无恒产，皆赖租种旗地为生"。京郊农民因为田地被占，流离失所、背乡离井，有的无所依靠，沦为"投充"，更多的人奋起反抗。圈占后的土地，八旗贵族和旗丁按照各自地位高低及所属壮丁多少，分得数量不等的土地。这虽然照顾了旗人的生活，但是剥夺了大量汉族农民的土地，使大量农民成为流民，给政权稳定埋下隐患。由于农民反抗激烈，康熙皇帝意识到圈地的危害，下旨永远停止圈地。

其次是推行歧视性的民族政策。占领北京城后，清军马上把原居地的汉人从内城赶了出来，只允许满族人居住，于是大量的汉族官吏、士绅聚居在离内城较近的前门、崇文门一带，后来这里兴起了京城的繁华商业区和文化区。物质保障上，八旗贵族和旗丁成为特权阶层，不务农、不经商、不工作，还可以每年从清政府拿月例。当时，最低的步兵每月 1.5 两白银，骑兵 3 两白银，护军、前锋 4 两白银，到了领侍卫内大臣（正一品）就是 15 两白银，一个季度还发一次通州仓库里面的陈米。而且按照规定，每个旗丁在北京郊区有 30 亩土地，不用缴纳任何税费，一般雇用汉族佃农耕种。如此优厚的福利政策，天长日久必然会滋生惰性，就有了后来的"八旗子弟"。

最后是在文化上大兴文字狱。清政府对那些举着"反清复明"的前明知识分子，镇压起来毫不手软。甚至一句"清风不识字，何必乱翻书"的戏语，竟引发数百人人头落地的惨案。

虽然康熙、雍正、乾隆等皇帝执掌政权期间不断进行修复，出现了短暂的社会经济和文化的繁荣，但是推行八旗制度也埋下了种种隐患。随着清朝的解体，八旗制度不复存在，但是它对北京城产生了深刻而长远的影响。

八旗制度对北京城在社会生活和文化心理方面产生了深刻而长远的影响。由于政治地位的优越性，"八旗子弟"无须奋斗就能直接享受功名、俸禄，于是就有充足的精力和财力营造听戏、喝茶、逗鸟、赏花的悠闲生活。一方面，促进市井相关行业的繁荣，促进相关文化艺术的兴盛，例如各派戏剧在此竞相流行，还有争奇斗艳的私家园林；另一方面，随着八旗制度的衰败，这种消闲的生活方式和文化心理流入普通市民生活，成为北京城生活的一大特色。

而那些曾经养尊处优的"八旗子弟"，在没有保证生活待遇的制度后，他们已经"由奢入俭难"，生活十分穷困潦倒。作为满族旗人，老舍先生对那些"八旗子弟"的生活方式和所作所为有很深的了解。他的长篇小说《正红旗下》绘声绘色、入木三分地揭露了早年旗人生活。

【知识链接】

正红旗下（节选）[1]

按照我们的佐领制度，旗人是没有什么自由的，不准随便离开本旗，随便出京；尽管可以去学手艺，可是难免受人家的轻视。他应该去当兵，骑马射箭，保卫大清皇朝。可是旗族人口越来越多，而骑兵的数目是有定额的。于是，老大老二也许补上缺，吃上粮钱，而老三老四就只好赋闲。这样，一家子若有几个白丁，生活就不能不越来越困难。这种制度曾经扫南荡北，打下天下；这种制度可也逐渐使旗人失去自由，失去自信，还有多少人终身失业。

二百多年积下的历史尘垢，使一般的旗人既忘了自谴，也忘了自励。我们创造了一种独具风格的生活方式：有钱的真讲究，没钱的穷讲究。生命就这么浮沉在有讲究的一汪死水里。是呀，以大姊的公公来说

---

〔1〕 老舍：《正红旗下》，天津人民出版社 2017 年版。

吧，他为官如何，和会不会冲锋陷阵，倒似乎都是次要的。他和他的亲友仿佛一致认为他应当食王禄，唱快书，和养四只靛颏儿（注：一种小鸟）。同样地，大姐丈不仅满意他的"满天飞元宝"，而且情愿随时为一只鸽子而牺牲了自己。是，不管他去办多么要紧的公事或私事，他的眼睛，总看着天空，决不考虑可能撞倒一位老太太或自己的头上碰个大包。……他们老爷儿俩都聪明、有能力、细心，但都用在从微不足道的事物中得到享受与刺激。他们在蛐蛐罐子、鸽哨、干炸丸子……上提高了文化，可是对天下大事一无所知。他们的一生像作着个细巧的、明白而有点糊涂的梦。

这类人物去当什么"参领""佐领"以至什么名义上更大的官儿，自然没有办法不把事情弄糟。当年帝国主义军舰开到中国沿海耀武扬威，初次见到那些艨艟（也写作蒙冲，古代战船，这里借指军舰）时，扬言"此妖术也，当以乌鸡白狗血破之"的，不就是官阶虽然比他们高得多，但无知和胡混的程度，和此辈也在伯仲之间的八旗王爷将军一类的人物吗！

思考题

1. 试谈北京城的起源。
2. 联系地理位置特点，思考北京在军事、政治方面的重要作用。
3. 元大都城市建设主要特点是什么？
4. 为加强中央集权，明朝采取了哪些措施？
5. 试谈八旗制度带来的影响。

推荐书目

1. 《明清之际北京的历史波澜》，于德源，北京出版社 2000 年版。
2. 《永远的北京》，洪烛，中国社会出版社 2005 年版。

推荐电影

1. 《大明王朝 1449》（2004 年），黄克敏、赵锐勇执导。
2. 《大明王朝 1566》（2007 年），张黎执导。

第三篇

百年嬗变

　　百年北京是一个历史缩影。它浓缩了旧中国的屈辱，浓缩了知识分子的思索，浓缩了中国人民的抗争，也浓缩着一个新民族的崛起。火烧圆明园、八国联军入侵、戊戌变法、辛亥革命、五四运动、卢沟桥事变、北平和平解放等一系列中国近代史上的重大事件竞相在北京这个舞台上演。在这个舞台上，从这个缩影里，我们目睹了一个城市的百年变迁，看到了一个涅槃重生的民族。

【阅读提示】

1. 列强入侵的危害及影响。
2. 清宣统帝退位的历史意义。
3. 五四运动发生的原因、经过和重要意义。
4. 卢沟桥事变的背景、经过和意义。
5. 北平和平解放前的军事、政治形势。

一、侵略与抗争：火烧圆明园

圆明园是我国园林艺术的瑰宝，有"万园之园"的美称。它不仅是一座规模宏大的皇家园林，还是一座综合性的艺术宝库，一座宏大的国家博物馆。1860年10月，这座举世闻名的皇家园林遭受浩劫。

1860年10月6日和7日，侵入北京的英法联军闯进圆明园。据当事人回忆，军官和士兵成群结队冲进园内，所经之处的各种珍贵物品，都被拼命塞进带来的大口袋。他们一边抢劫，一边放火焚烧。这次劫掠使圆明园内收藏的珍宝、文物、名人字画、秘府典籍、钟鼎宝

△ 圆明园废墟

器、金银珠宝等稀世文物几乎荡然无存，宫殿建筑也被焚烧了大部分。

10月18日，英军再度闯入，明火执仗地焚烧园内的殿宇，还有万寿山、玉泉山、香山的宫殿楼阁。大火持续了两天两夜，浓烟蔽天，北京城内都能望见烟尘。几天之内，这座经历清朝200余年、耗费无数人力血汗所建成的圆明园化为灰烬，真正是"一炬毁名园，千古江山留恨迹"。在英法联军进入圆明园抢劫后的第三天，《纽约时报》记者面对残垣断壁，这样报道"最近这两天发生在那里的景象是任何笔杆子都无法恰当描述的""每个房间都被洗劫一空""没有哪件东西能逃过劫难""被毁坏的财产总价值估计能达到联军要求赔偿金额中的大部分""如果当初大清皇帝陛下能把圆明园中的一切完美无缺地移交过来的话，那它将会卖出一个好价钱，可惜有3/4以上的东西被法国人毁坏或掠走了"。

【知识链接】

圆明园十二生肖兽首铜像

圆明园十二生肖兽首铜像原为圆明园西洋楼海晏堂前喷泉的一部分，始建于乾隆二十四年（1759年），由意大利宫廷画师郎世宁和法国传教士蒋友仁等人共同设计。集西方雕塑艺术与中国生肖文化于一体的十二生肖铜像是海晏堂的精华，以水报时，闻名世界。何瑜在《圆明园五朝御制诗文集注》中描述道："在池的两边八字高台上，分列十二只人身兽首的青铜雕像，这十二生肖可按十二时辰顺序轮流喷水，正午时分则同时喷水，如此周而复始，俗称'水力钟'。"

1860年英法联军侵略中国，火烧圆明园，致使这批国宝流失于海外100多年。

截至目前，七尊兽首铜像（牛首、猴首、虎首、猪首、鼠首、兔首、马首）通过不同的方式回归祖国。其中，猪首由港澳著名企业家何鸿燊于2003年出资购买后送归国家，马首则由何鸿燊于2007年购买，后于2019年正式捐赠给国家；鼠首和兔首于2013年回归，现藏于国家博物馆；牛首、虎首、猴首于2000年由中国企业从拍卖行购得，

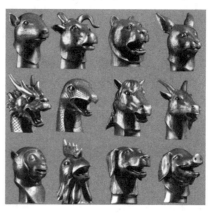

△ 圆明园十二生肖兽首铜像复原图

存放于保利艺术博物馆。2018年，一件疑似流失龙首的拍品现身拍场，蛇首、羊首、鸡首和狗首仍下落不明。

火烧圆明园是人类历史上一次可耻的强盗行径，永远的耻辱铭刻在中国人的心中。焚烧抢掠圆明园之前，侵略者在天津到北京的途中，一路烧杀抢掠，北京的安定门、德胜门和圆明园所在西郊海淀都遭到洗劫、焚烧。之后，他们在城内外继续横行骚扰，11月上旬撤离北京。

前后历时数十天，给北京人民带来深重的灾难。

【知识链接】

《北京条约》

《北京条约》是 1860 年 10 月英法联军攻进北京后，英、法、俄强迫清政府签订的不平等条约。主要内容是：（1）开放天津为商埠。（2）准华民赴英法属地或外洋别地工作。（3）割让九龙司给英国。（4）交还天主教堂教产（法国翻译又擅自在条约中文本里加上：准许法国传教士在各省租买土地，建造自便）。（5）赔偿英、法兵费各 800 万两；赔偿英国恤金 50 万两，法国 20 万两。11 月 14 日沙俄又强迫清政府在北京签订了中俄《续增条约》，即中俄《北京条约》，迫使清政府承认其一直拒绝批准的《瑷珲条约》，而且把所谓中俄共管的乌苏里江以东约 40 万平方公里的中国领土割给沙俄。

在 1840 年鸦片战争到 1949 年的百年间，火烧圆明园只是中国陷入灾难深渊的一个片段。

西方列强的入侵行径自第一次鸦片战争就已开始。1840 年，英法等资本主义国家用坚船利炮打开了古老中国的大门。他们把一个个不平等条约强加给中国，蚕食我国国土、窃取军事要地、划分势力规模、建立租界、勒索巨额赔款、倾销商品及输出资本，引起中国社会政治、经济、文化的剧烈动荡。中国的大门已经被轰开，强盗的狼子野心昭然若揭。

作为清朝统治中心的北京，当然是西方列强觊觎的焦点，一次又一次被推到战争的前沿。1860 年，英法联军以武力敲开城门，煌煌帝都也开始了最屈辱、最痛苦的岁月。1900 年，北京再遭苦难。

1900 年 8 月初，英国、法国、德国、俄国、美国、日本、意大利、奥匈帝国组成八国联军，再次由天津向北京进犯。清军或者未战先逃，或者一战即溃，八国联军在 8 月 13 日夜攻到城下，次日凌晨就攻入城区。

八国联军分区占领北京城，实行血腥残暴的军事统治。不仅以搜捕义和团的名义大量屠杀人民，而且公开准许军队抢劫三天，对皇城、官府、住宅进行大肆烧抢，造成大量中国文物和文化遗产的失窃、破坏，京城百姓一时处于水深火热之中。一些侵略军手持刀斧，闯入住户家中破门掘地、开箱劈柜进行抢劫。颐和园也没能躲过这次浩劫，园中珍贵宝物被洗劫一空。更有甚者，各国军队占领期间竟在紫禁城举行了阅兵式。

八国联军入侵北京，以 1901 年 9 月 7 日清政府签署《辛丑条约》而屈辱地告终。比起以前的条约，《辛丑条约》不仅赔款的数额更大，而且出让国家利益的力度更大。例如：建立东交民巷使馆区，不仅把区域内的所有官衙、居民全部迁出，而且允许各国驻军，设炮台、碉堡等军事设施，在北京如同国中之国；拆除天津大沽口至北京沿线的炮台，列强有权在这些地方驻军，作为一国首都的北京完全解除了防御。

△ 西什库教堂

列强入侵和不平等条约让北京陷入灾难深重的境地，更激起了中国民间的强烈抵抗。义和团就是其中一支有代表性的力量。在 19 世纪和 20 世纪交替时期，义和团运动是中国人民为挽救西方列强瓜分中国危机而进行的一次爱国反帝斗争。斗争最初多发生在山东省、直隶（河北省），针对的只是各地的洋教堂、拆毁铁路、电线等初级斗争方式。在列强干预和清军的镇压下，运动力量反而越战越强，声势不断扩大，最后清朝当局被迫承认义和团的存在。后期，北京成为反洋教的战斗中心，义和团运动发展到新的阶段。

义和团运动在北京最著名的战斗是围攻西什库教堂和东交民巷使馆区。西什库教堂是天主教会在直隶北部的总堂，是帝国主义对华进行宗教侵略的总指挥部，里面驻有法、意官兵和传教士。1900 年 6 月 15 日，万余团众包围并进攻教堂，并在 6 月 20 日开始进攻各国使馆，各国使馆遭焚毁，人员或遭杀害或撤离。

据《庚子使馆被围记》记述：截至 7 月 20 日，法军死伤 42 人、德军死伤 30 人、日军死伤 45 人。而义和团众进攻的武器主要是大刀、长矛、木棒，甚至赤手空拳地冲锋进攻，伤亡达到数千之多。

在八国联军攻打北京时，高举爱国反帝旗帜的义和团进行了英勇的战斗。他们和一部分爱国士兵在东便门和朝阳门与俄日军队进行了一昼夜的激战。城池陷落后，他们和列强展开了顽强的巷战。但是，腐朽的清政府对以农民为主力的义和团运动是又爱又恨，起先企图利用群众运动抵抗外国侵略，却又害怕民众力量强大。当八国联军破城后，义和团众与侵略者进行激烈战斗时慈禧太后在仓皇西逃的路途中，满口答应侵略者要求，下谕旨镇压义和团。就这样，义和团运动在西方列强和清政府的联合打压下以失败而告终。

轰轰烈烈的斗争之火虽然被扑灭，但在多灾多难的岁月里，这些抗争行为直接对准列强侵略和清政府的投降卖国行为，不仅让人们凝聚了力量，也让人们看到了民族奋发图强的希望。

二、帝制末日：宣统退位

1912年2月12日，末代皇帝溥仪在袁世凯的逼迫下，颁布了《清帝逊位诏书》，宣告了清朝正式寿终正寝。在中国存在了两千多年的封建君主专制制度，终于走到了历史的尽头。

诏书由中国最后一个状元张謇起草，颁诏及退位等事宜由袁世凯一手操办，这一过程既有威逼也有利诱，更充满了窃取权力的阴谋。据说，袁世凯为达到自己的目的，在诏书中硬加进这样一句话——"即由袁世凯以全权组织临时共和政府，与民军协商统一办法"。这就为他后来就任中华民国大总统及复辟闹剧埋下了伏笔。

【知识链接】

《清帝逊位诏书》

前因民军起事，各省响应，九夏沸腾，生灵涂炭，特命袁世凯遣员与民军代表讨论大局，议开国会，公决政体。两月以来，尚无确当办法，南北暌隔，彼此相持，商辍于涂，士露于野，徒以国体一日不决，故民生一日不安。今全国人民心理，多倾向共和，南中各省，既倡义于前，北方诸将，亦主张于后，人心所向，天命可知，予亦何忍因一姓之尊荣，拂兆民之好恶？是用外观大势，内审舆情，特率皇帝，将统治权公诸全国，定为共和立宪国体，近慰海内厌乱望治之心，远协古圣天下为公之义。袁世凯前经资政院选举为总理大臣，当兹新旧代谢之际，宜有南北统一之方，即由袁世凯以全权组织临时共和政府，与民军协商统一办法，总期人民安堵，海宇乂安，仍合满、汉、蒙、回、藏五族完全领土，为一大中华民国，予与皇帝得以退处宽闲，优游岁月，长受国民之优礼，亲见郅治之告成，岂不懿欤！钦此。

清朝垮台是内忧外患的必然结果。义和团运动失败后，西方列强的侵略并未停止，垂死的清政府对人民的压迫和剥削更加严重，民族矛盾和阶级矛盾继续恶化，人民反帝反封建的爱国斗争不断高涨。其间，统治阶级内部的一些开明人士力图通过变法改良手段，试图挽救摇摇欲坠的清朝统治，但是这些良好愿望在封建顽固派的干预下，被扼杀在摇篮之中，最终无力回天。其中，维新变法运动是清朝统治晚期最重要的政治改良事件。

这次运动的起点"公车上书"和运动的高潮"百日维新"均发生在北京。1895 年春，各省举人聚集京城，参加会试。马关签约的电讯传来，康有为联合一千五百余名举人在宣武门外松筠庵聚会，并联名写出万言书——《上清帝第二书》，提出为解救国家危亡，皇上应下诏迁都、练兵、变法；提出了富国、养民、教民、改制等一系列改良方案，向朝廷要求民众参政的权利。第一次上书呈交到都察院，结果被军机大臣孙毓汶拒绝，史称"公车上书"。

以"公车上书"为开端，康有为等人创办刊物、组织学会、组织新式学堂，维新运动逐渐在京师兴起。年轻的光绪皇帝决定利用维新派力量，推动改革。1898 年 6 月 11 日，光绪皇帝颁布《明定国是诏》，开启新政。他大力提拔康有为、梁启超等维新派骨干人员，参与新政。其中，谭嗣同、杨锐、刘光第、林旭四人到军机处和总理衙门参与新政事宜，被称为"军机四卿"。

△《喋血菜市口—戊戌六君子祭》
杨参军，2009 年油画作品

在旧体制下进行改良变法，必然要触动保守势力的既得利益。以慈禧太后为首的封建顽固派在维新变法进行到 103 天时，开始绞杀新政，不仅幽禁光绪于瀛台，而且下令捕杀维新派志士。最后，康有为、梁启超远离京城避难，谭嗣同、杨锐、刘光第、林旭、杨深秀、康广仁"戊戌六君子"在菜市口慷慨就义。

维新变法运动虽以失败而告终，但是其发生在清朝的统治中心，不仅直接冲击了封建专制集权统治，更重要的是对文人志士起到启蒙作用。正如谭嗣同被捕前所说："不有行者，谁图将来；不有死者，谁鼓士气？我国二百年来，未有为民变法流血者，流血请自谭嗣同始。"

△ 孙中山

随后，孙中山领导的辛亥革命加速了清朝的灭亡。1911 年 10 月 10 日，武昌起义爆发。随后，各地革命浪潮风起云涌，短短一个多月，全国宣布独立的省份已有 15 个。1912 年 1 月 1 日，中华民国临时政府在南京成立，孙中山就任临时大总统。辛亥革命直接推翻了清朝的专制统治，是一次伟大的革命运动，在政治上、思想上给中国人民带来了不可低估的解放作用。

辛亥革命并没有消除君主专制的社会基础，致使一部分人称帝野心不死，心中仍然存在顽固的封建专制思维。民国初年，北京就上演了两场企图恢复帝制的闹剧。

一件事是袁世凯称帝。清帝逊位，袁世凯代孙中山当上总统，本可以成就终身英名，然而他仍然妄图复辟帝制。经过一系列准备，1915 年 12 月 12 日，袁世凯宣布废除共和，恢复帝制。这一复辟行径引来国人指骂，众叛亲离。

当时，身在北京的爱国将领蔡锷秘密离开北京，取道日本，返回云南，第一个举起护国义旗，起兵声讨袁世凯。一时间，四方群起响应，各地实力派军阀，甚至袁世凯的亲信部下纷纷宣布独立。在全国掀起的反袁怒潮中，袁世凯的洪宪帝制只维持了短短 83 天就宣告夭折。

【知识链接】

蔡锷与小凤仙

蔡锷是我国近代史上叱咤风云、功勋卓著的历史人物，是中国现代史上著名的民主革命家和杰出军事家。而小凤仙，只是当时栖身京城八大胡同（陕西巷云吉班）的一名风尘女子。然而，在当年的北京城，蔡锷与小凤仙绝对是当仁不让的主角，二人演绎了一段广为流传的爱情传奇。

1915 年，袁世凯酝酿复辟帝制，自称皇帝。据说，蔡锷气愤至极，但是身不由己。表面上，他装出毫不关心政治的样子，常去北京八大胡同沉湎酒色，暗中却多次前往天津，与老师梁启超商量讨袁计划，并初步拟定赴云南发动武装起义。同年 11 月，在小凤仙的帮助下，蔡锷冒着巨大的危险，从北京辗转回到昆明，组织云南军队发动了护国起义。

蔡锷抱病奋斗，舍己为国，在困境中奋起，在胜利中永诀，自然令后人感佩景仰不已。而小凤仙因缘际会，落风尘而不失巾帼豪气，化腐朽为神奇，更使这个故事成了不可多得的人间绝唱。

另一件事是张勋复辟。1917 年 6 月 14 日，利用北洋政府总统黎元洪与国务总理段祺瑞之间的矛盾，张勋以调停为名，率领三千余名辫子军进入北京，与康有为拥立溥仪恢复帝位。张勋复辟确实是一场闹剧。张勋心存帝制，在民国成立后不仅自己仍然保留辫子，其统属的军队也统一留着辫子，所以又称"辫子军"。

据说，除了当官者需要辫子，张勋还宣称："今后京师各部衙门雇佣的仆役、侍从等，一律以有辫者充任。"这个消息一传出，京城里一些做小本生意的、拉胶皮车的、失业流浪的，只要脑袋上挂着一根"辫子"的，都过来报名投效。张勋来者不拒，而且优厚发给佣资。由于张勋看重辫子，一批热衷名利之徒起了攀龙附凤之思、升官发财之念。有人绞尽脑汁想出了一个妙法：向理发店买一条假辫子，用细线缝缀于帽后，再穿上清朝靴服，捧着手板，拿着名片去谒见张勋。张勋见来者辫发垂垂，就先有几分欢喜，再看过对方的阅历，略微询问几句，来人如果再称几声"大帅"，张勋便立即授予一个丞参以下的官职。此例一开，效仿者相率而来，京城理发店的假辫子顷刻售卖一空，一时引得"京师辫贵"。

经历了辛亥革命的洗礼，加上袁世凯复辟帝制的前车之鉴，张勋的倒行逆施立即遭到了全国人民的强烈反对。此时，段祺瑞见利用张勋驱逐黎元洪的目的已经达到，就借助全国人民反复辟的声威，组织"讨逆军"，在7月12日打败张勋的辫子军。在段祺瑞的"讨逆军"攻入北京城时，溥仪仅做了12天的皇帝，复辟闹剧短命告终。

三、革命先锋：五四运动

1919 年 1 月 18 日，美、英、法、意、日等帝国主义国家在巴黎召开"和平会议"，也称巴黎和会。这是一次不公平的"分赃会议"，是第一次世界大战结束后帝国主义对殖民地和势力范围的重新"洗牌"。战争结束后应该和平了，中国的主权应该由自己来行使。但是，弱国无外交。在这次"分赃会议"上，作为战胜国，中国的权利本应归还本国，但是英法等几个主要帝国主义国家却要把战争期间德国对中国山东的各项殖民非法权益转给日本。

这样的"和平结果"当然不能接受，中国人民愤怒了！当时，北京的学生比较进步，深受新文化运动民主、科学、人权、自由等思想影响，爱国救国成为那个时代青年学子的追求。巴黎和会中国外交失败的消息传来后，北京大学的一些进步学生决定聚集起来争取权利，号召国人拯救自己的家园。当时有北大学生为了表示救国的决心，在集会中咬破中指，当场撕破衣襟，血书"还我青岛"。

1919 年 5 月 3 日晚上，学生们聚集起来组织集会，决定：联合各行各业一起抗争；巴黎专使拒绝在和约上签字；通电各省举行国耻纪念游行示威；5 月 4 日在天安门举行学界大示威。

5 月 4 日中午，北京高校的 3000 多名学生冲破军警阻挠，云集天安门广场。他们打出表示心声的条幅，喊出心中的怒火："誓死力争，还我青岛""收回山东权利""拒绝在巴黎和会上签字""废除二十一条""抵制日货""外争国权，内惩国贼"。他们要求惩办交通总长曹汝霖（曾多次参与向日本借款、出卖主权活动）、币制局总裁陆宗舆、驻日公使章宗祥（签订众多损害中国权益的卖国条约）这三个卖国贼。一些学生散发油印的《北京学生界宣言》，在天安门前演讲动员。宣言指出，人们所企望的公理战胜强权希望已经破灭，号召广大民众下定决心与帝国主义抗争到底，号召国民要拯救中华，惩治汉奸。

△ 五四运动

　　北洋政府大总统徐世昌得知学生集会的消息后，随即下令阻止学生游行。热血沸腾的学生在天安门集结后，又到东交民巷向各国驻华使馆请愿，要求他们给予中国在外交上的同情和援助。之后，群情激愤的学生高呼着"打倒卖国贼"的口号，向赵家胡同交通总长曹汝霖的住所进发。涌进宅内的学生由于没有找到曹汝霖本人，愤怒之下放火烧了房子。大火烧出了同在曹府的章宗祥，满腔愤怒的学生痛打章宗祥，痛斥他们的卖国行径。大火一起，军警就到，32名在场学生被逮捕。这就是历史上有名的"火烧赵家楼"事件。

　　在风起云涌的学生运动下，大总统徐世昌不得不向学生们妥协退步。刘仁静与张国焘是当时北京学生运动中的著名人物，后来成为中国共产党的创始人。

　　据参加过五四运动的老人回忆，当时学生聚集在新华门和中南海，要求见大总统徐世昌，但徐世昌避而不见。这时，警察总监吴炳湘出来奉劝学生："总统不在，可以把请愿书留下；时间已经很晚，希望学生回校休息，政府自有答复。"但学生坚决不肯，一直耗着。学生都尽量与军警避免冲突的产生，而多数军警也以"不作为"的方式暗中支持学生的运动。接着，开始有普通民众加入到请愿行列，最令人感动的是一些洋车工人，他们甚至把一天做工的血汗钱拿出来给学生买烧饼、茶水。

　　北京学生的爱国行动震动了全国，五四运动迅速蔓延中华大地。一个月后，北洋政府在全国人民的压力下，终于罢免了曹汝霖、章宗祥、陆宗舆三个卖国贼的职务，释放了被捕的学生。接着，各地学生纷纷举行了大规模的集会和游行示威，声援北京学生运动，支持北京学生的斗争。全国 20 多个省、150 多个城市先后掀起了爱国主义运动，工人阶级、工商业资产阶级也参与进来，运动也从北京扩大到全国范围，甚至国外。6 月 28 日和约签字当天，中国的留法学生和工人包围了中国代表的寓所，代表被迫拒绝在和约上签字。这个消息传遍全世界，帝国主义国家大为震动。至此，这场由北京学生引起的全国性的爱国主义运动获得了胜利。

五四运动在中国近代历史上有着特殊的意义，这是一次彻底的反对帝国主义和封建主义的爱国运动，是无产阶级领导的新民主主义革命的开端。这场由学生发起的爱国运动促进了马克思主义在中国的发展、传播，其与中国工人运动的结合，对中国共产党的诞生和发展起到了直接促进的作用。

五四运动的主力是学生和青年，他们的爱国精神、为真理和正义而战的精神、不畏强暴和黑暗的政治精神，构成了以爱国、进步、科学、民主为内核的"五四精神"，值得任何时代的青年学习。而这之前的新文化运动，无疑是一次知识界的思想启蒙，对五四运动起着先导作用。

新文化运动是 20 世纪早期中国文化界一群受过西方教育的人发起的一次革新运动。1919 年 5 月 4 日前夕，陈独秀在其主编的《新青年》刊载文章，提倡民主与科学（德先生与赛先生），批判传统中国文化，并传播马克思主义思想；以胡适为代表的温和派则反对马克思主义，支持白话文运动，主张以实用主义代替儒家学说。这一时期，陈独秀、胡适、鲁迅等成为新文化运动的核心人物。

【知识链接】

北大红楼

中国共产党早期北京革命活动纪念馆（北大红楼）位于东城区五四大街 29 号，是一座以红砖砌筑、红瓦铺顶的建筑，原为北京大学校部、一院（文科）、图书馆所在地，建成于 1918 年。它是一座具有光辉革命历史的近代建筑，有李大钊工作过的图书馆主任室，有陈独秀工

△ 北大红楼

作过的文科学长室，还有毛泽东工作过的第二阅览室等革命活动的重要场所旧址，具有重要的历史价值。这里，曾掀起新文化运动的高潮，是五四运动的重要策源地、北京的共产党早期组织诞生地。

2021年，中国共产党早期北京革命活动纪念馆开馆仪式在北大红楼举行，如今可以在这里参观中国共产党早期北京革命活动主题展。[1]

1917年起，以陈独秀、李大钊、鲁迅为代表的激进民主主义者举起"文学革命"的大旗，提倡白话文，反对文言文，提倡新文学，反对旧文学。随着新文化运动的发展，《新青年》实际上成了新文化运动的思想领导中心。在袁世凯复辟称帝之前，美国人古德诺发表了《共和与君主论》，杨度发表了《君宪救国论》等文章，散布中国宜于实行君主制，没有君主便要"灭亡"的谬论。《新青年》针对这种情况，发表了陈独秀《一九一六年》《吾人最后之觉悟》，李大钊的《民彝与政治》《青春》等主要文章，揭露了君主专制的危害。在陈独秀、李大钊等人的领导下，提倡科学、反对迷信，提倡民主、反对独裁，提倡白话文、反对文言文的新文化运动，宣传了西方的进步文化，传播了社会主义思想，反映了新型的革命阶级要求，在社会上产生了巨大的反响。

【知识链接】

针对复辟舆论的新文化运动

新文化运动的兴起有着深刻的政治、经济和思想背景。在思想领域，其与袁世凯为帝制复辟制造"尊孔读经"的舆论氛围有关。袁世

---

〔1〕 本文信息载北京市人民政府网站 https://www.beijing.gov.cn/renwen/rwzyd/qxdw/jxndqc-qx/bdhl/202309/t20230918_3261540.html。

凯刚登上总统宝座就大搞尊孔祭天。1913 年 6 月，他亲自发表"尊孔令"，鼓吹"孔学博大"。1914 年又发布《祭圣告令》，通告全国举行"祀孔典礼"。为支持袁世凯帝制复辟活动，国内外掀起了一股尊孔复古逆流。1912 年起，全国各地先后成立了"孔教会""尊孔会""孔道会"等，出版《不忍》《孔教会杂志》等刊物。康有为还要求定孔教为"国教"，宣扬"有孔教乃有中国，散孔教势无中国矣"。面对思想界的这股反动逆流，资产阶级和小资产阶级知识分子，有的和封建势力同流合污，有的偃旗息鼓；许多人则感到彷徨苦闷，找不到出路。

但是，以陈独秀、李大钊、鲁迅为代表的激进民主主义者却以《新青年》为阵地，发动了一次反封建的新文化运动，大张旗鼓地宣传资产阶级民主思想，同封建尊孔复古思想展开了激烈的斗争。进步知识分子团结在《新青年》周围，高举民主和科学两面大旗，从政治观点、学术思想、伦理道德、文学艺术等方面猛烈冲击封建复古势力。他们集中打击作为维护封建专制统治思想基础的孔子学说，掀起"打倒孔家店"的潮流。他们还主张男女平等，个性解放。

新文化运动的深入发展吸引了许多年轻人，特别是青年学生集合在反帝反封建的旗帜下，为迎接一场彻底的反帝反封建的政治斗争做好了思想准备。

直门内大街，南至阜成门内大街，这就是为纪念抗日名将赵登禹而得名的"赵登禹路"，在丰台区也有赵登禹路和赵登禹小学。赵登禹将军是29军132师师长，"七七事变"后，他率部抗击日军入侵，守卫北平城外的南苑，孤军作战，在敌人炮火和飞机的狂轰滥炸下，损失惨重，但仍誓死坚守阵地，拼死抗击。7月28日，在奉命向北平撤退途中，在大红门附近的青纱帐中遭到日军伏击，壮烈殉国，牺牲时年仅39岁。

卢沟桥事变，掀开了全民抗战的序幕。当时在庐山的蒋介石得知日军在华北挑衅时，决心应战，电令驻守北平的宋哲元、秦德纯应以"不屈服、不扩大"的方针就地抵抗。7月17日，在庐山，他提出抗日号召说："地无分南北，年不分老幼，皆有守土抗战之责！"同时，一面积极备战，集结军队于石家庄、保定一带待命；一面召集全国各界领袖在庐山会议，商讨抗战大计。

卢沟桥事变第二天，中国共产党向全国发出通电，号召保卫华北，援助抗日自卫战争，号召组织巩固的民族统一战线，号召国共两党在抵御外侮上亲密合作。7月9日，红军通电请缨开赴华北抗日。7月15日，中共中央将《中共中央为公布国共合作宣言》交给国民党，并约定由国民党通讯社发表。8月22日，西北主力红军改编为国民革命军第八路军，其后留在南方八省的红军游击队改编为国民革命军新编第四军。9月22日，国民党方面承认陕甘宁边区政府。

同时，中国共产党在北平郊区及周边有力组织人民群众，先后开辟了平西、冀东、平北抗日根据地，建立抗日民主政权，与日伪政权展开激烈的斗争，直至抗日战争胜利结束。

五、黎明的曙光：和平解放

1949 年 1 月 31 日，平津战役胜利结束，人民解放军进驻北平城，北平宣告解放。这座驰名中外的历史文化古城历经百年沧桑，终于回到人民的手中。

2 月 3 日，人民解放军举行入城仪式。装甲部队、炮兵、坦克部队、骑兵、步兵，一路从南面永定门入城，另一路由西北面西直门入城，会合之后向南走，由西长安街转和平门，向西出广安门。工人、学生、职员、教授，成千上万的北平市民早早地赶到前门广场，欢迎人民解放军，庆祝北平和平解放。最引人注目的是几千名平汉铁路工人，开着结彩的火车头从长辛店赶来，加入欢迎的人群。

【知识链接】

沸腾了的北平——记人民解放军的北平入城式（节选）[1]

十时，四颗照明弹升上天空，庄严隆重的入城式开始了，远远地从北面，从前门那边，黑压压地一片人迎上前来，前面一面欢迎大旗迎风飘舞；从南面，人民军队的头一辆带队的装甲车，摇着一面红色指挥旗，朝着欢迎的人群开过来，随后是高悬毛主席、朱总司令肖像的四辆红色胜利卡车，满载着乐队，铜管乐器金光闪闪，吹奏着雄壮的进行曲。装甲车部队一条线似的接在后面。在珠市口一带，部队与欢迎的行列相遇了，欢迎的行列在左面，部队在右面，欢呼雷动。招手呀！呼喊呀！多少人激动得流下了眼泪！光荣呀！只有人民的军队才能得到这样的光荣！人群拥上来了，他们跑进了解放军行列里面，一下拥抱在一起，队伍都不好向前走了。欢迎的群众在装甲车上写："你们来了，我们很快乐！""真光明呀！""同志们！加油呀！彻底消灭国民党反动派

---

[1] 刘白羽：《沸腾了的北平——记人民解放军的北平入城式》，载《人民日报》1949 年 2 月 18 日文艺副刊。

呀"……队伍陆续向前门广场前进……

这时，一片"东方红、太阳升……"歌声响彻天际。远远好像一片麦浪波动，近来一看原来是戴着皮帽子的人民骑兵来到了。人们叫呀、鼓掌呀，把五彩的红旗都抛上天空。的哒的哒的马蹄踏着柏油马路，那样整齐雄壮，骑兵们手上的马刀闪着寒光。骑兵后面就是英雄的步兵。这时，作为前导的军乐队一出现，人民的欢腾达到顶点的时候到了。英雄的部队一支从永定门进城，一支从西直门进城，一个是被敌人称作"暴风雨式的军队"，一个是"塔山英雄部队"。在1946年冬季，那天空似乎还黑暗的时代，他们在长白山下四保临江，并肩作战。这两支英雄部队从艰难到胜利，在这里得到人民的热爱、狂爱，战士们在千万只热爱的眼光下前进。一个胸前挂着六个奖章的战斗英雄，被人们热烈地围着、拉着。一个女学生跑上去摸摸那个光荣的毛泽东奖章。这时，欢迎的人们已经站了整整一天，忘记了寒冷，忘记了饥饿，依恋地舍不得这些英雄。他们与行进的队伍会合起来，高唱"我永远跟着你们前进"，昂然通过一向为帝国主义禁地的东交民巷。

将近下午五时的时候，夕阳照进了广安门，在高大的城门前，无数人群欢送钢铁机械部队。在驶行一整日的战车上、坦克上，飘闪着无数的小红旗，战士们手上还捧着人民献给他们的一束束鲜花。这时虽然暮色苍茫，可是整个北平还到处充满愉快的欢声。北平真正沸腾了。

这一天来之不易。军事上，之前中国人民解放军发动了声势浩大的平津战役。天津解放后，东北野战军和华北野战军先后攻克了密云、怀柔、顺义、昌平、通县、门头沟、大兴等县城和地区，在12月中旬完成了对北平城区的包围，形成了解放北平的高压态势。

政治上，国民党反动政权陷入完全孤立。光复后的北平在中国共产党的领导下，学生作为主体掀起了以"沈崇事件"为导火索的抗暴斗争、"五二〇"游行和反饥饿、反内战、反迫害斗争等民主爱国运动，对全国革命的进程产生了重大的影响，也为北平和平创造了群众基础。

考虑到北平是文化古城，有众多的历史文物，还有密集的人口，包括200万居民和3万逃难者，当时的华北军区司令员聂荣臻以个人名义向中央发电，"我们应该努力争取和平解放北平，使北平这个文化古都免遭战火的破坏，使人民财产免遭损失"，建议在打下天津后，争取和平解放北平。因此，中共中央军委决定继续争取傅作义起义，尽可能地争取和平解放北平。

为了保证北平完好无损地回到人民手中，北平的地下党员开展了有的放矢的工作。当时，作为中共地下党员的傅冬，受组织的委派也来到身为国民党"华北剿总"总司令的父亲傅作义身边，秘密收集情报，起到了不可替代的作用。同时，党组织发动群众护厂护校，特别是电力、电信、铁路、军工等企业，防止遭到破坏。他们还向工程技术人员、科学家、教授、艺术家等各界人士宣传党的政策，尽可能地挽留他们来建设新中国。其间，还发生一件让著名建筑学家梁思成感动的事情。万一和谈破裂，只能强行攻城怎么办？为了保护北平的古建筑，两名解放军代表夜访清华大学，请梁思成教授在军用地图上标出重要的古建筑，并画出禁止炮击的地区。

经过三次艰苦的谈判，驻守北平的傅作义接受了"八项和平条件"，率部接受和平改编。

【知识链接】

北平和平解放的三次谈判

第一次谈判是在 1948 年 12 月中旬。当时平津战役已经打响，北平正在被军事包围。傅作义派崔载之作为代表同李炳泉（中共地下党员）一起，带电台和报务员、译电员到三河县平津前线司令部所在地，与东北野战军参谋长刘亚楼进行了谈判。双方交换意见后，崔载之回北平向傅作义报告谈判情况，李炳泉携电台和报务员、译电员留下，以便联系。

第二次谈判是在 1949 年 1 月 6 日—10 日。当时傅部主力 35 军被歼，平津战役胜负大局已定。傅作义派周北峰、张东荪到河北蓟县八里庄，同平津前线司令部领导人林彪、聂荣臻、罗荣桓和刘亚楼进行谈判。这次谈判有很大进展。我方提出了改编国民党军的方案，对傅起义人员一律不咎既往。双方草签了《会谈纪要》。

第三次谈判是 1 月 14 日—17 日。14 日上午，人民解放军向天津守敌发起总攻。当天傅作义派邓宝珊、周北峰作为全权代表，到通县西五里桥平津前线司令部，与林彪、聂荣臻、罗荣桓和刘亚楼进行谈判。谈判取得了成功，16 日双方签署了《关于北平和平解决的初步协议》14 条。19 日双方代表在城内华北"总部"联谊处经磋商后，将协议正文增补为 18 条，附件 4 条，共 22 条。东北野战军参谋处长苏静与华北"总部"政工处长王克俊及崔载之，分别代表双方在《关于北平和平解决问题的协议书》上签字。

1949 年 3 月 23 日，中共中央及所属机构由西柏坡迁往北平；3 月 25 日，北平各界代表和民主人士到西苑机场热烈欢迎毛泽东、朱德等中央领导人。

【知识链接】

"进京赶考之路"

1949 年 3 月 23 日—25 日，毛泽东等中央领导同志率领中共中央机关和中国人民解放军总部离开西柏坡向北平进发。出发前，他曾对周恩来说："今天是进京的日子，进京'赶考'去！"据中央文献记载："1949 年 3 月 23 日上午，毛泽东率领中央机关乘汽车离开西柏坡前往北平。25 日凌晨 2 时在涿县换乘火车，早上抵达北平清华园车站，然后改乘汽车至颐和园。"

2023 年 3 月，70 多年前"赶考"途经的西柏坡中共中央旧址、唐县淑闾村、党中央进京前毛泽东住所纪念址、涿州火车站、清华园车站旧址、颐和园益寿堂、双清别墅等红色印记串珠成线，"进京赶考之路"革命文物主题游径全线贯通。其中，北京段 28 公里"赶考之路"沿线的革命旧址和文物全部保护修复完成，均已对外开放，成为热门红色文化打卡地。

1949 年 9 月 21 日—30 日，中国人民政治协商会议第一届全体会议在北平召开，通过决议宣布：中华人民共和国定都于北平，北平改名为北京。

【知识链接】

第一届中国人民政治协商会议

1949 年 9 月 21 日，中国人民政治协商会议第一届全体会议在中南海怀仁堂正式开始。这是一次真正的民主政治协商会，出席的有中国共产党以及各民主党派、人民团体和无党派民主人士的代表，共 662 人。

在这次会议上，中共中央主席毛泽东致了振奋人心的开幕词。通过中华人民共和国的国旗为五星红旗，国歌为义勇军进行曲，首都为北平，同时改名为北京，纪年采用公元纪年。同时确定 10 月 1 日为建国日，也就是后来的国庆日。

这次会议实际上代行了全国人民代表大会的职权。会议通过了由中共中央领导人共同起草的《中国人民政治协商会议共同纲领》，制定了《中国人民政治协商会议组织法》以及《中华人民共和国中央人民政府组织法》，选出了毛泽东为第一届中央人民政府主席，刘少奇、朱德、宋庆龄、李济深、张澜、高岗分别作为各界代表当选为中华人民共和国副主席。

北京城在飘摇、动荡中度过了最屈辱的百年，这一连串的重大事件也让这座城市在一次次的经历中获得了重生的力量，让它走得更加坚定、更加顽强。

六、历史新篇：开国大典

1949 年 10 月 1 日的北京，秋高气爽，古老的天安门城楼焕然一新。宽厚的宫墙庄严而稳重，黄色琉璃瓦顶在秋阳下熠熠生辉，八只大红灯笼悬挂在圆柱之间，低垂的流苏在微风中摇摆。人群和旗帜、彩绸、鲜花、灯饰，汇成了喜庆的锦绣海洋。北京 30 万军民聚集在这里，等待中国历史上最伟大时刻的到来。

下午 3 时，天安门广场欢声雷动。毛泽东和朱德一前一后，最先登上了天安门城楼。在《义勇军进行曲》乐曲声中，中央人民政府主席、副主席和委员就位。人民领袖毛泽东庄严宣布："同胞们，中华人民共和国中央人民政府今天成立了！"这个洪亮的声音震撼了全世界，宣告古老的中国重新屹立在世界的东方。

随后，毛泽东亲手按动电钮，第一面五星红旗在广场上冉冉升起。与此同时，代表参加中国人民政治协商会议第一届全体会议共 54 个单位的 54 门礼炮齐鸣 28 响，如报春惊雷回荡在天地间。

升旗之后，毛泽东宣读了《中华人民共和国中央人民政府公告》，紧接着举行了规模浩大的阅兵式和群众游行。庆祝活动到晚上 9 时左右结束，但欢乐的人群依然抑制不住内心的兴奋。参加开国大典的著名作家巴金激动地说："一个幸福的时代开始了！"

新中国开国大典的盛况被永远镌刻在中华民族的记忆里。那么，开国大典为什么选在天安门？为什么定在下午 3 时？为什么鸣炮 28 响？第一面五星红旗是如何升起的？悬挂的标语、宫灯是谁制作的……台前幕后发生了许多生动有趣、鲜为人知的故事。

大典阅兵：终定天安门广场

开国大典主要有三项内容：一是举行中华人民共和国中央人民政府成立典礼；二是举行中国人民解放军阅兵式；三是举行人民群众游行活动。当时，阅兵式在什么地方举行和怎么举行，成为筹备开国大典的中

心问题。这个问题让开国领袖们颇费脑筋。

筹备阅兵的小组拿出了两套方案：一是地点选在市中心天安门广场。阅兵地点放在天安门广场，有利条件是显而易见的：地处北平市中心，届时领袖、军队和群众水乳交融，开国大典可以搞得轰轰烈烈，特别是天安门城楼就是现成的阅兵台，不必费太多的力气就可以让全体政协代表到天安门城楼进行检阅。并且，天安门周围街道四通八达，容易集中和疏散。当然，也有一些不足之处，主要是参加开国大典的人员众多，当日城市交通至少要中断 4 小时；当时长安街不够宽阔，没有经过拓宽，远不像后来那样阔气，只能横排通过步兵十二路纵队、骑兵三路纵队和装甲车二路纵队。

二是在市郊西苑机场阅兵。与天安门相比，西苑机场的优势在于，它有宽阔的机场跑道，没有阻碍交通的后顾之忧。而且在西苑机场举行阅兵，已经取得成功的经验：1949 年 3 月 25 日，华北军区为了欢迎党中央、毛主席进入北平，已经举行过由一万余人观看的阅兵式。但是，西苑机场没有检阅台，如果要搭建天安门城楼那样气势雄壮的检阅台，所费工程之大、投资钱财之多，在当时都是很难办到的。而且机场距市区远，数十万群众要参加大典，往返都不方便。

1949 年 8 月初，距离开国大典只有一个多月。时任开国大典筹备委员会主任的周恩来，最后把目光投向了天安门。天安门是旧皇城的正门，城门五阙，重楼九楹。出入天安门广场，放眼眺望，天安门城楼无比庄严雄伟，大有"横空出世"之象。而且，这里是中国新民主主义革命发祥地。1919 年 5 月 4 日，北京爱国学生齐聚天安门，爆发了在中国革命史上具有划时代意义的五四运动，揭开了中国新民主主义革命的伟大序幕。最后，开国大典阅兵式被确定在天安门举行。

第一面五星红旗升起的背后

"请毛主席升旗。"保存在中央档案馆的钢丝录音带上，传出四十年前中央人民政府秘书长林伯渠主持大会的声音，依旧清晰如昨日。但是，大典时发生了一个小插曲。林伯渠宣布"升旗"这句话有缺陷，身边的工作人员小声提醒他："请毛主席升国旗。"因此，林伯渠又大声宣布了一遍，其中增补了一个"国"字。

紧接着，话筒里又传出焦急的问话："升旗的机关（按钮）在哪里？在哪里？你说呢？"其实，电动升旗装置很明显，电钮开关上还分别注明了"升"和"降"。但是，他们的自言自语仍然通过转播台传播了出来。毛泽东开始扭动那枚电钮，巨大的红旗缓缓上升，定格在22米高的白色铁杆上。

此刻，在天安门前面东侧临时搭起的木板小屋里，几名工作人员长长地出了一口气。在国旗升起的两分钟里，他们的心一直是悬着的。因为电动升旗在中国是第一次，又是开国大典，如果发生意外，那可就不是一般的麻烦了。那么，电动升旗是怎么回事呢？

据说，电动升旗的点子是后来当过外贸部长的李强提出来的。但是，当时中国人几乎都不知道这项技术。最后，北京建设局承担了天安门广场的电线安装任务，并派出了技术人员林治远担任开国大典升旗装置的总工程师。

1949年8月，安装工程破土动工，边设计边施工。旗杆的土木工程比较简单，电气工程却比较难。当初是这样设计的：根据升旗仪式和奏国歌需要同步进行的要求，在天安门城楼西南角安装了电钮，电线从此处钻进天安门城楼前的马路，然后架高一直延伸到旗杆处。大理石基座里藏有总开关，还有土造的计时器，可以控制升旗时间和速度。电线直达旗杆顶端。顶端呈球状，里面有正向、反向自动开关，正向开关启动控制红旗徐徐上升，反向开关启动降下国旗。

几位工程师对这样一套电动装置的设计很圆满，不过，他们忘了一个关键开关。9月30日夜，施工人员正在对旗杆进行最后的调试。第一次卡在旗杆中间，第二次国旗升了上去，但一直往上升，两分多钟了还停不下来。等到停止时，旗子已经被卷成一团。最后只好让人爬上旗杆取下卷成一团的国旗。此时已经到了深夜，工程师们忙着检修终止开关。直至10月1日早晨，整个电动升旗装置才调试成功。

大典之前，聂荣臻亲自检查了升旗设施，并向当时负责电力的徐博文详细询问了电源保证工作。为了确保万无一失，聂荣臻叮嘱一定要准备人工升旗，把到时候可能用绳子升上去的旗先隐蔽起来，派几名士兵守在旗杆下，万一断电或失灵，立即人工升旗。无论如何都要保证第一面红旗在开国大典上顺利升起。

当天，徐博文亲自守在调度电话旁，监视电网运行，手上准备了好几套应急方案，随时准备应付突发情况。当他从广播中听到雷鸣掌声、欢呼声时，他知道，五星红旗已经顺利到达了旗杆顶端。

开国大典为何选在下午 3 时开始

开国大典选在下午 3 时开始，是出于安全角度的考虑，为了防止国民党空军的空袭破坏。面对当时的情况，党和国家考虑得十分细致。

举行开国大典时，解放军南下部队已经占领了国民党空军原来的福州、衡阳等基地，距离北京最近的敌军机场是 1200 公里外的定海机场和 1500 公里外成都附近的机场。当时，国民党空军装备的主力战斗机是美国的 P-51 "野马"，其最大作战半径为 700 公里，已无法到达北京。不过，美国提供的 20 多架 B-24 "解放者" 式轰炸机，其满载 6 吨炸弹时的航程为 3380 公里，从台湾起飞后到定海加油或从成都附近的机场起飞，其作战半径都能覆盖北京。国民党当局又同韩国当局交涉，想从台湾起飞轰炸机到韩国的机场，中途加油后袭击北京，飞行距离可缩短到 900 公里，这样其装备的 B-25 轰炸机（航程 2400 公里）也可进行空袭。

通过多年战争实践，解放军掌握了对手最大的弱点是作战飞机缺乏夜间起降能力，只能在昼间升空作战，日落前必须返回降落。根据飞行距离，B-24 轰炸机以 300 公里左右的时速需飞行 4 小时以上，10 月初晚间 6 时半就会天黑，即使轰炸机能到达北京上空，也必须在下午 2 时半以前返航，下午 3 时以后基本就能摆脱空袭威胁。

经过科学的计算和分析，开国大典仪式最终决定在下午 3 时开始。据史料显示，蒋介石确实想派飞机搞空袭，但是空军认为派出仅有的十几架能远航轰炸的 B-24 很难突防到达北京上空。当时的韩国总统李承晚虽极端反共，但也不敢同意飞机在韩国加油起降，因为他明白，若提供机场空袭北京，无异于同新中国开战。

"飞机不够，我们就飞两遍"

开国大典的阅兵式上，坦克群正缓缓前进，突然，天空中热闹了起来。人民空军 17 架飞机以整齐威武的队形飞过天安门上空，接受党和国家领导人的检阅。发动机的轰鸣声激荡在层云之下，昂扬了无数人的志气。人民空军的首次公开亮相震惊了世界，它向世界宣告：刚诞生的中华人民共和国从此拥有了自己的空军部队。

细心的读者可能会注意到这样一个问题：1949 年 11 月 11 日是人民空军成立的纪念日，那么开国大典受阅的飞行队是从何而来？

1949 年 8 月下旬，在一次商讨开国大典组织阅兵事宜的会议上，中央有关领导提出"组织飞机编队，参加分列式，通过天安门上空，接受检阅"。

今天的我们也许不知道，当时组成飞行队多么艰难。新中国成立前夕，担负防空作战任务的解放军只有一个飞行中队。经过紧急动员，南苑机场上集中了五湖四海的飞行员和东拼西凑的飞机。在接下来的 20 天时间里，受阅人员抓紧时间搞训练。那时训练条件极为艰苦，一条跑道要飞三四种飞机，每天早上 3 时左右就开始了训练。

△ 开国大典飞机受阅（左）　参加开国大典的 P-51 型飞机（右）

同时还要考虑安全问题。北平刚刚和平解放，局势还不稳定的时候，出动仅有的防空飞机冒着很大的风险。当时全国尚未完全解放，时有国民党飞机骚扰事件发生，随时可能出现突发状况。据介绍，参加开国大典阅兵的 17 架飞机，其中 4 架飞机是携实弹飞行，创造了世界阅兵史上的先例。

阅兵当天 16 时 35 分，空中纵队接到命令，依次由东向西分层次进入受阅航线。在 9 架 P-51 "野马" 战斗机之后，顺次是 2 架 "蚊"式轻型轰炸机、3 架 C-46 运输机、1 架 L-5 联络机和 2 架 PT-19 教练机，最后是 9 架 P-51 "野马" 战斗机。

这时，可能又有人疑问：受阅飞行队全部家底只有 17 架飞机，为何实际飞过天安门上空的却有 26 架？

这是新中国第一次飞机受阅。当时能抽调出这 17 架状态良好的飞机已属不易。不同类型的飞机各有各的飞行高度、各有各的飞行速度；调度飞机也必须精确计算，谁在第一层，谁在第二层，差之毫厘，谬之千里。为了让编队看起来更加壮观，领队的 9 架 P-51 "野马" 战斗机在飞过天安门后，经天安门北部空域绕飞一圈后，又进行了第二次通场，所以那天通过天安门上空的飞机实际是 26 架次。

据原华北军区航空处处长油江回忆："指挥部来电话，希望你们飞机再飞一次。对这个方案，苏联派来的空军顾问当时就不同意，虽然很冒险，但最后还是坚持再飞一次的方案，而且我们的飞行员做到了。"

在 2019 年国庆 70 周年之际，这段历史故事再次被媒体争相报道，70 年前，在开国大典的阅兵式上，当时我们的飞机不够，只有 17 架。周总理说，飞机不够，我们就飞两遍。70 年，弹指一挥间。新时代的中国，早已是山河无恙、国富兵强，我们的飞机再也不用飞第二遍了。

毛主席巨幅画像

开国大典时，天安门城楼正中悬挂着毛泽东主席的巨幅画像，由当时国立北平艺专（后改为中央美术学院）实用美术系的讲师、画家周令钊绘制而成。任务之所以交给周令钊，是因为早在 1949 年 4 月北平六国饭店举行国共和谈时，会议室内悬挂了一幅周令钊画的毛主席头戴八角帽的油画，得到了一致好评。

巨幅画像以新华社摄影记者郑景康在延安时拍摄的照片为摹本绘制，画面上毛主席头戴八角帽，身穿粗呢子制服，脸部稍仰，洋溢出慈祥的笑容，是当时解放区最流行的一张人民领袖毛主席头戴八角帽的画像。

接到任务后，时年 30 岁的周令钊带着他的学生陈若菊紧张地投入工作。

在天安门城楼上东山墙下，他们把木板竖在墙上，搭起了三层高的脚手架，对着照片绘制。经过 20 天的努力工作，绘制工作终于完成了。当时，他们想以革命浪漫主义手法，把毛主席的衣领画为敞口式样，表现毛主席开阔的心胸，也表达全国人民喜庆的心情。画像完成的前一天，聂荣臻发觉毛主席画像的衣领是开着的，觉得不妥。周令钊立即动手修改，"扣"好了毛主席的衣领扣。

9 月 30 日晚，工人们把巨幅画像挂上了天安门城楼正中央。夜里，周恩来又发现了问题：画像下沿有一行毛主席手写字"为人民服务"。周恩来着了急，对身边的人说："毛主席怎么会那么不谦虚呢？在挂像下面写自己的字？"周令钊遵照周恩来的要求，挥动刷子抹掉了白边黑字，涂成中山装的颜色，又加了一只扣子，看上去就天衣无缝了。

天安门城楼的标语

开国大典上，天安门城楼东西两侧有两条巨幅标语，内容是时任新华通讯社社长胡乔木拟定的，一条是"中华人民共和国万岁"，另一条是"中央人民政府万岁"。新中国成立一周年国庆时，又经胡乔木建议，把天安门城楼东侧"中央人民政府万岁"改成"世界人民大团结万岁"。

标语由在中央办公厅工作的钟灵书写。早在延安时期，钟灵的字就誉满全城，延安城墙上的大标语几乎都出自他之手。毛泽东在一次讲话中，以兴奋和欣赏的口吻对他作了一番很有意思的评价，戏称他是"古代文人学士的学生"。

这次在天安门城楼上刷具有重大历史意义的开国标语，钟灵拿出了看家本领。他丈量了天安门的尺寸，一个字高 2 米、宽 2.2 米，足有一间房子那么大。那时汉字还没有简化，通行的是繁体字，两条标语的字数也不一样，左边比右边多一个字，钟灵在对标语的设计上将"政府"二字紧凑了些，使人们不易看出这两字与其他字不同。

此外，开国大典上礼炮齐鸣 28 响也是有来历的。一般在国外，最高礼仪是 21 响，当时筹备方案里也是按 21 响设计的，但是毛主席不同意。

很快，筹备方案提出改 28 响，并作了简明扼要的说明，即中国共产党从 1921 年到 1949 年，刚好 28 年。28 响礼炮就是 28 年党史的赞礼。毛主席看到后，表示同意这个方案。关于开国大典，还有许多鲜为人知的故事，此处不一一细说。总之，开国大典圆满进行凝聚了无数人的心血和汗水，集中了许多人的智慧和劳动。

10 月 1 日这一天，成为中华人民共和国国庆日。天安门广场举行的开国大典，结束了中国 100 多年来被侵略、被奴役的屈辱历史，宣告了新中国的成立，揭开了中国历史新的篇章，也揭开了党的历史新篇章。中国共产党领导和组织人民革命取得了胜利，更踏上了带领人民创造幸福美好生活的新征程。

思考题

1. 北京半殖民地、殖民地化的演变过程。

2. 五四运动的起源、经过和意义。

3. 北平地区抗日战争的基本情况。

推荐书目

1.《五四运动回忆录》，中国社会科学院近代史研究所《近代史资料》编译室主编，知识产权出版社 2013 年版。

2.《东方红：开国大典的历史瞬间》，孟昭瑞、孟醒编著，辽宁人民出版社 2009 年版。

推荐电影

1.《开国大典》（1989 年），李前宽、肖桂云执导。

2.《我和我的祖国》（2019 年），管虎、薛晓路、徐峥等执导。

第四篇 皇家气派

巍巍紫禁城，在金碧辉煌、灿烂绚丽的外观之下，体现了怎样的建筑理念？建筑外观、内部陈设又有哪些特色？集中了中国古代园林艺术精华的西苑三海、三山五园有哪些秀丽风景？规模宏大的皇家气派下面有哪些历史故事？长城、城墙和城门，除了军事防御功能，还有哪些文化内涵？

【阅读提示】

1. 北京南北中轴线的历史、周边建筑布局所体现的传统文化意识。

2. 老北京城墙的分布、"凸"字型外城的来历，现今的保护状况。

3. 城门故事及反映的文化观念。

4. 故宫、天坛、地坛等建筑群的特点、代表性建筑及包含的传统文化内涵。

一、京城脊梁：中轴线

"中轴对称，平缓开阔，轮廓丰富，节律有序"——北京城的整体布局如同一幅"任何文化未能超越的有机的图案"。而在这幅美丽的图案中，最具有审美冲击力的就是被称作"北京脊梁"的中轴线。

南起永定门，北止钟鼓楼，中轴线纵穿紫禁城，长约7.8公里。以贯穿南北的中轴线为基准线，紫禁城高大的城墙、巍峨的城楼、严整的街道和天、地、日、月四坛，互为依托，华贵的金黄琉璃瓦，沉稳的银朱红墙和洁白的汉白玉石台、石栏色彩一致，遥相呼应，统一在北京城的绿荫蓝天之中。建筑大师梁思成赞美道："一根长达八公里，全世界最长，也最伟大的南北中轴线穿过全城。北京独有的壮美秩序就由这条中轴线的建立而产生；前后起伏、左右对称的体形或空间的分配都是以这条中轴线为依据的；气魄之雄伟就在这个南北引伸、一贯到底的规模"。

中轴线形成于元代，在规划元大都城时，总设计师刘秉忠有意识地赋予了这座城市建筑鲜明的文化特征；明代将其向东移动了150米，清代完全沿袭了既有的格局。梁思成先生还具体生动地描述过北京中轴线。

【知识链接】

北京——都市计划中的无比杰作[1]

从外城永定门北行，在中轴线左右是天坛和先农坛两个约略对称的建筑群；经过长长一条市楼队列的大街，到达珠市口的十字街口之后，才面向着内城第一个重点——雄伟的正阳门楼。在门前百余公尺的地方，拦路一座大牌楼，一座大石桥，为这第一个重点做了前卫。但这还

---

[1] 梁思成：《北京——都市计划中的无比杰作》，载《艺术与设计》2015年第9期。

只是一个序幕。过了此点，从正阳门楼到中华门，由中华门到天安门，一起一伏、一伏而又起，这中间千步廊（民国初年已拆除）御路的长度和天安门前面的宽度，是最大胆的空间的处理，衬托着建筑重点的安排……由天安门起，是一系列轻重不一的宫门和广庭，金色照耀的琉璃瓦顶，一层又一层地起伏崤峙，一直引导到太和殿顶，便到达中线前半的极点，然后向北，重点逐渐退削，以神武门为尾声。再往北又"奇峰突起"地立着景山做了宫城背后的衬托。景山中峰上的亭子正在南北的中心点上。由此向北是一波又一波的远距离重点的呼应。由地安门到鼓楼、钟楼，高大的建筑物都继续在中轴线上。但到了钟楼，中轴线便有计划地也恰到好处地结束了。中轴线不再向北到达墙根，而将重点平稳地分配给左右分立的两个北面城楼——安定门和德胜门。有这样气魄的建筑总布局，以这样规模来处理空间，世界上就没有第二个！

在建筑大师的眼里，北京城有气魄，像一首诗，更像一首雄壮的进行曲，中轴线更是其中的最强音。因为北京城池的前后起伏、左右对称的布局，都以此为基准。

明清时期，中轴线上还坐落着诸多重要建筑。"T"字形的天安门广场形成于明代，当时是作为宫廷广场而规划的，又名"天街"。在中轴线上，宫廷广场相当于北京内城与皇城、紫禁城的过渡空间。广场两侧的宫墙之外，明代时集中了宗人府、吏部、户部、礼部、兵部、工部、钦天监、五军都督府、太常寺、锦衣卫等衙署。宫墙之内建有联檐通脊、黄瓦红柱的千步廊，共有144间平房，作为存放文书档案的地方。清代沿袭了明代布局，诸多权力机构大多分布在中轴线两侧。只是乾隆十五年（1750年），在长安左门与长安右门之外各建3座门。以宫廷广场为纽带，中央行政机构与皇城、紫禁城连为一体，象征着封建皇帝至高无上的权力。

到了现代，中轴线上又陆续扩建了天安门广场、人民英雄纪念碑、毛主席纪念堂等建筑；特别是北京成功申办2008年奥运会后，这条雄浑壮阔的中轴线如同插上了智慧的翅膀，向南、北两个方向延伸，奥林匹克公园就选在向北延长线上，使古老的北京城和现代北京完成了时空对接，不仅延续了古都文脉，更成为一道亮丽的人类文明风景线。2008

年 8 月 8 日夜晚，北京奥运会开幕的日子，这道风景线的上空绽放出 29 朵光芒四射的花朵，由南往北，壮丽前行，向古老的北京、向世界宣告——百年奥运的梦想在这里实现！

【知识链接】

北京奥运会开幕式上的"大脚印"

2008 年 8 月 8 日，北京奥运会开幕式在国家体育场隆重举行。29 个"焰火大脚印"沿着北京中轴线向鸟巢缓缓走来，象征着第 29 届夏季奥林匹克运动会迈着巨人的"脚步"一步步来到北京，成为开幕式上的视觉经典。

△ 中轴线上的"大脚印"

为什么是 29 个"焰火大脚印"呢？总导演张艺谋在开幕式结束后揭秘，最早策划是 205 个，创意来自烟花大师、艺术家蔡国强的大胆设想，以焰火打出 205 个大脚印沿北京城中轴线一步步迈向"鸟巢"，象征着参加北京奥运会的 205 个国家和地区的运动员迈着雄浑而壮美的步伐走入主会场。

然而，负责焰火的团队在试验过程中发现，沿中轴线打出 205 个"焰火大脚印"会使得整个焰火画面过密，影响视觉效果，同时燃放和安全的压力也会增加。于是，这个数字一减再减，并逐渐倾向于"29"这个数字。

如何控制这些"大脚印"呢？张艺谋揭秘说："使用了一个特殊的芯片。"科研人员经过反复攻关，研制出一种特殊"芯片"，将写有燃放时间等数据的芯片植入烟花，由数码控制系统操控烟花燃放全程，最终才形成了北京上空的大脚印。

称中轴线为"北京脊梁"，更重要的原因是，它凝聚了北京历史文化的精髓。在独一无二的城市布局和建筑风貌背后，塑造的是北京的精神品格和文化中心意识。

前面讲过，元大都总设计师刘秉忠是一名"学兼三教，经邦建国"的盖世奇才。儒家的中庸思想不仅深深地印刻在他的头脑中，而且影响着大都城的设计思路。建立中轴线，目的是为强调封建帝王的中心地位，正如中国之名，意为"世界中央之国"一样。城市总体布局以中轴线为中心，左面为太庙，右面为社稷坛；前面是朝廷，后面为市场，即"左祖右社""前朝后市"，在城市布局上，北京因此成为世界上最辉煌的城市之一。

作为当今世界上最长的城市轴线，北京中轴线由古代皇家宫苑建筑、古代皇家祭祀建筑、古代城市管理设施、国家礼仪和公共建筑以及居中道路遗存等五大类遗存共同组成，15 个遗产构成要素为：钟鼓楼、万宁桥、景山、故宫、端门、天安门、外金水桥、太庙、社稷坛、天安门广场及建筑群（天安门广场、人民英雄纪念碑、毛主席纪念堂、国家博物馆和人民大会堂）、正阳门、南段道路遗存、天坛、先农坛、永定门，遗产区面积 589 公顷，缓冲区面积 4542 公顷。[1]

当地时间 2024 年 7 月 27 日，在印度新德里召开的联合国教科文组织第 46 届世界遗产大会通过决议，将"北京中轴线——中国理想都城秩序的杰作"列入《世界遗产名录》。至此，中国世界遗产总数达59 项。

联合国教科文组织世界遗产委员会高度赞赏中国政府在北京老城文化遗产保护传承方面付出的巨大努力和取得的突出成绩，认为它所体现的中国传统都城规划理论和"中""和"哲学思想，为世界城市规划史

---

〔1〕 本文信息载北京中轴线官网 https://bjaxiscloud.com.cn，最后访问日期：2025 年 2 月20 日。

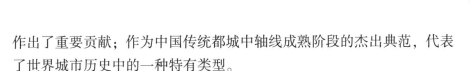

作出了重要贡献；作为中国传统都城中轴线成熟阶段的杰出典范，代表了世界城市历史中的一种特有类型。

【知识链接】

北京中轴线申遗历程

北京中轴线申遗历时 12 年。

申遗启动阶段（2012—2016 年），2012 年"北京中轴线"被列入《中国世界文化遗产预备名单》；启动申遗文本编制，初步提炼价值；制订"百项文物保护修缮计划"，实施天坛、景山、社稷坛、太庙、钟鼓楼、正阳门等中轴线重要文物建筑保护修缮工作。

全面加速阶段（2017—2021 年），习近平总书记视察北京，对北京历史文化遗产保护提出明确要求。党中央、国务院批复《北京城市总体规划》，将"积极推进中轴线申遗工作"作为规划重点。国家文物局、北京市政府建立合作机制，制定实施《北京中轴线申遗保护三年行动计划》，连续 3 年举办国际学术研讨会，组织国内外专家学者深入探讨遗产价值、申报路径、遗产构成、列入标准等关键技术问题。

攻坚冲刺阶段（2022—2024 年），2022 年 10 月，"北京中轴线"确定为我国 2024 年世界遗产申报项目，确定 15 个遗产构成要素整体申遗的工作路径；《北京中轴线文化遗产保护条例》《北京中轴线保护管理规划》出台。2023 年 1 月 30 日，国家文物局向联合国教科文组织世界遗产中心正式提交申报文本；2023 年 8 月，国际古迹遗址理事会完成现场技术评估；2023 年 11 月、2024 年 2 月两次提交补充说明材料，并派代表团赴巴黎参加专业答辩，详细说明北京中轴线的时空框架。2024 年 5 月 30 日，国际古迹遗址理事会形成评估报告，作出将"北京中轴线"直接列入《世界遗产名录》的最高评估结论。

2024 年 7 月 27 日，在印度新德里召开的联合国教科文组织第 46 届世界遗产大会上通过决议，将"北京中轴线——中国理想都城秩序的杰作"列入《世界遗产名录》。

二、城墙变故："凸"字形的外城

按照儒家"天圆地方"的修建城墙传统，明代修建的外城应呈"回"字形，为什么最后筑成了"凸"字形？

起因要从明朝中期以后京城的防卫说起。来自蒙古的瓦剌部骑兵不断南下侵扰，攻城掠地，抢劫财物，严重威胁到京城安全。特别是1449年发生的"土木堡之变"，御驾亲征的明英宗被俘虏，出征的明军几乎全军覆没。随后，瓦剌大军直抵北京城下。主战派将领于谦率领北京军民，进行了一场可歌可泣的"北京保卫战"，最后击溃瓦剌大军。还有一件事发生在嘉靖二十九年（1550年）八月，一支蒙古鞑靼部700人骑兵，竟然由古北口进入京畿，直抵安定门外校场，同时在京郊抢掠，引起京城朝野震动，史称"庚戌之变"。北方蒙古部落的隐患让几代皇帝寝食难安。

【知识链接】

北京保卫战

北京保卫战说的是500多年前，明代爱国将领于谦为保卫北京，率军与蒙古瓦剌部首领也先进行的一场殊死战斗。

明朝中期以后，国力衰退，对于北方蒙古势力的威胁，处于全面防御态势。英宗继位时年仅9岁，由宦官王振专权，政治日趋腐败。这时，蒙古瓦剌部统一草原各部后势力日渐强大。1449年，瓦剌部首领也先率军进犯，在没有任何防御准备的情况下，英宗受王振的蛊惑和挟持，冒险出征。在土木堡（今河北怀来县）被围，英宗被俘。在京城处于危难之际，兵部尚书于谦担负起保卫京师的重任。10月，瓦剌大军一路烧杀抢掠入居庸关，直抵德胜门外。于谦率军出城迎击，双方在德胜门外展开激战，伤亡敌军一万余人。同时，在西直门、彰仪门也打退了也先军队的进攻。这时，北京西郊的农民登屋掷砖瓦助战，喊声动地。战斗持续了五昼夜，终于使瓦剌军被迫退出关外，京城转危为安。

在"庚戌之变"后，兵部尚书聂豹等上书嘉靖皇帝，"相度京城外，四面宜筑外城约七十余里"。这个方案里的 70 余里，是想利用北面的元大都土城墙，西南面利用辽金故城墙，实际新建城墙大约 20 里。为了加强京城防御，明朝嘉靖皇帝决定在北京城的外围增筑一道外城，将原有的北京城包围在里边。最初计划修建的城墙呈"回"字形，遗憾的是这一方案最后没有实现。

外城修建工程在 1553 年开工，当时考虑因为正阳门外商业密集，又有天坛和先农坛，所以先由南面开始建造，然后依次建造东、北、西三面。但是，在修建的过程中，嘉靖皇帝忧虑工程浩大、财力不足，于是就叫当时的首辅严嵩想办法。

经实地查看后，严嵩提出了修改方案，将原定边长 20 里的南面城墙缩短为 13 里，东西两端向北转折与原有城墙连接，待以后财力充裕时继续修筑。嘉靖皇帝同意了此解决方案。但是，北京城南已经筑起了一面城基，现在只

△ 明城墙遗址

能"东折转北，接城东南角；西折转北，接城西南角"。因此，原来计划在北京城外围增筑的呈"回"字形的外城，结果只建成了呈"凸"字形的南城。这也就是北京外城为何不在城北而在城南的来历。后来，北京外城又称为"南城"，原有的北京城也由此被称为"内城"。

为什么偌大一个明朝竟然在修建城墙上面斤斤计较呢？一方面，由于明中期以后国力日下，国库空虚，嘉靖皇帝已经不像老祖宗那样财大气粗，能够轻松完成修筑城墙这样的大工程。因为这段时间，他还在修天坛、地坛、日坛、月坛、太庙等大型建筑。另一方面，修筑城墙的工程量确实很大。虽然外城的高度和厚度都比不上内城，但是城墙平均高达 7 米，厚达 11 米，加上 11 座城门，城四周的角楼，工程量本就十分

庞大。而且，与元代土筑不同，明朝城墙采用砖垒施工，墙体下面还横竖排列着 15 层原木料，每层达 60 根—70 根不等，每根长约 6 米—8 米、直径在 20 厘米—30 厘米，绝大部分是红松和黄花松，木料之间都用大扒钉钉死，连接成一个牢固的整体。里面的夯土层上面还铺有三合土。在墙体外壁包砌大城砖的里面还砌一层小城砖，城砖的下面均垫砌三层衬基石。因此，这种结构经历 500 年的风雨，仍然十分坚固。

据史料记载，明永乐年间修建北京城时，施工人员初期只是把原城墙上的黄土回炉后制成砖型砌墙，结果发现，黏土经高温烧制后不仅形状规整，而且坚固结实，日晒雨淋也不坏。自此，城砖成了建造城墙的基本要素。但是，明代修建城墙用砖，大多来自京杭大运河两岸的官窑。官窑中烧好的成品砖被成批装船，沿着大运河一路北上，直抵京城。修建北京城耗费了 4000 多万块城砖，差不多淘尽了大运河两岸的优良土壤。根据《临清县志》的记载，由于临清地处大运河的要冲，紧邻黄河，土壤中的黏土含量高达 60%，烧出来的砖不易断裂，所以光是临清一带当时就建有官窑 12 座，每年烧砖百万块有余。

修建外城原来施工方案是，城墙下面只用夯土，上面用砖石。但是，嘉靖认为这样修城不牢固，要求一律用砖石包砌。结果，工程量大大增加，所用砖石需求量很大，加上财政本就吃紧，常常影响工程进度。这也是"回"字形方案没能实施的原因之一。

城墙不仅是防御工事，还是统治中心的象征，里面包含着深厚的文化。古代的汉字"城"有两个含义，一是指"墙"，二是指"市"。中国古代的城市建设，大多是先修城墙，后形成市区。按照儒家经典《周礼》确定的原则，国都的营建有着严格的规范，以体现皇权至上、贵贱有序的理念。而高大厚重的城墙，无疑是这种文化传统最直观的表现形式之一。瑞典汉学家喜仁龙在《北京的城墙和城门》中谈到北京的城墙，"纵观北京城内规模巨大的建筑，无一比得上内城城墙那样雄伟壮观。初看起来，它们也许不像宫殿、寺庙和店铺牌楼那样赏心悦目，当你渐渐熟悉这座大城市以后，就会觉得这些城墙是最动人心魄的古迹——幅员广阔，沉稳雄劲，有一种高屋建瓴、睥睨四邻的气派。它那分外古朴和绵延不绝的外观，粗看可能使游人感到单调、乏味，但仔细观察后就会发现，这些城墙无论是在建筑用材还是营造工艺方面，都富于变化，具有历史文献般的价值"。

　　曾经，北京的城墙遗迹丰富，董家林遗址那座方圆不足半公里的长方形小城遗址，甚至可追溯至距今3000余年的西周初期。元明清时代，特别是明代修建的古城墙保存得较为完整。但是，1949年以后，由于城市发展和观念不同，北京城墙被陆续拆除，现已所剩无几，叫人十分痛心。正如作家林海音在《我的京味儿回忆录》一文中感叹："北平连城墙都没了，我回去看什么？"

　　今天，在高楼大厦林立的北京城区，对北京古城墙的修复、保护成为人们关注的焦点。古老城墙遗迹经过整建绿化之后，已成为市民乘凉遛弯儿的休闲场所。

【知识链接】

明城墙遗址公园

△ 明城墙遗址

　　明城墙遗址公园坐落在北京市中心区域，崇文门东大街至东便门，东起城东南角楼，西至崇文门，总面积约15.5公顷。现存的崇文门至城东南角楼一线的城墙遗址全长1.5公里，是原北京内城城垣的组成部分，是仅存的一段，也是北京城的标志。其城东南角楼是全国仅存的规模最大的城垣转角角楼，始建于明代正统元年（1436年）。

　　历史上明城墙全长40公里，始建于明永乐十七年（1419年），距今已有580多年的历史。由于年久失修和人为损坏，城墙破损严重，为保护城墙遗址，北京市启动明城墙遗址公园工程，于2003年9月竣工。公园运用简洁的设计手法突出展现了城墙的残缺之美。

　　漫步公园内，古树掩映，绿草茵茵，绵延古朴的明城墙及深沉凝重的角楼仿佛在向人们诉说历史的沧桑。公园内结合城墙遗址自然面貌和各绿化景区的风格特点，由西向东依次建成"老树明墙""残垣漫步""古楼新韵""雉蝶铺翠"等景观，历史悠久、内涵丰富，充分展现了古都明城墙的文化内涵和历史风貌。

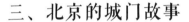

三、北京的城门故事

老北京有句顺口溜，叫"内九外七皇城四，九门八锺一口钟"，这一句话基本把北京的城墙和城门说全了。

先说"内九外七皇城四"，指的是北京城自元大都以来经过明清的修建而形成"凸"字形、四重城垣的基本格局，共有4层城垣。有了城墙，当然离不开门。除最中心的紫禁城外，内城有9座城门，外城有7座门，皇城有4座门。其中，由于内城位于皇城和外城之间，处于宫廷和市井交界的地方，所以，民间关于内城九门的说法历来很多，人们不仅根据这些门在交通方面的实际功能为之添加了通俗的专称，而且民间流传着许多典故轶事。

内城九门，分别是正阳门、崇文门、宣武门、朝阳门、东直门、安定门、德胜门、西直门、阜成门，大致沿现在的北京二环路分布。人们通常说"九门出九车"，指的就是各个门的用途是不一样的。

例如：正阳门俗称前门，是内城正门，为皇帝出入城专用，所以民间称之为"国门"。崇文门和宣武门两座城门并列东西，取"左文右武"的含义。"崇文"是崇敬文化的意思，"宣武"是宣扬武威的意思。按阴阳五行的说法，东方为木，主生；西方为金，主死，所以进京赶考的举子们都要从崇文门进，而死人出殡则要走宣武门。清代刑场设在宣武门外菜市口，因此宣武门也叫刑门。各种货物经大运河到通州后，都要路经崇文门进城，朝廷在崇文门设立了京师税务衙门，因此崇文门也叫税门。阜成门称为煤门。北京城内用的煤，多从京西门头沟、斋堂等产煤地运来，经阜成门进城。由于"煤"与"梅"谐音，煤栈客商们捐钱在阜成门瓮城门洞内刻了一束梅花。西直门也称水门。由于北京城内水质不佳，所以明清两代宫廷饮用水都要从西郊玉泉山用车运到城内。玉泉山位于京城西北，从玉泉山进京，西直门是必经之路。北面的安定门和德胜门与军队打仗有关。明清时，军队外出打仗要从德胜门出发，以取打仗得胜的吉利；外出征战得胜还朝，进城时要进安定门，象征消灭了敌人，实现了安定。德胜门元代称为健德门。据说明朝开国大将徐达攻打元大都时，元顺帝就是从这里逃走的，为纪念这次胜利，健德门改名为得胜门，后来城墙南移，又改名为德胜门。东直门也称木门，位于内城东墙偏北，是内城九门中最简陋的一座门。修建北京城时，运送木料的车多从此运入京城。朝阳门有"粮门"之称。明清时期，北京的粮食多经京杭大运河从江南运来。船只到达通州，再将粮食卸船装车运到朝阳门内。据说，当时朝阳门瓮城门洞内还刻有一束谷穗。现如今，朝阳门内还存留着海运仓、禄米仓等地名。

那么，"九门八镲一口钟"，说的又是什么呢？镲和钟都是明清时代用来报时的工具。原来在内城的九门中，有八个城门楼上挂的是"镲"，唯独崇文门上挂的是钟。要解释这句话，就要说起一段流传已久的故事。

传说崇文门上挂钟和当年刘伯温、姚广孝建北京城有关。当城墙修到崇文门时，城楼下正好是一个大海眼，海眼上面有个巨鼋趴在上边。如果不把巨鼋压住，它一翻身，海水就会把京城淹没。他们决定，趁巨鼋睡觉时把它压住，不让其翻身。巨鼋醒来后很不高兴，就问刘伯温：你为什么把城楼压在我身上？刘伯温对巨鼋说："没关系，反正你的力气大，身上驮个城楼不算什么。"巨鼋说：那我何时才能翻身？刘伯温说：当你听到打"镲"的声音就可以翻身了。巨鼋一想，每天关城都要打"镲"，每天都可以翻身，就忍下来不再问。谁知足智多谋的刘伯温，命人在崇文门把"镲"换成了一口钟，关城门时，只打钟不打镲，结果就成了"九门八镲一口钟"了。

【知识链接】

开关城门的"报时器"

"镲"是一种乐器，也是过去的报时工具，目前在北京大钟寺博物馆有收藏。据《大清会典·乐部乐器》记载，"镲"为乐器名，铜制，中间隆起，边穿两孔系绳，悬而击之。当时，九个城门的守卫者用鸣镲撞钟来提醒行人要开关城门了。特别是在关城门前要敲三遍"镲"，第一遍"鋩"敲过，关上一扇城门，敲第二遍"鋩"时，另一扇门关上一半，敲第三遍"鋩"时，门关得只留一点儿缝隙。北京的城门自明清以来的500多年，每天按时开关一次。由于谐音，在口语中"鋩"慢慢被念成"点"。到现在，老北京人口语中还管时间叫钟点。

历经沧桑，北京现今只有正阳门城楼和箭楼、德胜门箭楼保存下来，成为人们了解北京城门历史文化的遗址。

正阳门始建于永乐十七年（1419年），正统四年（1439年）又修建了箭楼和瓮城。如今我们很熟悉的前门却不是当年的"国门"，城楼在1906年重建，但基本保持了明代建筑原貌。在明清时期，正阳门只有在皇帝出入城时才开启，一般老百姓只能走瓮城东西两侧的闸门，前门无疑是庄严神圣的一道门。老北京人喜欢称正阳门箭楼为前门楼子，老牌的"大前门"香烟包装盒还印有前门楼子。揶揄别人爱炫富时北京人会用上一句俏皮话"你有钱你去买前门楼子"。这句话是有故事的。据说，民国时期，曾有军阀逼迫前门外一位富商出巨款买下前门楼子。军阀敲诈得逞，前门楼子却无法搬回家中。

进入民国时期，御道成为普通百姓的交通要道，国门不再神秘。1949年2月3日，人民解放军正式入城，林彪、叶剑英、聂荣臻等领导人在正阳门箭楼月台上检阅了入城部队。

【知识链接】

沧桑正阳门

明清两代多次对正阳门进行修缮。特别是1900年，八国联军用炮火轰毁了正阳门城楼、箭楼。1902年1月，慈禧太后回到北京时，看到的是光秃秃的景象，只有惨败的城台留存了下来。

△　正阳门

于是，1906 年参照崇文门城楼的形式修建了正阳门城楼。1915 年，为缓解正阳门外交通压力，拆除了瓮城，还请来一位德国工程师设计了箭楼平台上的汉白玉栏杆和突出的眺台，在剪窗上修建了白色弧形华盖。这也是后来老北京人说前门楼子不是"原装货"，而是中西结合的产物的原因。

关于德胜门，北京有句老话：先有德胜门，后有北京城。元朝末年，大将徐达率领军队攻破大都。元顺帝匆忙从北边健德门逃走，元朝从此灭亡。洪武元年（1368 年），健德门改名"德胜门"，是纪念取得胜利之意。

老北京民间有一句歌谣"打仗要德胜，进兵就安定"，说的就是德胜门的功能，与征战有关。例如明代永乐皇帝北征，清代康熙皇帝平定葛尔丹叛乱，乾隆皇帝镇压大、小和卓叛乱都是出师德胜门。虽取名曰"德胜"，而且据说清朝士兵们进德胜门时还要高唱"得胜歌"，但是在 500 年的沧桑历史中，德胜门见证的却是胜败皆有的历史风云。据明代史书记载：1449 年 8 月，瓦剌军进攻北京，兵部尚书于谦率领大军出安定门迎敌，把瓦剌军打得丢盔弃甲，凯旋而归就是从德胜门回城。但是，1644 年，明末的崇祯皇帝朱由检派吏部右侍郎李建泰带兵出安定门，开赴山西去打李自成的起义军。军队刚走到涿州迎头碰上闯王部队，溃不成军。随后，其被起义军乘胜追击，城破国亡，最后崇祯皇帝吊死在煤山。

北京的城门还有很多这样的故事轶闻。正如著名的考古学家侯仁之回忆自己第一次来到北京的感受，"当我在暮色苍茫中随着拥挤的人群走出车站时，巍峨的正阳门城楼和浑厚的城墙蓦然出现在我眼前。一瞬间，我好像忽然感受到一种历史的真实"。这些故事不仅有具体生动的情节，而且包含着北京的历史和文化。

【知识链接】

故宫四门

紫禁城城墙四边各有一门，南为午门，北为神武门，东为东华门，西为西华门。其中，午门是皇帝下诏书、下令出征的地方。每遇宣读皇帝圣旨，颁发年历书，文武百官都要齐集午门养心门前广场听旨。午门当中的正门平时只有皇帝才可以出入，皇帝大婚时皇后进一次，殿试考中状元、榜眼、探花的三人可以从此门走出一次。文武大臣进出东侧门，宗室王公出入西侧门。神武门是侍卫等人宫内日常出入的门。东华门为大臣每日上朝进出的地方。皇帝死后其灵柩则由东华门运出。

外城七门

外城是老北京最外侧的一道城墙，有永定门、左安门、右安门、广安门、广渠门、东便门、西便门七座城门，民国以前这里多居住平民百姓和汉族官员，这里周边还分布有很多的茶楼酒肆、会馆戏园，文化风情别具一格。

四、昔日城中城：故宫

黄琉璃瓦映衬着高大的城楼，金碧彩绘的九梁十八柱七十二条脊，庄严的鸣钟击鼓合奏，白石台基上群臣整齐跪拜，山呼"万岁"。这些经常出现在《大明王朝》《康熙王朝》等明清题材电视剧中的镜头，绘声绘色地展示着同一个地方——故宫。

故宫也叫紫禁城，是当今世界上现存规模最大、建筑最雄伟、保存最完整的古代宫殿建筑。因为这里曾经是明清两代的最高权力中心，前后有 24 位皇帝在此执政，这里的风吹草动关系着社稷苍生的命运。

巍巍紫禁城

形容紫禁城只能用"气势恢宏"一词，因为它的规模是如此庞大，内部装饰是那样精致，无论是建筑理念还是工艺用料，无一不体现中国古代建筑的最高水平。

△ 故宫博物院俯瞰图

首先，看建筑规模。紫禁城建筑占地面积 72 万平方米，殿宇房屋 9000 余间。高大的城墙、雄伟壮观的城门和城楼、玲珑精巧的角楼，被宽约 52 米的护城河环绕，紫禁城成了一座壁垒森严、雄奇壮观的城堡。特别是四个城角的城楼，金碧彩绘、黄琉璃瓦、白石台基，造型精巧和壮观。这些由五个屋顶与楼屋相结合组成的平面呈倒"凹"形，俗称五凤楼。在此处，每逢朝会大典均要在楼上鸣钟击鼓，以壮声威。每逢战胜班师回朝，皇帝都要在正楼上检阅军队。

其次，看建筑布局。故宫的建筑布局继承了古代帝王宫殿规制，并延续"中轴布局，左右对称"的格局，宫殿全部以中轴线为中心，作对称的平面布置。在宫城内按性质、功能和重要程度分外朝内廷，有节奏、有等差地安排建筑群的体量和空间，规划不得逾越，以体现等级分明、内外有别的伦理观念。

自午门内开始，建筑群分为前三殿（外朝）和后三宫（内廷）两大主体部分。前三殿即太和殿、中和殿、保和殿三大殿，主要是皇帝办理政务、举行朝会的地方；后三宫是乾清宫、交泰殿和坤宁宫，是皇室主要成员生活的地方。自永乐十八年（1420年）建成后，这种基本格局延续下来。

此外，之所以把帝王宫殿称为紫禁城，其中大有说法。古代天文学认为，紫微星位居中天，位置永恒不变，因而把天帝所居的天宫谓之紫宫、紫垣。那么，皇帝是天子，是紫微星君下凡，所住宫殿当然是紫禁之地。而且，象征着祥瑞之气的"紫气"还附会着圣人老子出函谷关的典故。所以，取名为"紫"垣，有深刻的文化内涵。

"禁"城，顾名思义出于维护皇权威严和人身安全角度考虑。从历史文献和影视剧中可以看到，皇宫禁地外人不得逾越雷池半步。别说是普通百姓没有机会进入皇宫，就是王公大臣没有奉诏也难以进入。所以，紫禁城既是紫宫，又是禁地。

天下第一殿

人们俗称的"金銮殿"，就是三大殿的主殿太和殿。它是故宫中规制最高、体量最大的单体建筑，在全国古建筑大殿中也是第一。

太和殿在整个紫禁城中处于重要地位，甚至可以说是封建王权的集中象征。皇帝登基、册封皇后、殿试宣布结果、军队出征等重大典礼都在这里举行。在这些典礼中，新皇帝的登基大典是最重要的活动，礼仪隆重而铺张。

王镜轮先生在《走进紫禁城》中记述了典礼过程：当日凌晨三点，先由礼官进入太和殿，摆好宝座、御案、香案、乐器、仪仗等，做好典礼准备工作，安排好殿外广场上的人员，然后大典开始。皇帝在礼部官

△ 故宫太和殿

员和侍卫的护送下，来到太和殿。皇帝登上金漆蟠龙宝座，鸣鞭奏乐，等候在此的文武百官、王公大臣，进表、宣表、致辞，向皇帝行三拜九叩大礼，山呼万岁。礼毕后，一名大学士恭敬地站在皇帝的宝座前，目睹另一名大学士将玉玺饱蘸印泥，郑重地盖在即位诏书上。诏书就此颁发，昭告天下。然后，皇帝降座回銮（中和殿）。新皇帝的登基仪式完成。

当然，一般新皇帝登基仪式按照既定的程序，庄重而肃穆。但是，清朝末代皇帝溥仪的登基典礼有些戏剧色彩。1908 年 11 月，溥仪登基时年仅 3 岁，只好由其父亲摄政王载沣扶持坐在龙椅上。当文武百官排山倒海般地山呼万岁声和朝贺声响起时，小皇帝吓得又哭又闹，挣扎着差点从宝座上摔下去。当时，有人认为这是"不祥之兆"。果然，溥仪只当了短短的 3 年皇帝，而且是中国封建王朝的末代皇帝。

【知识链接】

日军投降仪式在太和殿广场举行

1945 年 10 月 10 日，对紫禁城来说是一个值得纪念的日子。华北侵华日军投降仪式在太和殿广场举行。当时参加仪式的中方代表是第十一战区孙连仲将军，他站在太和殿台基下的受降台正中，日军代表 20 多人从太和门左侧入场，走到受降台前，向孙将军行礼，由根本博在投降书上签字、盖章，并将战刀放在受降桌上，然后从熙和门左侧黯然离场。仪式虽然只有短短的 25 分钟，但是在场的中国人无不欢声雷动、群情激昂。美国、英国、法国、前苏联、荷兰等国都派出代表参加了当天的仪式，共同见证了侵华日军的失败。

风雨乾清宫

乾清宫、交泰殿和坤宁宫是后三宫的主体建筑，属于内廷。在它们的东西两侧各有 6 个院落相连，因而被称为"三宫六院"。

按照《周易》的说法，"乾"为天、为阳、为君、为父，所以皇帝的寝宫被命名为乾清宫。明代和清初，共有 16 位皇帝在此居住，并将其作为日常处理政务的地方。乾清门是前朝与内廷的分界点，军机处和九卿房的办公地就在门前的东西红墙下，大臣们常常在这里等候皇帝决策国家军机大事。虽是后宫，但乾清宫的重要性实质上不亚于太和殿。

乾清宫内，许多兴衰成败的社稷大事都在这里发生。对朝廷来说，确定皇位继承人是关系江山永固的大事。乾清宫正殿上方高悬着顺治皇帝亲笔书写的"正大光明"匾，关于匾后的那方决定太子归属的小盒子（建储匣）的故事，经过民间演绎流传，生动传神又扑朔迷离。

建储匣的故事，应该从雍正皇帝开始。为了避免皇子们为争夺皇位造成朝局震动，雍正改变了以前生前指定继承人的做法，开始秘密选出皇位继承人。他把立储的文书一式两份，一份随身携带，一份封在建储匣内，置于"正大光明"匾后。皇帝死后，由顾命大臣取下匾

△ 秘密建储匣

后的密匣，拿它和传位诏书对应，名字完全一致，就得以即位。乾隆即位后，仿效了父亲的做法，此法成为定例。

密储制度有效地缓解了皇室内部为争夺皇位继承权而引发的巨大矛盾，起到了积极的作用。但是，对各级封建臣僚来说，这种雾蒙蒙的选储方式时常让他们找不到政治靠山，有一种"无依无靠"的感觉。久而久之，京城官吏中流传着这样一句歇后语："正大光明匾——无依无靠。"

自雍正以后，在乾清宫侧边还有一处重要的建筑——养心殿，清代皇帝都常在此居住，并处理日常政务。但在同治、光绪年间，养心殿注定是一个不平静的地方。当时，名义上是皇帝处理政务，实际上，所有的政务由垂帘之后的慈禧太后一人裁定。帝后之间的矛盾在光绪年间愈演愈烈。养心殿里面的一点风吹草动都可能引起全国性的政治风波。

青年光绪目睹了朝政的腐败和慈禧专政误国，决心变法图强，希望自己能有所作为。他果断地重用维新派人士，推行新政，甚至放言"不顾利害，誓死以殉社稷"。慈禧太后当然不答应，刀光剑影的结局不可避免，"戊戌六君子"在菜市口掉了脑袋，许多维新志士遭杀害，连光绪自己也被软禁了起来。自此，慈禧开始垂帘听政。

至今，紫禁城已有 600 多年的历史，直到 1924 年末代皇帝溥仪出宫，它才结束了作为帝王禁城的历史。1925 年，在其旧址上成立了故宫博物院。

【知识链接】

紫禁城的其他重要宫殿

中和殿（明代称华盖殿）为三大殿的中殿，是在太和殿举行大典时作准备过渡的地方。形制上采用了四角攒尖顶的形式，使三大殿的立体形象发生了艺术的变化。保和殿（明代称谨身殿）是三大殿的后殿。清代时除夕和元宵节时，保和殿曾作为宴请外藩、王公贵族、文武百官和殿试的场所。殿后下台阶的一块大陛石，长 16.57 米，宽 3.07 米，厚 1.7 米，重约 250 吨，上刻有"九龙瑞云，寿比福海"，用整块汉白玉雕成，极为壮观，在故宫乃至全国都绝无仅有。

在太和殿的东西两侧还有两组重要的建筑群，东面为文华殿，西面为武英殿。文华殿为经筵讲学之地，清乾隆时编纂的《四库全书》第一套就藏在专门为之修建的文渊阁里。武英殿也是修书印书的场所。

在后三宫中，交泰殿是中殿，清代册封皇后的礼仪在此举行。坤宁宫是后殿，明代为皇后居住之处。清代康熙、同治、光绪皇帝的大婚之礼都在此举行。

五、天圆地方：天坛和地坛

在北京紫禁城（故宫）的东南西北，呈对称分布着"五坛"，日坛在东、月坛在西、地坛在北、天坛在南偏东、先农坛在南偏西。在这些明代所建的"五坛"中，以天坛与地坛尤为著名。它们作为中国古代"天圆地方"思想的著名代表，各自承载着独特的文化与历史意义。

雄伟壮观的天坛

天坛是明清两朝皇室举行祭天大典的祭坛，是天子向天帝表达敬意，祈求国泰民安、国运长久的祭祀场所。在天坛，皇室每年要举行3次祭祀活动——祈谷、祈雨、祭天。据统计，明清两朝前后28位皇帝，有22位皇帝在天坛举行过654次祭祀活动。

天坛沿袭了中国古代"天圆地方"的观念，建筑是圆的坛、方的墙，构成了北圆南方的形状。而且，天坛建筑群突出地融入了"天人合一"宇宙观，独特的造型、抽象的数字，及色彩运用，无不体现神圣而独特的人文寓意。

△ 天坛祈年殿

天坛由祈年殿、圜丘坛两组建筑物组成，由内外两重围墙围绕。南墙壁为方形，北墙为圆形；圜丘坛有坛墙两重，内坛墙建为圆形，外坛墙造以方形；而祈年殿、坛，以及圜丘坛之建，则都用圆形。其次来看数字。祈年殿殿顶之檐，建筑为三层，坛基为三层，圜丘坛的坛基也是三层，以象征天、地、人三者。也有人说，这是象征九重天，九重天至高无上，是天帝居住的地方；而祈年殿中心立四根龙柱，以象征一年有四季；四柱之外又围立两周大柱，每周十二根，以此象征一年有十二个月，一日有十二个时辰；两圈大柱相加共为二十四根，以此象征一年之中有二十四个农时节令；两圈柱加上中间的四根龙柱，总数为二十八根，以此象征一周天有二十八宿星座，几乎每一个数字都具有象征意义，构思缜密精巧在色彩运用方面，各主要建筑物使用蓝色琉璃瓦为顶，以象征蓝天；天坛周围广阔的大地上遍植松柏，以象征生机盎然的苍翠大地。

这种建筑形式、色彩、数字的运用，着力表达了天地阴阳相交相合，万物生长、人祈年丰的传统思想。所以，许多专家认为天坛是中国古建筑中的明珠，也是世界建筑史上的瑰宝。

天坛建成于明永乐十八年（1420年），原名"天地坛"，为祭祀天和地的场所。天坛成为专门的祭天场所是从明嘉靖皇帝开始的，后来陆续重修改建，才有了现在的格局。

【知识链接】

天坛的"美容"经历

1530年，明嘉靖改天地分祀，在天坛建圜丘坛，专门用来祭天，另在北郊建方泽坛祭地。

乾隆时期，国力富强，在天坛大兴工程。包括将天坛内外墙垣重建，改土墙为城砖包砌，中部到顶部包砌两层城砖。内坛墙的墙顶宽度缩减为营造四尺八寸，不用檐柱，成为没有廊柱的悬檐走廊。经过改建的天坛内外坛墙更加厚重，周延十余里，成为极壮丽的景观。天坛的主要建筑祈年殿、皇穹宇、圜丘等也均在此时改建，并一直留存至今。直到清末，除一般岁修外，无更大改变。

从清代灭亡到北京解放前夕，天坛曾连遭两次较大的破坏。1911年，张勋的辫子军在此驻扎；1948年，国民党驻军在此开辟飞机场。两起事件都不同程度地对天坛建筑造成损坏。辛亥革命后，北京市民曾要求天坛对社会开放。但是，天坛真正全部开放是在袁世凯死后的1918年，正式改名为天坛公园。1935年的北平政府曾把外坛辟为森林公园。

1949 年北平解放后，人民政府对天坛公园实施了大量清理和造园工程：平地、筑路、植树、栽花。后来，其又对园内古建筑进行了有计划、有步骤的大规模修缮整理，天坛恢复了原来的神韵和风貌。

△ 圜丘坛

关于天坛，有很多有趣的传说。如《神童相助修圜丘传奇》记载，乾隆扩建圜丘时，一个要饭的小童帮助工匠们画出"九九祭坛图"，完成了皇上要求的"从坛面到台阶，所用石料都应是九或九的倍数"，阐释了天坛建筑中"九"的象征意义。此外，《天坛的由来》《天坛建立之说》《嘉靖重修祈年殿》等传说，从不同角度讲述了皇家与天坛千丝万缕的联系。

天坛建筑群的一柱一础，祭祀活动的一鳞一爪，蕴含着与天地沟通的神圣寓意和神秘色彩，给予了民众丰富的灵感和巨大的想象空间。而且，这些传说内容的范围越来越宽泛，越来越世俗化。如坛根儿的传说。

"坛根儿"是老百姓对天坛周边地区的称呼。以天坛为中心，北有金鱼池、西有天桥、东有法塔和四块玉、南有筒子河，这些地方俗称坛根儿，历来都是普通劳动者的聚居之地。在这里流传的传说很多，如《金鱼池和龙须沟》《龙睛金鱼》《沈万三脚跺金鱼池》等，反映出生活在社会最底层的人们对美好生活的期望。天坛周边地区的一些传说被逐渐附会、纳入、融合或兼并到了天坛传说的系统中，从而丰富、扩大了天坛传说的内容和领地。随着社会的进步，坛根儿的传说逐渐淡化了神圣性的部分和神秘色彩，显得日益贴近社会生活。

雅秀的地坛

　　地坛又称方泽坛，是古都北京五坛中的第二大坛，现存有方泽坛、皇祇室、宰牲亭、斋宫、神库等古建筑，是我国现存最大的祭地之坛。它始建于明嘉靖九年（1530 年），是明清两朝帝王祭祀"皇地祇神"的场所，每逢农历夏至或国有大事，当朝皇帝都要到地坛拜祭，祈求"风调雨顺，国泰民安"。

　　祭祀天地的传统在中国古代沿袭了数千年。历代帝王自命"天子"，表示君权神授，天经地义，因此，每一位皇帝都把祭祀天地当成一项非常重要的政治活动，表达对天地的崇敬，从思想上维护自身的统治。当然，祭祀建筑具有举足轻重的地位，必须集中人力、物力、财力，以最高的技术水平去建造。这些抽象的观念在现存的地坛建筑上得以体现。

　　地坛建筑风格有两个鲜明：一是正方形重复叠加使用。从地坛平面的构成到墙圈、拜台的建造，一系列大小平立面上方向不同的正方形反复出现，与天坛以象征苍天的圆形为母题而不断重复的情形构成了鲜明的对照。这些重复的方形不仅具有强烈的象征意义，而且创造了构图上平稳、协调、安定的建筑形象，而这又与大地平实的本色十分一致，是最突出的一点。二是坛面的石块均为阴数即双数：中心是 36 块较大的方石，纵横各 6 块；围绕着中心点，上台砌有 8 圈石块，最内者 36 块，最外者 92 块，每圈递增 8 块；下台同样砌有 8 圈石块，最内者 200 块，最外者 156 块，亦是每圈递增 8 块；上层共有 548 个石块，下层共有 1024 块，两层平台用 8 级台阶相连。

　　作为祭祀皇地神祇的场所，地坛体现了古代中国源远流长的"天圆地方"的观念。正方形象征大地，即地方；按照古代天阳地阴的说法，双数为阴数，所以砌坛石块的数量都是双数出现，象征大地。这是地坛所表达的大地观念，还有一种领地观念。如方泽坛上层铺成四正四隅 8 个正方形，表示"普天之下，莫非王土"，在坛上层设皇帝祖先配位、下层设代表天下名山大川的四从坛，表示以皇权为中心的大一统观念。古人的设计思路就是以象征手法将抽象的概念具体化，以达到形式与功能相统一。

地坛由内坛和外坛组成。它的布局很有意思，内坛在外坛偏东，中轴线又在内坛偏东，御道也不直接通往内坛。所以，皇帝拜祭时只能先进入外坛，后从祭坛的下方位置绕一个弯儿再进内坛。据说，这样设计是为了延长到达主体建筑的距离，仿佛要完成从尘世到仙境的过渡，经历遥远而漫长的路程才能与皇地祇神对话。

作家史铁生在《我与地坛》中经常写到幽深的古树，体现出地坛雅秀的一面。按照《周礼》的规定，祭祀要植树，"尊而识之，使民望即见敬之"，叫作社树。又说"夏后氏以松，殷人以柏，周人以栗"，所以，方泽坛周围栽植大片柏树。清初诗人施闰章《陪祀方泽诗》中就有"崇墉柏带青霜气，方泽波含明月光"之句。植树的主要作用是衬托环境与气氛。日出之前，举行祭祀，站在坛上只见古柏森森，整齐的树冠与蓝天相接，形成融于大地的感觉，突出了大地的辽阔，增加了庄严神圣的气氛。

【知识链接】

史铁生与地坛

说起地坛，就不得不提到著名作家、散文家史铁生以及他的散文名篇《我与地坛》。

史铁生，1951年出生于北京市，1969年去延安一带插队，1972年因双腿瘫痪回到北京，后来又患肾病并发展到尿毒症，靠着每周3次透析维持生命。他历任中国作家协会全国委员会委员、北京作家协会副主席、中国残疾人联合会副主席。他曾自称职业是生病，业余在写作。

史铁生的家与地坛相距不远，这种地理位置的接近似乎预示着一种宿命的联系。在双腿残废后，地坛成了他逃避现实、寻求慰藉的避风港。他摇着轮椅频繁地来到地坛，在宁静与荒芜中，开始深入思考生与死的问题，度过了一段段孤独而深刻的时光。

△《我与地坛》人民文学
出版社 2018 年版封面

　　史铁生与地坛之间深厚的情感纽带，主要体现在散文作品《我与地坛》中。他在散文中提到，他总觉得地坛是为了等待他而历经沧桑地等待了 400 多年。这部作品是史铁生文学作品中充满哲思又极为人性化的代表作之一，是他 15 年来摇着轮椅在地坛思索的结晶，饱含着对人生的种种感悟，对亲情的深情讴歌。地坛只是一个载体，而文章的本质却是一个绝望的人寻求希望的过程以及表达对母亲的思念。

六、天地为师：三山五园

"知者乐水，仁者乐山"，中国古人向来喜欢在山水之间提升生活品位，帝王将相更精于山水之道，甚至不惜移山填水，修建以人工园林为主的离宫别苑，足不出户即可徜徉于山水之间。特别是清朝定都北京以后，多沿用明代的皇城旧制，唯独对园林建设下足了功夫。于是，历史悠久的北京由于五朝帝都的经历，成为中国古代皇家园林保存最完好、最集中的地方。

说起北京园林，有人用"青山多入御林苑，亭榭皆出卿相家"形容。确实如此，由于有着较长的建都历史，北京园林的一山一水似乎都沾染着皇家气势，体现着天下名胜尽揽入怀的包容性特色。其中，三海、三山五园就是中国古代皇家园林的经典。

西苑三海

三海位于故宫西侧，指的是中海、南海、北海。它最早开发于辽金时期，经金、元、明历朝的陆续建设，逐渐形成了北、中、南三海。今天的建筑大都是清代增添修建。

中海以蜈蚣桥与南海为界，是一个狭长湖面，在湖岸西北侧有紫光阁等建筑。在中海东部突出的半岛上，明代建有崇智殿，清代又增建了千圣殿等佛殿建筑。南海水域为圆形，湖中有小岛，叫瀛台。戊戌变法失败后，光绪皇帝就是被慈禧太后囚禁在瀛台的涵元殿内。南海南岸与瀛台形成对景的是宝月楼，是乾隆皇帝专为香妃所建。近代以来，宝月楼以"新华门"之名而为世人所熟知。

习惯上，人们将中海和南海合称为"中南海"。每年中秋，清朝皇室成员都会在这里比赛射箭。冬天，他们会组织八旗禁军举行冰上游戏活动。新中国成立后，中南海成了党中央和国务院的办公场所。

北海以金鳌玉蝀桥与中海为界，水域相通。北海北岸的主要景观有静心斋、九龙壁、五龙亭、极乐世界等，东岸修建了濠濮涧、画舫斋。

△ 永安寺白塔

1900 年，八国联军入侵北京，北海毁坏严重。1902 年，慈禧再度修复御苑，作为颐养天年之所。北海向公众开放是在 1925 年，称为北海公园。

"三海"景色优美，其中有"太液秋风"和"琼岛春阴"两处"燕京八景"的景观。由乾隆皇帝御笔亲书的"太液秋风"碑，立于南海的水云榭亭内。"琼岛春阴"位于北海琼华岛东侧，这里建筑不多，但是春景秀丽，树木成荫，苍翠欲滴，环境幽静，别具一格。金末元初，全真派丘处机真人游览此地后，还作诗"岛外茫茫春水阔，松间猎猎暖风归"，描写琼岛春阴的优美景致。

【知识链接】

太液池和西苑

北京自辽、金时期作为京都以后，便开始了大规模的园林建设。金代，曾引西湖水（今莲花池），营建了西苑、太液池、南苑、北苑等皇家园林，并修建离宫禁苑，其中最大的是万宁宫，即今天的北海公园地段。在郊外，营建了玉泉山芙蓉殿、香山行宫、樱桃沟观花台、潭柘寺附近的金章宗弹雀处、玉渊潭、钓鱼台等，并有了"燕京八景"之说。

元代的皇家园林以万岁山（今景山）、太液池（今北海）为中心发展。当时将太液池向南扩，成为北海、中海、南海三海连贯的水域，在三海沿岸和池中岛上搭建殿宇，总称西苑。

三山五园

北京民间有句谚语，"皇家园林数北京，北京园林数海淀"。北京西郊的香山静宜园、玉泉山静明园、万寿山清漪园（颐和园）、圆明园和畅春园，这五座规模最为宏大的皇家园林，历史上习惯称之为"三山五园"，都位于京西的海淀。

为什么京西的海淀成为历代皇家园林的首选之地呢？这与此地得天独厚的自然条件密不可分。

北京西北郊一带处于西山山脉和平原的交界处，地形以丘陵为多，地下水源充足。元明清时期，这里泉泽遍野，群峰叠翠，湖光山色，风景如画，如同江南水乡。在它的腹心地带，玉泉山和瓮山（后改名万寿山）平地而起，互相衬托。对于西郊山水，明代书画家文徵明曾用"十里青山行画里，双飞白鸟似江南"来称赞。

借助青山绿水营建皇家园林，把自然条件和人工造园完美结合，成为皇帝贵族的首选。从 11 世纪起，这里就逐渐形成皇家园林的特区，并开发出万泉庄水系和玉泉山水系作为皇家园林的供水来源。在西起香山、东到海淀、南临长河的辽阔范围内，极目所见皆为馆阁连属、绿树掩映的名园胜苑，形成了一个巨大的"园林之海"。

清代封建统治者在入主中原后，很不适应北京皇宫的盛夏酷暑，加之他们原本以骑马征战起家，崇尚骑射，因而刻意追求"宁禅受福"的园居生活。在康乾盛世百余年间，皇室先后于京郊乃至塞北，营造了10 余座大中型皇家苑圃。尤以北京西北近郊海淀一

△ 颐和园十七孔桥[1]

带，连绵数十里，形成以圆明园为中心的皇家园林的壮观局面。其中，康熙、雍正、乾隆三朝，政局稳定，经济发展，国库充盈，新建或扩建了静宜园、圆明园、静明园、长春园、绮春园、清漪园等园林建筑，形成了以三山五园为代表的皇家园林。

---

[1] 来源：颐和园官方网站。

三山五园汇集了中国风景式园林的多种形式，代表着中国皇家造园艺术的最高成就。它们既独立成园，又相互连接，浩浩荡荡次第展开。五座园林各具特色，如静宜园是利用自然环境稍加修饰而成，最具野趣；静明园、清漪园（光绪年间改称颐和园）利用大量精心建造的人工景观与天然地势相呼应；而圆明园、畅春园则主要用人工手段平地建设而来。三山五园中，圆明园有万园之园的美称，是东方园林的典范之作。

万园之园：圆明园

圆明园由圆明园、长春园、绮春园（后改名万春园）三园组成，总面积达 347 公顷。陆上建筑面积比故宫还多 1 万平方米，外围周长约10 公里。圆明园宫殿建筑有黄瓦红墙壮丽宏伟，也有喧若闹市的买卖街，更有酷似乡间北远山村、宛如蜃楼海岳开襟、胜似海外仙境的蓬岛瑶台，金碧辉煌的琉璃宝塔及朴素大方的汉白玉石桥等，园林建筑与环境气氛和谐、景物协调，符合清代帝王的"宁神受福，少屏烦喧"及"而风上清佳，惟园居为胜"的思想要求。1725 年，雍正皇帝下诏以圆明园为春、夏、秋临御听政之所。从此以后，乾隆、嘉庆、道光、咸丰诸帝皆常年居圆明园视朝听政，清北京政治中心向西郊转移。清朝皇帝不仅在圆明园长期居住，还在此设朝署值衙，处理政务，其功能几乎与城内宫城相同，使圆明园兼有宫

△ 圆明园复原图

廷和园囿的情趣，于庄严中渗透出清幽，于湖光山色之中又不时显露出威严。

圆明园的建筑形式多样，房屋殿宇有三间、五间、多间，或出廊，或带袍厦，或"工"字形或"己"字形，既灵活又变化多端。园内的木构建筑多不用斗拱与琉璃瓦，而多是青瓦、卷顶，显得比较素雅。其最大特点是地形结合水系巧妙布置。这里的建筑有的四面临水，犹如江南水乡；有的湖山对景，明快舒畅；有的正面临水，以水取胜；有的就低地而构，造成山岗环抱之势。这种天工的造化与人工的精巧相结合，使自然风景更美，环境更加和谐。盛时的圆明园后湖区有一片由九组建筑组成的园林建筑群，名为"九州清晏"。九个小岛环湖有规律地排列着，构成一个非常规矩的圆形。中国园林建筑的特点是根据周边的地形，因势利导而造，因此大多数建筑群都形成了不太规则的图形。像"九州清晏"这样的结构安排，在中国古典园林中是首次出现。

圆明园的许多造景皆模仿江南山水，吸取了江南园林的特点。据说，康熙、乾隆二帝走访过江南的无锡、苏州、杭州、嘉兴、扬州、镇江等地名胜。凡认为名园美景，便命人记下，回京后即在园内仿造。圆明园中的许多景点与题名也多直接套用苏杭的园林景观题名，如"平湖秋月""三潭印月""雷峰夕照""狮子林"等。圆明园内部装修较之宫殿更为精致。根据清代学者钱泳在《履园丛话》中的记载，嘉庆时，在圆明园内建一所竹园，两淮盐政承办紫檀装修200余件，有榴开百子、万代常寿、芝仙祝寿等花样。嘉庆二十二年（1817年），园中接秀山房落成，

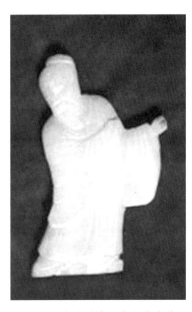

△ 圆明园出土的青玉老人镶嵌件

两淮盐政承办的紫檀多宝架、落地罩及200余扇雕花窗等，俱用扬州周制（明朝末年扬州周姓工匠创此法，故名。其以金银、宝石、珍珠、翡翠、水晶、玛瑙、青金石、象牙等物，铸刻山水楼阁、人物花卉、虫鸟于紫檀漆器上）。

圆明园不仅是举世无双的东方园林艺术和建筑技术的典范，而且是

博大精深的文化艺术宝库。清代帝王广收古今中外珍贵文物藏于园中，使风光绚丽的园林成为宏伟壮丽的博物院。圆明园的各个殿堂中都悬挂着历代名家的书法和绘画。乾隆皇帝酷爱书画，我国历代名家书法、绘画的精华都汇集在皇家的手里。这些名家的书画一部分收藏在北京城内的紫禁城，一部分收藏在圆明园。乾隆时曾编纂《四库全书》，共计7.9万余卷、约8亿字，是中外历史上最大的一部百科全书。其中的一部就藏在圆明园的文渊阁中。清代宫廷对圆明园的使用达到高潮，这里不仅包罗了帝王日常的听政、居住、休息、游园、读书、受贺、祈祷、念佛、看戏，以及观赏和狩猎等全部活动，还是数不胜数的节日、宴请、游乐和典礼的场所，圆明园成为大清盛世最为直观的标志和象征。

　　然而，繁华寥落旧时梦，犹待知音赏故园。圆明园这一世界园林建筑艺术中的瑰宝，在1860年遭受灾难性浩劫，被英法联军侵入肆意抢掠，还付之一炬。随着清朝统治的衰落，地方恶势力和太监内外勾结，拆盗园中残存的石材。清朝灭亡以后，北方军阀、豪富和地痞流氓及部分平民百姓更加明目张胆地盗取、拆毁圆明园等园中石材、梁木，持续20年之久。如今，人们能看到的只是西洋楼远瀛观南端的大水法残迹，以及极少数如万春园的正堂寺等古建筑的断壁残垣。

七、万里雄关：明代长城

2000 多年前，孟姜女万里寻夫，哭倒长城，传说着一段悲愤凄凉的爱情故事。虽是民间传说，却暗合着历史。因为秦始皇统一六国后，曾征民夫百万，大修长城。

作为中国第一个统一政权的帝王，秦始皇雄心勃勃，为了北拒匈奴，形成一道防止北方游牧民族南下侵扰的军事屏障，于是将各国的长城连接起来，加以修葺，西起临洮，东至辽东，长达万余里，"万里长城"由此得名。但是，饱受战乱之苦的中国人刚从战火纷飞的战国时代走过来，对当权者穷兵黩武的行为既怕又恨。秦朝有民谣唱道："生男慎勿举，生女哺用脯，不见长城下，尸骸相支柱。"

其实，在"孟姜女哭长城"之前，古代中国已经开始修筑长城。战国时代的燕国（包括今天的北京地区）就是最早的几个修筑长城的地方之一，现在延庆县北部还存有部分遗迹。据说，燕昭王二十九年（公元前 283 年），为南防赵、齐，北御东胡和匈奴，修筑了南北两道长城。只不过当时各国各自为政，没有统一的规划和部署，秦始皇将它们连在一起，并做了加固工程。后来的历代皇帝都重视长城的修补，因为这关系到北部边疆的安宁。这段历史前后相继，长达 2000 多年。其积极作用是不言而喻的，孙中山先生在《建国方略》中曾客观评价万里长城是"中国最有名之陆地工程者""工程之大，古无其匹，为世界独一之奇观""始皇虽无道，而长城之功于后世，实与大禹之治水"等。

明代是我国历史上修筑长城的最后一个朝代。开国第一年（1368年），大将军徐达就受命主持整修居庸关、古北口、喜峰口等处关隘，此后，历朝皇帝都把修筑长城当作边防要务，历时 200 余年，才完成明长城的全部工程。经测绘，明长城总长度为 8851.8 千米。

经历 2000 多年的风吹雨打，秦始皇时代的万里长城毁废已久，很难找到遗迹。现在看到的万里长城是明代所修筑的长城。

明代大修长城是出于军事防御的考虑，防御的对象是北部的蒙古贵族势力及后来崛起于白山黑水之间的女真族政权。以北京境内明长城为例，从平谷到门头沟，东西跨度达 629 公里，几乎沿着燕山和太行山内侧的山脊蜿蜒而行，沿途地形险要处修筑关口、城堡达 71 座，形状上呈现出环抱北京小平原、拱卫京师的防御态势。

△ 居庸关

居庸关长城是明长城中著名的一段。它之所以出名，一是因其地势险要，二在其风光秀美。每当春夏之交，草木葱郁，百花盛开，层峦叠嶂，景色遍山。因而，"居庸叠翠"成为"燕京八景"之一。

居庸关的险要可以用"天险"形容，《淮南子》称："天下九塞，居庸为其一。"它南距南口 15 公里，北距八达岭 20 公里，重岭叠嶂，绵延不尽，而且两旁山崖壁立，遮天蔽日，中间只留一条长约 40 里的崎岖峡谷。峡谷名叫关沟，是华北平原通向蒙古高原的唯一捷径。居庸关的关城就建筑在关沟峡谷之间的最高点上，居高临下，易守难攻，地形极为险要，是军事防御的重中之重。难怪洪武皇帝刚打下大都，便马上派心腹大将徐达来这里督修长城。

关城附近的长城都依山而建，在明长城中很有代表性。城墙高大坚实，与以前的土夯作业不同，这里的城墙表面以石条包砌，内部填上泥土碎石，顶面铺方砖，平均高度达 7.8 米，宽有 5.8 米，据说可以容五马并驰。上面修垛口，高约 2 米，每一个垛口还设有瞭望孔和射击孔。不仅修城墙，每逢险要及拐角之处，还要修筑高低不同的堡垒，凸出墙外。高的叫敌楼，低的为墙台，供兵士巡逻放哨。而墙外附近的山丘上还修筑了烽火台，日间举烟，夜间点火，用以传递紧急军情。

据明万历年间的一块石碑记载，当时修长城采取军士和民夫分段包修的办法，其中有军士和民夫 905 名，包修城段三丈三尺三寸，连垛口高度二丈三尺，从 7 月中旬至 10 月中旬，历时 3 个月才完工。在崇山峻岭之间，兴建如此庞大的建筑，其艰巨程度可见一斑。从今天的视角来回想这一伟大工程，明代的生产力水平远超过前代，长城修筑尚且如此艰难，以前的朝代修筑长城的困难程度更是无法想象，其耗费的人力、物力、财力更无法计数。当时，寻常百姓时常会面临妻离子散、尸骨埋他乡的悲剧，难怪宋代诗人陆游曾赋诗"千金募战士，万里筑长城。何时青冢月，却照汉家营"。

对中原统治者来说，万里雄关筑成并不意味着拥有了固若金汤的军事防线。从明代以来的历史来看，防线常有被突破的事例，如嘉靖年间，蒙古俺答汗骑兵就从古北口杀到北京城下。更多的情况是，堡垒从内部开始陷塌。比较著名的是吴三桂敞开大门迎接八旗铁蹄入关，加速了明朝灭亡。还有李自成，就选以天险著称的居庸关突破。1644年，起义大军由柳沟进抵居庸关，迫使名将唐通不战而降，接着长驱直奔北京。

与其把万里长城当作军事防线，还不如视为民族交流的纽带。北京北部长城所处的燕山地区，自古以来就是北方牧猎民族和中原民族之间的"拉锯"地带。此处曾有山戎、东胡、匈奴、鲜卑、乌桓等北方民族的活动区，也是契丹、女真、蒙古、满族等少数民族政权南下的必经之路，因此，这里经常会发生农牧文化之间的碰撞、接触，有流血冲突，但更多的还是交流融合。统治者之间时打时和，民间的贸易往来也一直频繁。明代有一个万全马市，开市之日，不仅有茶马贸易，集市上的店铺鳞次栉比，南京的罗缎、苏州的绸缎、临清的布帛、绒线等各种各样的商品摆满市场，热闹非凡。

【知识链接】

八达岭长城

八达岭长城位于北京市延庆区军都山关沟古道北口，在明长城中具有代表性。紧邻居庸关长城，八达岭段长城地势险峻，居高临下，是明代重要的军事关隘和北京的重要屏障。

八达岭长城其关城为东窄西宽的梯形，建于明弘治十八年（1505年），嘉靖、万历年间曾修葺此关城。关城有东西二门。东门额题"居

△ 八达岭长城

庸外镇",刻于嘉靖十八年（1539 年）；西门额题"北门锁钥",刻于万历十年（1582年）。两门均为砖石结构,券洞上为平台,台之南北各有通道,连接关城城墙,台上四周砌垛口。八达岭长城为居庸关的重要前哨,古称"居庸之险不在关而在八达岭"。明长城的八达岭段是长城建筑最精华段,集巍峨险峻、秀丽苍翠于一体。

解放后,经过多次整修,"万里长城——八达岭"成为国家重点风景名胜区和"全国爱国主义教育基地"。1987 年,这里被联合国教科文组织列入《世界遗产名录》。

八达岭地理环境优越,自古以来就是通往山西、内蒙、张家口的交通要道。1909 年,爱国工程师詹天佑主持修建的中国第一条自主设计并建造的干线铁路——京张铁路就经过此地,并在此处设立车站。110 年后的 2019 年 12 月 30 日,京张高速铁路建成通车,八达岭长城站投入运营。新京张高铁线与老京张线立体交会,从老京张线"人"字形铁路下方穿过,正好形成一个"大"字。从詹天佑修建铁路时外国人嘲讽我们"会修铁路的中国人还没诞生",到今天我们的铁路建设者修建了八达岭长城站,两条铁路线相隔一个多世纪的回望,所组成的"大"字彰显了今日中国之强大。

历经 2500 多年岁月磨洗的万里长城,已经不是当年的"不教胡马度阴山"的万里雄关,而是展示华夏绚丽历史文化的一道风景线。它凝聚着中华民族的勤劳和智慧,更是享誉世界的珍贵文化遗产。自 1954 年接待印度总理尼赫鲁以来,八达岭长城至今已累计接待来自世界近 200 个国家和地区的 500 余位外国元首政要,为服务国家整体外交工作，沟通中外文化、增进理解、友谊合作作出了积极的贡献，构成了独有的"元首文化"。1971 年，新中国恢复联合国合法地位。1974 年，中国向联合国大会赠送的礼品是一块编织着万里长城图样的大型挂毯，标志着数千年灿烂文化的万里长城，成为中华民族的象征被世界认同。1972 年，美国前总统尼克松访华游览了八达岭长城说："我认为，你一定会得出这样一个结论，只有一个伟大的民族才能建造出这样一座伟大的长城。"

2024 年 5 月 14 日，中共中央总书记、国家主席、中央军委主席习近平给北京市延庆区八达岭镇石峡村的乡亲们回信，向他们致以诚挚问候并提出殷切期望。习近平在回信中说，这些年你们自发守护长城、传承长城文化，并依托长城资源走上了致富路，我很高兴。习近平强调，长城是中华民族的代表性符号和中华文明的重要象征，凝聚着中华民族自强不息的奋斗精神和众志成城、坚韧不屈的爱国情怀。保护好、传承好这一历史文化遗产，是我们共同的责任。希望大家接续努力、久久为功，像守护家园一样守护好长城，弘扬长城文化，讲好长城故事，带动更多人了解长城、保护长城，把祖先留下的这份珍贵财富世世代代传下去，为建设社会主义文化强国、推进中国式现代化贡献力量。[1]

思考题

1. 明清北京故宫如何体现帝都规划建设的特点。

2. 简述北海的园林布局及重要建筑特点。

3. 简述颐和园的建筑特色及所体现的古代园林文化。

4. 简述长城的主要功能。

推荐书目

《紫禁城宫殿》，于倬云著，商务印书馆 1982 年版。

推荐电影

《北京中轴线》（2014 年），刘大迁执导。

---

〔1〕《习近平给北京市八达岭长城脚下的乡亲们的回信》，新华网 2024 年 5 月 15 日报道，载 https://www.news.cn/20240515/c8f75a36dc6a47409ce79a95f8c4c76f/c.html。

第五篇

古都风情

千百年的历史沉积于北京的每一寸天空、每一寸土地。这里的一砖一瓦都记载着流传已久的故事，每一个古老习俗都透露出中华文化丰厚的底蕴。字正腔圆的京剧、多种多样的民间小吃、民俗荟萃的庙会节庆，以及老百姓平凡生活中所记载的古韵风情，都讲述着古都北京文明独特而悠久的文化内涵。

【阅读提示】

1. 老北京胡同的文化内涵。

2. 传统民居四合院的空间构造、类型和功能特征。

3. 京城庙会的起源、特色、演变，新老北京人的生活态度。

4. 北京话儿化韵发音和语义表达特点。

5. 京城老字号的传奇故事，百年老店的商业和道德启示。

一、城市经脉：老北京胡同

老北京民间有句谚语，"有名胡同三百六，无名胡同似牛毛"，形容胡同之多。据考证，北京城以前有胡同千余条以上。四通八达的胡同如同毛细血管，遍布京城的各个角落，不仅使那些生活在封闭院落里的人得以交流，也联系着许多人的感情和记忆。名目各异的胡同如同历史的活词典，见证着古都的世事沧桑、民俗风情。

胡同的起源

北京胡同大抵起源于从刘秉忠营建元大都。前文提到元大都的总设计师刘秉忠，他不仅严格按照《周礼》规划城市布局、宫殿建筑，而且对交通进行了合理的规划。全城设计了南北干道和东西干道各 9 条，其中南北干道起主导作用。同时，为了统一管理，划定了 50 个居民区，让官僚和贵族建住房和院落。于是，院落和房屋一个紧挨着一个盖起来，连片成排。但是，这些建筑之间要通风、采光，

△ 胡同

需要留出距离和空间，还要适应元大都的气候环境，抵御冬天的西北风，于是房屋和院落就坐北朝南盖。从而连接院落的胡同开始大量出现，而且东西走向的多，南北走向的少。

关于胡同的来历，语言学家张清常从读音角度，考证"胡同"一词来源于蒙语"huto"（即水井）的读音。因为蒙语中的"水井"，最早是居民聚落的意思。因为游牧民族的生活习惯，有水井的地方就是居民聚集之地。"huto"一词由水井到街巷，后来发展为城镇的代名词。当"huto"出现在元大都的棋盘格局中，"胡同"就成了它正式的名

称。此外，也有一种说法认为，胡同是取"胡人大同"之意，有着强烈的政治色彩。

虽说来历说法不一，但胡同最早出现在元代是公认的事实。元剧《沙门岛张生煮海》中有台词，张生问梅香："我到哪里寻你？"梅香答："你去兀那羊市角头砖塔儿胡同总铺门前来寻我。"砖塔胡同是老北京历史最悠久的胡同之一，这表明元代已经出现胡同。胡同出现后，作为次要街道，沿着南北干道的东西平行排列，基本呈东西走向，整齐排列。明清两代基本沿承这种城市街区排列形式，形成了北京城的基本交通格局。

胡同文化

胡同在北京城不仅是普通老百姓生活的场所、出入家门的通道，更是一座座社会风情博物馆。京城的社会生活在这里留下了深深的印记，显示出独特的文化内涵。

△ 东棉花胡同：拱门砖雕

先说说胡同名字。一种胡同名具有生活气息，如麻花胡同、油坊胡同、烧酒胡同、茄子胡同之类，和老百姓的生活息息相关。由这些名字，人们可能会想到过去胡同里优雅闲适的市井生活。高高的槐树，春时花香四溢，入夏绿荫满地，金秋黄叶飘摇；冬季的古香古色，不时出现沿街叫卖的小贩，那高亢而略带苍凉的叫卖声穿越院墙飘入耳中，形成古城特有的音韵。

另一种胡同名与地形、建筑物相联系。如杨梅竹斜街、樱桃斜街、烟袋斜街、白米斜街等。胡同一般形状方正，但有的地方因河流等原因出现斜街，最典型的是烟袋斜街。这条胡同受什刹海影响，东口像烟袋嘴，往西如同细长的烟袋杆，至西口往南直通银锭桥，仿佛安在烟袋杆上的烟锅。像过去北京的寺庙、花园、府邸、仓库等建筑物附近，都有以它们命名的胡同。如正觉胡同来自边上的正觉寺，禄米仓、海运仓胡同应该是过去的仓库所在地。

还有一种胡同名与姓氏有关。如梁瓜子胡同，以卖瓜子的梁氏命名；卖萝卜的苏氏就叫苏萝卜胡同，等等。这是以普通人的名字命名的，也有以名人的姓氏作为胡同名的。如文丞相胡同就是以南宋丞相文天祥的名字命名的。还有如"三不老胡同"，说起来很有意思。相传明代著名的航海家郑和在西城护国寺北面有一座大宅院。因为郑和是回族人，姓马，有说他旧名三保。因他居住，明朝时这条小巷得名"三保老爹胡同"。年长日久，以讹传讹，"三保老爹胡同"就成了三不老胡同，沿用至今。

北京的胡同名称包罗万象、命名自然，每一条都有不同的故事，包含着深厚的历史文化。

例如，北京有一条小杨家胡同，原来叫小羊圈胡同，著名作家老舍先生出生在这里。对于小羊圈胡同，他曾在小说《四世同堂》里这样描写道："说不定，这个地方在当初或者真是个羊圈，因为它不像一般的北平的胡同那样直直的，或略微有一两个弯儿，而是颇像一个葫芦。通到西大街去的是葫芦嘴和脖子，很细很长，而且很脏。葫芦的嘴是那么窄小，人们若不留心细找，或向邮差打听，便很容易忽略过去。进了葫芦脖子，看见了墙根堆着的垃圾，你才敢放胆往里面走，像哥伦布看到海上漂浮着的东西才敢向前进那样。走了几十步，忽然眼一明，你看见了葫芦的"胸"：一个东西有四十步、南北有三十步的圆圈，中间有两棵大槐树，四周有六七家人家。再往前走，又是一个小巷——葫芦的"腰"。穿过'腰'又是一块空地，比'胸'大着两倍，这便是葫芦的'肚'了。'胸'和'肚'大概就是羊圈吧！"在老舍先生的眼中，小羊圈胡同似乎已经成为一种象征，象征着一段历史，一段人生，一种挚情，也成为他创作的宝贵财富。

位于东长安街的总布胡同，见证了1919年那场著名的学生运动。听到巴黎和会外交失败的消息后，当时愤怒的学生冲到这里，一把火烧了位于这里的赵家楼。赵家楼是当时卖国者曹汝霖的住宅。当爱国学生们穿越总布胡同时，这里见证了中华民族历史上一个重要时刻——新民主主义运动由此开端。

史家胡同据说是因为明朝兵部尚书史可法曾居于此而得名。1909年，这里举行了"庚子赔款"赴美留学考试，初试选拔出的青年所学专业大多是机械、化工、土木、冶金等当时认为可以救国的"实业"。这一"初代留学生"的考试另两处考场在其他地方，从这三场考试中选拔出一批后来颇有影响力的知识分子，例如成为清华大学校长的梅贻琦、大学者胡适、气象学家竺可桢、语言学家赵元任等人。应该说，史家胡同见证了中国现代知识分子为国家富强而开始奋斗的历史。

再如北京南城由陕西巷、百顺胡同、石头胡同等8条胡同组成的八大胡同，八大胡同本是烟花柳巷的代名词，流传的多是达官贵人、文人墨客的风流韵事，但因蔡锷将军曾蛰伏于此，最后在红颜知己小凤仙的帮助下，离开北京，举行倒袁起义，而让人肃然起敬，这段传奇也印证了戏文里说的"自古侠女出风尘"。

还有许多值得称道的胡同，或有重大事件的传播渲染，或有名人生活的明星光环，北京的胡同成为展示古老北京历史文化的活舞台。

胡同里的叫卖声

过去，胡同住宅区禁止把住宅改为店铺，这就给沿街叫卖的小贩们带来了商机。他们带来各种风味小吃和时鲜水果，或推车挑担，或手提肩扛，穿梭在胡同中，为吸引顾客，往往扯开嗓子叫卖。于是，胡同的叫卖声成为古都北京最有特色的风景。

△ 古籍中的北京叫卖

曹禺先生的名剧《北京人》中有一段话："墙外卖凉货的小贩，敲着'冰盏'，叮铃有声，清圆而冽亮，那声节是'叮嚓，叮嚓，叮叮嚓，嚓嚓叮叮嚓'，接着清脆的北平口音，似乎非常愉快地喊卖着'又解渴，又带凉，又加玫瑰，又加糖，不信您就闹（弄）碗尝一尝！' '酸梅的汤儿来哎，一个味的呀！'"活灵活现的叫卖场景，体现了老北京胡同里浓郁的生活气息。

叫卖是一种文化，一种韵味，其中大有讲究。形容词要好听，能够吸引人，还要合辙押韵；语调强弱、语句快慢拿捏得有分寸；唱词要全，声音婉转而有穿透力。尤其重要的是，吆喝需要配上不同的响器，响器有时还可代替吆喝。如卖药糖的吹铜喇叭，剃头匠敲唤头，卖烧饼麻花的用小木梆子，耍猴儿的用大锣，收古董旧货的打着小皮鼓……甭吆喝，人也知道谁来了。已故的"叫卖大王"臧鸿，一口气能喊出170多种老北京的叫卖声。一大批反映老北京生活的电影、电视剧中，高低错落、京味十足的叫卖声大多出自他之口；在人们的婚丧嫁娶仪式上，往往他的一声吆喝就把人们带回了老北京的往昔岁月。

院墙上斑驳的苔痕，胡同口高大的槐树，胡同里面的生活是平静的。而抑扬顿挫、此起彼伏的叫卖声不时传来，打破了这里的平静，也增添了热闹，这就是生活。在胡同里面住久了，即便不出门，听到小贩们有特色的叫卖声，居民们也会应声而出。小贩们卖的东西也是面向平民大众的，主要是吃的，如夏秋时节的豌豆黄、小枣切糕、炒铁蚕豆、桑葚、樱桃，春冬则卖老豆腐、羊头肉、冰糖葫芦、烤白薯等。夏天卖杏的小贩会这样吆喝："杏儿嘞，不酸的嘞，酸了还要管换嘞！"有的叫卖比较夸张，本来是萝卜，他却这样吆喝"萝卜赛梨嘞嗨"。1920年，在此生活的英国诗人奥斯波特·斯提维尔将北京胡同里小贩的叫卖吆喝声形容为街头的管弦乐队。各种抑扬顿挫的吆喝声聚在一起，如同奏响了胡同交响曲。还有卖居家日用的。如挨家挨户送水的马车，水车吱吱呀呀的叫声，卖木炭的拨浪鼓敲响的咚咚声，无疑也成为交响曲的一部分。

生活在高楼大厦之中

△ 东城区五道营胡同

的人们，时常会对过去的胡同生活产生眷恋。随着旧城改造和城市日益现代化，如今许多胡同在消失。但是，胡同在几百年间展示出丰富的历史文化内涵，仍然焕发着持久的魅力，成为北京历史文化的一大亮点。京城著名的旅游项目——"胡同游"，就是让来自国内外的游客乘坐着老北京传统交通工具三轮车，悠闲地观赏大大小小的胡同，感受随处可见的历史足迹，体验无处不在的文化气息。

【知识链接】

北京胡同之最

北京最古老的胡同应该是砖塔胡同，位于西四南大街。它得名于胡同东口的砖塔，这个砖塔修建于元代，是当时著名僧人万松行秀禅师的墓塔。据说，元明清时期这里是北京最繁华的曲艺娱乐场所。关汉卿在此居住过，并创作出《窦娥冤》。民国以后，鲁迅、张恨水也曾在此居住。

最长的胡同是东西交民巷，包括东交民巷和西交民巷。位于长安街和前门东、西大街的中间，与两条街并行，东起崇文门内大街，向西到北新华街，全长 6.5 公里。近代西方列强入侵后，在这里集中设立使馆，成为使馆区。

最短的胡同一般认为是一尺大街，长度仅 10 余米，位于前门大栅栏地区，为东西走向。现在这条胡同并入了杨梅竹斜街。

最宽的胡同是灵境胡同，最宽处达 32.18 米；最窄的胡同是小喇叭胡同，最窄处不足 0.6 米。

拐弯儿最多的胡同是前门外的九弯胡同。九只是约数，形容多，实际上，这个胡同拐了 13 道弯儿。

二、传统民居：北京四合院

四合院是中国传统文化的一部分，更是北京文化的一个缩影。老北京过去有一句顺口溜，叫"天棚鱼缸石榴树，老爷肥狗胖丫头"，是四合院生活的真实写照。北京的四合院在辽代时已初具规模，经金、元，至明、清，逐渐完善，最终成为北京最有特点的居住形式。

四合院的基本结构

所谓四合，"四"指东、西、南、北四面，"合"即四面房屋围在一起，形成一个"口"字形。经过数百年的营建，北京四合院从平面布局到内部结构、细部装修都形成了特有的京味风格。

北京四合院规模不同、大小不一，但基本形制是分居四面的北房（正房）、南房（倒座房）和东、西厢房，四周再围以高墙形成四合，开一个门，一般称为一进四合院。两个院落即为两进四合院，三个院落称为三进四合院。四合院

△ 北京四合院示意图

一般依东西向的胡同而建，坐北朝南，有大、中和小四合院之分。中四合院被认为是标准四合院，房间总数一般是北房三正二耳五间，东西房各三间，南屋不算大门四间，连大门洞、垂花门共 17 间。

四合院中间是庭院，是四合院布局的中心，也是人们穿行、采光、通风、纳凉、休息、家务劳动的场所。由于院落设计为中间宽敞，为绿化提供了充分的空间，所以人们会在四合院庭院中植树栽花，备缸饲养

金鱼，为生活增添生气和温馨。过去，在四合院里种植的树木主要有槐树、枣树、柿树等；花木主要有牡丹、芍药、玉兰、丁香、海棠、紫藤、月季、迎春、榆叶梅以及盆（桶）栽的桂花、石榴、夹竹桃等。种植槐树是最常见的。老槐荫屋，满院清凉，树上蝉鸣，荫下小憩，这是过去北京四合院的典型夏景。

说起四合院的花木，就不能不提到北京的名人故居，一些花木因名人栽种而成为特色。如老舍故居和梅兰芳故居的柿树、鲁迅故居的枣树、曹雪芹故居的槐树、纪晓岚故居的紫藤、茅盾故居的太平花等。纪晓岚在《阅微草堂笔记》中描写："其荫覆院，其蔓旁引。紫云垂地，香气袭人。"后来，这里一部分成为晋阳饭庄，老舍先生在此吃饭时曾写诗云："驼峰熊掌岂堪夸，猫耳拨鱼实且华。四座风香春几许，庭前十丈紫藤花。"

影壁

人们进出宅门时，迎面看到的就是影壁。影壁也称罩壁，在老北京

△ 影壁

四合院中有着不容忽视的地位，主要用于保护住宅的私密性，遮挡大门内外杂乱呆板的墙面和景物，美化大门的出口。它虽然是一堵墙壁，但由于设计巧妙、施工精细，在四合院的门口起着烘云托月、画龙点睛的作用。

影壁通常由砖砌成，由座、身、顶3部分组成；墙身的中心区域称为影壁心，通常由45度角斜放的方砖贴砌而成，简单一点的影壁可能没有什么装饰，但必须磨砖对缝非常整齐，豪华的影壁通常装饰有很多吉祥图样的砖雕。

常见的影壁有3种，第一种位于大门内侧，呈"一"字形，叫作一字影壁。大门内的一字影壁也有独立于厢房山墙或隔墙之间的，称为

独立影壁。这种影壁在北京的四合院中比较常见。第二种是位于大门外面的影壁，这种影壁坐落在胡同对面，正对宅门。一般有两类形状，一类是"一"字形影壁，另一类是雁翅影壁。第三种影壁位于大门的东西两侧，与大门檐口形成 120 度或 135 度夹角，平面呈反"八"字形，被称作反八字影壁或撇山影壁。建造反八字影壁时，大门要向里退 2—4 米，在门前形成一定的空间，作为进出大门的缓冲之地。在反八字影壁的烘托陪衬下，原本富丽的宅院大门会显得更加深邃和开阔。

影壁是四合院的重要组成部分之一，体现了中国古代建筑封闭性、讲究对称的特点。刘心武在小说《钟鼓楼》中也谈到这一点，"至于四合院的所谓'合'，实际上是院内东西南三面的晚辈，都服从侍奉于北面的家长这样一种含义，它的格局处处体现出一种特定的秩序、安适的情调、排外的意识与封闭的静态美"。

内外有别的二道门

人们常说大家闺秀是"大门不出二门不迈"。这里的大门指的是院门，二门指的是什么呢？就是四合院里的二道门（又叫屏门或垂花门）。二道门是四合院中装饰得最华丽的一道门，也是由外院进到正院的分界门。

前海西街 18 号的郭沫若故居有一座垂花门。这是垂花门的经典之作，有雕成云头形状的梁头，雕镂精美的花罩，色彩绚丽的花板、折柱等。早在清乾隆年间，这里曾是和珅的花园，到了咸丰、同治年间成为恭亲王的马厩。本是王公大臣们的居住之所，装修的豪华程度可想而知。

不仅漂亮，它还有很强的实用功能和礼仪功能。正所谓内外有别，就是拿门当界线。在四合院里，跟正房相对应的叫倒座房，人们认为这个位置不吉利，大多数被当成下人的宿舍，又叫外院。这二道门说白了就是主仆之间的界限，所以对于古时候的女性来说，这扇门再往外的地方就不能去了，迎客人送朋友，走到这儿就得止步，这就是传统文化中的待客礼仪。

被忽略的后罩房

早年间有些大户人家给下人安排宿舍时，通常会选择两个地方，一个是跟正房相对应的叫倒座房；另一个就是在正房后边的一进院叫后罩房，虽然同是下人的房子，可是有天壤之别，因为有些后罩房是全院里居住条件最好的，这话并不是虚传。

后圆恩寺胡同13号的茅盾故居里，正房是家里长辈住的房间，是全院最上风上水的地方。而这儿的后罩房反而比正房的地基高、采光好、私密性也强，更适合居住。茅盾先生说，"这是全院里最好的房子，有利于写作和思考"，所以他早早地把后罩房改成了自己的起居室和书房。

有钱不住东南房

北京正规四合院一般依东西向的胡同而坐北朝南。四合院建筑为什么讲究坐北朝南？从文化背景来讲，这与中国传统的风水文化有关，特别是与《周易》所体现的阴阳五行学说密切相关。《周易·说卦》中说"圣人南面而听天下，向明而治。"所谓"向明而治"，就是"向阳而治"，逐渐形成了中国古代所特有的"面南文化"。至于建筑，也多是坐北朝南而建。

其实，这也与中国所处的特定地理环境有关。众所周知，北京的冬天受西伯利亚寒流影响，整天刮的都是西北风，冷气全灌进东南房里去了，再加上冬天的太阳较低，阳光直接从南边往北边照，所以，这个季节的东南房里可谓阴冷潮湿；而到了夏天，受到太平洋暖湿气流的影响，北京改刮东南风，再加上日照时间长，太阳在头顶直射，这时候的东南屋里又没风、又挨晒，闷热难耐。这正应了北京的一句老话：有钱不住东南房，冬不暖夏不凉。

四合院不仅是人们安居的场所，也是北京地域人文风貌的象征。院落中的生活，一砖一石的风景，时常能够唤起人们对四合院中所包含的居家礼仪和含蓄的文化内涵的记忆。例如老舍先生《四世同堂》中的祁家宅院，有着令人难以忘记的四合院故事。即使短期居住的人也会深深地爱上四合院的生活。

【知识链接】

北京名人故居

梅兰芳纪念馆位于北京市西城区护国寺街9号，占地面积716平方米。1961年梅兰芳逝世前，曾在这幽静、安适的四合院内度过了他人生的最后10年。此院原为清末庆亲王奕王府的一部分，解放后经过修缮，梅兰芳搬到这里居住。梅兰芳逝世后，周总理提议建立梅兰芳纪念馆。1986年10月，梅兰芳故居对外开放，朱漆的大门上，悬挂着邓小平亲笔书写的匾额"梅兰芳纪念馆"。

郭沫若故居现为郭沫若纪念馆。位于北京市什刹海前海西岸前海西街18号，占地7000平方米，前身是清代和珅的王府花园，后因和珅的家被抄，花园遂废。同治年间，此处成为恭亲王的草料场和马厩。民国时，恭亲王后代把此地转卖给达仁堂乐家药铺作为宅院。新中国成立后，这里曾是蒙古国驻华使馆的驻地。郭沫若自1963年11月由西四大院胡同5号迁居至此，在这里度过了人生最后的15年。

鲁迅故居位于北京市西城区阜成门内宫门口二条19号，是鲁迅1924—1926年在北京的住所。鲁迅（1881—1936年），原名周树人，浙江绍兴人，中国现代文学家、思想家。鲁迅一生撰写了许多著作，在此期间，他写下了《华盖集》《华盖集续编》《坟》《野草》《彷徨》等不朽作品，印行了《中国小说史略》《热风》等著作，同时还主持编辑了《语丝》《莽原》等周刊杂志。

宋庆龄故居位于北京市西城区后

△ 鲁迅故居的卧室陈设

海北沿 46 号。这是一座典型的中国式庭院，走进故居，幽静的园内假山叠翠、花木成荫，清澈的湖水曲折环绕。新中国成立后，党和政府原计划为宋庆龄在北京专门修建一座住宅，但她以国事百废待兴，一再逊谢。最后在周总理的亲自过问下，才借此王府花园葺旧更新。宋庆龄于 1963 年迁居于此，在这里工作、学习和生活了近 20 年，直至 1981 年 5 月 29 日与世长辞。

梁启超故居在东直门南小街迤西。胡同自北向南连通大菊胡同和东四十四条，长 300 多米。明代时称学房胡同；清乾隆时称官学胡同，宣统时称北沟沿，因胡同临近水沟而得名；1949 年称北沟沿胡同，"文化大革命"中一度改称红都胡同，后复称北沟沿胡同。现胡同西侧与新太仓二巷相通，东侧有两条支巷通往小菊胡同。

齐白石故居位于东城区跨车胡同 13 号，据传此宅为清代中晚期内务府一总管大臣的宅子，后分割出售。新中国成立后由文化部购买，作为画家齐白石的住所。由于老人思念在西城的旧居，在此住了不长时间便迁回西城，此地便改为齐白石纪念馆。"文化大革命"期间，纪念馆被撤销，改为北京画院。现为北京画院"中国画"编辑部和北京美术家协会所在地，此院的砖、木雕饰也具有较大艺术价值。

曹雪芹故居纪念馆位于崇文区磁器口十字路口的东北侧，这是他在北京唯一有史可考的故居，也就是史料上记载的崇文门蒜市口地区曹雪芹十七间半房故居原址附近。"蒜市口十七间半"曹雪芹故居复建工程从 1999 年开始，原汁原味复建出这"十七间半"房屋在清末时的形制。据历史记载，故居院落占地 790 平方米，建筑面积 439 平方米，为清式三进四合院。复建遵循传统木结构营造技艺，工艺工序由技术专家全程把关，同时尽量还原当年曹公居住时的布局及细节。

徐悲鸿纪念馆有两处：一处位于北京市西城区新街口北大街 53 号，另一处位于宜兴亦园内。北京徐悲鸿纪念馆建立于 1954 年，它是由中国政府在徐悲鸿故居基础上建立的第一座美术家个人纪念馆。该馆原址在北京市东城区东授禄街 16 号，周恩来总理亲书"悲鸿故居"匾额。1966 年"文化大革命"开始之后，原纪念馆被拆除。1973 年，周总理指示重建新馆。宜兴徐悲鸿纪念馆于 1988 年 10 月 26 日开馆。

老舍故居位于东城区灯市口西街丰富胡同 19 号。老舍在北京解放前后住过的地方共有十处，其中解放前九处，解放后一处。乃兹府丰盛胡同 10 号（今灯市口西街丰富胡同 19 号）是解放后居住的地方，直至辞世，老舍先生在这里住的时间最长，人生成就最辉煌。

李大钊故居地址是北京市西城区文华胡同 24 号，李大钊非常喜欢这处住宅，这里是他与妻子儿女生活在一起最快乐、最开心的地方。李大钊的次子李光华、幼女李炎华出生在这里，他的长子李葆华、长女李星华都是在这里耳濡目染革命文化，最终走上了革命的道路。乐亭故居在河北省乐亭县大黑坨村。

三、雅俗共赏：京城庙会

国学家张中行谈过去北平的庙会，有这样一段话："你是闲人雅士，它有花鸟虫鱼；你是当家主妇，它有锅盆碗箸；你是玩童稚子，它有玩具零食；你是娇媚姑娘，它有手帕脂粉。此外，你想娱乐，它有地班戏，戴上胡子就算老生，抹上白粉就算花旦，虽然不好，倒也热闹，使你发笑，使你轻松。"

这就是老北京庙会的魅力，老少皆宜、雅俗共赏。如同一张发黄的老照片，这里展示着世俗生活的平淡，也让人们感受到古都的独特韵味。

△ 地坛庙会

北京的庙会史源远流长。它最早发源于宗教祭祀活动，后来逐渐演变成世俗生活中不可或缺的文化活动。庙会的地点一般在寺庙里或附近举行，《妙香室丛话》记载："京师隆福寺，每月初九，百货云集，谓之庙会。"于是，每逢宗教节日，往寺内礼拜的信众，或乘香车宝马，或徒步而行，人流、车流充塞于途。元代白云观的"燕九节"是北京有文字记载最早的庙会。

【知识链接】

白云观的"燕九节"

"燕九"也称"宴丘"，这个节日是信徒纪念道教全真龙门派创始人丘处机真人诞辰的宗教活动。每年正月十九日，白云观开庙，接待游人香客，纵情宴玩，俗称"燕九节"。后来，由于参与的道教信徒逐渐增多，"燕九节"成为一项影响广泛的民俗活动。主要有"会神仙"

"打金钱眼""摸石猴"等活动。

"会神仙"的习俗最为有名。因为农历正月十九是丘处机的生日，故而信徒们编造出种种"灵迹"。据《帝京景物略》记载，"相传是日，真人必来，或化冠绅，或化游仕冶女，或化乞丐。故羽士十百，结圜松下，冀幸一遇之"。今译过来就是，正月十九晚上，丘处机或化身为士族、官吏，或装扮成游人、妇女，或打扮成乞丐，重返白云观，谁有运气碰到这位神仙，就能祛病延年。于是，有些人索性前往白云观内，彻夜不眠，或躲在白云观内的僻静角落，期望会到神仙。由此，白云观就热闹了起来，随着时间的推移，"燕九节"的内容也在不断地丰富，逐渐形成大的庙会，有戏剧表演、武术杂技、特色小吃、工艺品展卖等。庙会的气氛活跃，规模盛大。

到了明清，由于这里是众心归向的天朝帝都，同时佛教、道教香火更盛于以前，北京的庙会进入了极盛时期，"大抵四时有会，每月有会"。如隆福寺、护国寺、白塔寺、土地庙等每月定期开放；厂甸、火神庙、大钟寺、雍和宫、妙峰山、东岳庙则按传统的年节举行。当时的庙会虽然一些习俗还带有宗教色彩，但是随着集市贸易、娱乐休闲活动增多，赶庙会逐渐蜕变成全民狂欢的民俗景观。

这里不仅吃穿用的商品无所不有，大至绸缎古玩，小至碎布烂铁，而且居家日用、足穿头戴，或斗鸡走狗、花鸟虫鱼，无所不备。清代《燕京岁时记》这样记载："开庙之日，百货云集，凡珠玉、绫罗、衣服、饮食、古玩、字画、花鸟、鱼虫以及寻常日用之物，星卜、杂技之流，无所不有。"还有珍奇异宝交易，连一些外国客商也赶来做生意，明代就有"碧眼胡商，飘洋香客，腰缠百万，列肆高谈"。

不同的庙会慢慢形成了各自的品牌和特色。如隆福寺与护国寺庙会以"百货具陈而闻名"，有诗为证，"东西两庙货真全，一日能销百万钱，多少贵人闲至此，衣香犹带御炉烟"；厂甸的春节庙会所售主要是古玩、字画、书帖、风味小吃及玩具；白塔寺的木碗货摊是特色，《旧都文物略》记载，"白塔寺的木碗花草、土地庙木器竹器，皆属特有"。西郊的妙峰山朝顶庙会，会期在每年农历四月初一至十五，长达半个月，活动内容为香客登山朝顶，各种表演歌舞技艺的民间组织演出大鼓、秧歌、高跷、中幡等。藏传佛教寺庙雍和宫的庙会，则以每年农历正月二十九至二月初一的"跳布扎"（俗称打鬼，是藏传佛教驱魔除祟的法事活动，因与汉族腊月驱除疫鬼、迎接新春的风俗相合，所以也融入了北京的新春风俗）为主要活动。

△ 芝麻酱烧饼和焦圈

庙会上也有经营风味小吃的，一般都是浮摊，有的支个布棚，亮出字号，里面摆了条案、长凳；有的则只将担子或手推独轮车往庙上一停，任人围拢，站立而吃。经济实惠，适合当时平民的消费水平。在定期庙会上，吃食摊比较集中，以隆福寺小吃最为出名，多种多样，随季变换。庙会上的小吃其实多半是北京日常街头巷尾叫卖的吃食，具有北京地方特色，适合北京人的口味，形成了固定路子。如卖豆汁的，照例是从粉房将生豆汁挑到庙会上，就地熬熟。前边设个长条案，上摆四个大玻璃罩子，一个放辣咸菜；一个放萝卜干；一个放芝麻酱烧饼、"马蹄"烧饼；一个放"小焦圈"的油炸果。案上铺着雪白桌布，挂着蓝布围子，上面扎有用白布剪成的图案，标出"×记豆汁"字样。夏天还要支上布棚，以遮烈日。经营者通常为一两人，不停地向游人喊道："请吧，您哪！热烧饼、热果子，里边有座儿哪！"

这些热闹场景，不仅对普通百姓有巨大的吸引力，一些达官贵人、文人雅士也常常流连于此。

例如东岳庙庙会。每年3月，东岳庙香火日盛，善男信女络绎不绝，商贩云集，百货杂陈，热闹非常，数百年经久不衰。据说，慈禧太后每年春节要带领众宫女前来烧香。

还有琉璃厂一带的厂甸，由看灯逐渐形成庙会。厂甸庙会的魅力在于文商并重、雅俗共赏，且文化氛围最浓郁，因而成为文人雅士必到的庙会。乾隆时期，编纂《四库全书》的戴震、钱大昕、纪晓岚、翁方纲等大学者住在厂甸附近，平时去琉璃厂附近的书店搜寻、查阅图书，每到庙会便整日来往于书肆、书摊之间。京剧大师梅兰芳经常到这里搜集古画，揣摩新编剧目的服饰。后来，鲁迅寓京期间，在有日记可查的13年里，累计逛厂甸庙会超过40次。

如今时代在变迁，往昔庙会那喧嚣繁华、京味十足的场景逐渐成为人们心目中挥之不去的记忆。经历了一段时间的沉寂，1984年首届龙潭湖庙会之后，这种具有浓郁古都风韵的传统民俗活动在京城蓬勃发展起来。

现在的庙会依然热闹，市民们从中领略到传统习俗的魅力，品到古老文化的韵味，但是，由于时尚元素的加入以及民俗风情的变迁，今天的庙会在悄然地发生着变化。它不是老北京庙会习俗的简单延续，而是一幅展示现代民俗生活的画卷。

现今，北京的庙会有数十家，如厂甸庙会、妙峰山庙会、东岳庙庙会等，这些地方过去就繁盛一时，今天重操旧业，属于传统庙会的复兴。白云观里摸石猴，东岳庙中接五福，厂甸街上听吆喝，红螺寺下赏梅竹，老北京庙会独有的传统习俗如今重现在人们眼前。而新兴的庙会则借助庙会的形式，举办具有现代感的文化娱乐活动，甚至那些"没有庙"的地方也举行庙会，如大观园红楼庙会、石景山游乐园洋庙会、朝阳公园国际风情节等。这类庙会敏锐感触时代风尚，引领大众娱乐休闲，属于创新型庙会。而且，后者越来越多，日益成为北京庙会的主流。

以现在最具人气的地坛庙会为例：一方面努力展示传统习俗，于1990年开始举办仿清祭地表演活动，逼真地再现皇家祭祀的恢宏气象，吸引了大量的市民，因此成为每年的保留节目。另一方面表达现代生活，在2007年举办了"白领万人相亲大会"活动，庙会当了一回红娘，确实令人大开眼界。2009年邀请参加奥运会闭幕式演出的山西汾西鼓乐艺术团入场，表演原汁原味的"威风锣鼓"，更让人感到扑面

△ 戒毒所民警在庙会开展禁毒宣传

而来的现代生活气息。

近年来，随着社会公共服务的发展，有些机构团体将青年志愿服务、禁毒反诈宣传带到庙会集市，给传统的庙会注入新的生机。

"酒旗戏鼓天桥市，多少游人不忆家。"北京庙会从岁月的深处走来，带着韵味深厚的传统习俗，向人们展示着古都北京最具特色的民俗图景，而时尚元素的融入，让这个民俗盛典不断散发着现代气息。

每年春节的七天长假，庙会成为许多市民节日休闲游乐、购物的重要去处。而过去，人们是说"赶庙会"。一个"逛"和一个"赶"，从侧面反映了庙会在人们心目中的变化——不是怀着虔诚的心情去烧香拜佛，也不用心急火燎地赶时间去购买生活日用品，而是轻松地、悠闲地享受。

四、字正腔圆：北京话的儿化音

"来根冰棍儿。这样听着好听，你要不用儿化韵，听着多可怕呀！今天热啊！你来根冰棍。""嗬！""冰棍哪！""那得多大呀！""说的是哪。四人扛着吃？"……在相声《普通话与方言》里，相声大师侯宝林用诙谐幽默的语言展示了儿化韵的味道。

北京人说话常带儿化韵，是北京话语音最突出的特点。当听到"哪儿去啊，您""饭馆儿""老家儿"这些老北京话时，儿化音里传出的京腔京韵，让人感到闲懒、悠然。此时，听觉中的北京似乎更加鲜活，更有魅力。

北京话语音为什么出现这样的特点？这与北京所处特殊地理位置和历史文化氛围有着密切关系。前文已经讲过，北京历来是一个多民族杂居的城市，北京人这个群体也是由多地域、多民族的人融合而成的群体，这里的人极具开放性和包容性。语言作为社会历史的活化石，也在长期交流中快速融合，而且众多民族的文化、习俗融于北京，富有特色的北京话在长期的交流中应运而生。可以说，北京话根植在古都北京这块历史文化沃土之中而发展起来。

声调数量能够反映这种特点。北京话有四个声调，与闽方言八个声调、粤方言九个声调相比，是声调较少的方言。一般来说，声调系统越复杂，规则就越多，开放性越差，不容易吸收外来语言的成分；相反，声调系统越简单，开放性越强，越容易吸收其他语言。据专家研究，自辽建陪都以来，在汉族中原语言与契丹、女真等民族语言融合过程中，发生了简易化趋势。按照经济原则，简单化才便于交流，符合社会发展的需要。"儿化韵"也是在语言的长期融合、运用中沿袭下来的遣词用语习惯。

北京话的儿化韵，是习惯成自然的过程，但是细细琢磨，无论是发音，还是表达语义，里面包含很有意思的文化成分。

首先是发音方面，一个音节有两个字。在汉语里，一般来讲，一个汉字是一个音节，一个音节是一个汉字。儿化韵却将一个音节写成两个字。著名作家萧乾说：京白在名物词后边加"儿"字，是最显著的特征。北京话把"儿"和前一个字糅成一个字来念的，"儿"音与前面音节的韵母合二为一，变成一个新的卷舌音。比如"一朵花儿"，这里的"儿"字是混在"花"中的，听不出是两个音节。

这个特点，对北京以外的人，特别是南方各省来的人不容易弄明白。有的是不知在哪儿加"儿"，有的是不会念加"儿"的字。再举一例，外地游客来北京坐公共汽车，经常会听见公交车的售票员喊："关前门儿""关后门儿"，听着是"门儿"。可是，如果要打听去前门、天安门，可不能说成"前门儿"，或者"天安门儿"。对于庄重肃穆威严的地名，北京话绝无儿化现象，如北京城、皇城、紫禁城、城门都没有儿化现象。这是一个约定俗成的语言习惯。

其次是轻重音的不同。哪个字念轻音，哪个字不念轻音，在北京话里也是有区别的。如"遛弯儿""弯儿"就不是轻音。还有"拐棍儿"，重音在"棍儿"上。北京人管小巷叫胡同，念"胡痛"，念起来是加"儿"的。当它作地名的时候，如府学胡同，"同"字只是轻音，又不儿化了。

最后是语言的节奏变化。北京话的儿化韵，有时为了适合语言节奏的需要而儿化。比如，"在理儿的不动烟酒"，中间能叫你喘口气。"板儿爷"，就比"板爷"说起来上口。中间加了一个"儿"，就好比歌谱里加了一个符点，把"板"字延长了半拍，说起来更有音韵。北京东城有两条船板胡同，北京人说起来叫"船板儿胡同"。在"板"字后面加"儿"，都是为了说起来上口。

儿化韵还可以起到省略的作用，本来两个音，现在一个音就够了。比如，"昨天、今天和明天"，说成"昨儿、今儿和明儿"显得干脆利落；"从这一地方遛到那一地方"，可以简化成"从这儿遛到那儿"。像"小四儿""小五儿"这样的小名，直呼"四儿""五儿"，省掉一个字读起来也自然，显得更亲切。

【知识链接】

北京话与普通话

1955 年，我国专门开会确定了现代汉民族共同语的名称和标准，正式命名为"普通话"。普通话是现代汉语的标准语，是我国各民族、各方言区之间交流的通用语言。《现代汉语词典》解释：普通话是以北京语音为标准音，以北方方言为基础方言，以典范的现代白话文著作为语法规范的汉民族共同语。

以北京语音为标准音的，包括北京话的声母、韵母和声调系统，应该说是在北京话的基础上规范而成，但是不包括北京话的土音、土话。以普通话的"吃"为例，北京话里面表达就很多样，"把它'餐'了""把它'捋'了""把它'啃'了""把它'垫补'了"。即使普通话说得再好的人，也不一定都能听明白。如今，能说一口地道的北京土语的人越来越少。在推广普通话的过程中，北京话也迅速向普通话靠拢，在语音和词汇方面发生了显著的变化。

儿化还是北京话语词汇的一个重要特征。在口语表达中，儿化词是不可缺少的要素，使得北京话在表达意义或感情色彩时更加丰富生动，甚至变化多端。

北京话的"儿"字通常有"小"的意思，正如侯宝林先生的相声所说："火柴棍儿""柴禾棍儿""冰棍儿"，加儿化表示细小；不儿化表示粗大，如"木棍""钢棍""铁棍"。有的儿化表示细短，如"线绳儿""麻绳儿"；不儿化则表示粗长，如"钢绳""缆绳"等。还有表达感情色彩的，如表达亲昵、亲热的感情，称小小子儿、小丫头儿、老伴儿、老头儿、老姐儿几个；表达蔑视等贬义色彩的，如小混混儿，洋玩意儿，瞧他那财迷劲儿等。这类浸染感情色彩的词汇，有没有儿化韵，区别很大。如"做官、赚钱、娶亲"这样的大事、正经事，北京人用儿化音说出来，就成了似乎可有可无的"当官儿、挣俩钱儿、娶媳妇儿"。

　　有些词汇从字形字音上看完全一样，但一个儿化韵表达出不同的意义。如"白面"，指的是北方人喜欢吃的小麦面粉，而"白面儿"，是"毒品"；"老家"指的是自己的出生地或籍贯，"老家儿"，是指家庭中的长辈；"天桥"，指高架起的人行通道，而"天桥儿"，则指正阳门外，一个原专供帝王去天坛祭祖时走的石桥，现已演变为地名；"上眼药"是说眼睛不好点儿滴药水，而"上眼药儿"特指说坏话；"肉皮儿"多是说人的皮肤，而"肉皮"专指猪肉的皮。这样的例子还有很多，有无儿化音，意思天壤之别。

　　《红楼梦》是清代文学的典型代表，作者曹雪芹使用了大量的老北京话，其中的人物对话几乎全部是北京话。据统计，在刘姥姥进荣国府的第六回，"凤姐儿""狗儿""板儿""大姐儿"等带"儿"缀的词出现了47次，人物对话中的儿化韵十分生动。正如俞平伯先生在谈论《红楼梦》的语言艺术时说："经作者加工洗练过的北京话，真是生动极了。"文学作品中使用儿化韵显得京味十足，读者通过人物的语言就能了解到人物所处的生活环境和文化氛围。

　　生活中的儿化韵，表现的是一种幽默，轻松中透着智慧。比如有的孩子上课不专心听讲，凝望窗外，就会有老师叫他一声，然后说"别等了，今儿阴天"。这走神儿的孩子和其他同学都很奇怪"等"什么呀？老师慢条斯理地说"今儿阴天，七仙女不下凡了，别等了，听课吧!"这么一说，同学们都乐了，被说的学生也通红着脸，乖乖地听讲。老师运用儿化韵批评学生，不紧不慢的语调显示了高超的语言技巧。

　　最让北京话出彩的一件事，是发生在百年前的国语之争。辛亥革命后建立了中华民国，实行天下共和，召开国会共商天下大事。在首届国会上，一些广东籍议员提议定广州话为"国语"。由于广东籍议员超过半数，如果民主表决，通过提案应该不成问题。然而，孙中山从大局出发，劝那些同乡议员改变初衷，放弃广州话，确定北京话为国语。当时，还有上海话也进入了国语的争夺行列。但是，最后北京话以一票优势在竞争中胜出。新中国成立后，北京语音又成为普通话的标准音。

　　据说，当年孙中山先生确定北京话为国语，出于两大原因：一是社会历史原因。中国历史上的统一中央政权基本在北方，而北京更是元明清三个朝代的首都，定都北方有利于长治久安。二是语言本身的原因。北京话的语音系统比起粤语、吴语，韵母和声调数量较少，从服务政治的角度来看，具有开放性和包容性的语言系统更有利于学习和推广。而且，自古以来"雅"为共同语的首要标准。根植于古都深厚历史文化的北京话，在此标准上，北京方言更具优势。

"容万象而尽显一言。"由此看来，北京话无论是儿化韵还是其他特征，都受益于孕育它的母体——悠久深厚的历史文化。过去如此，今后也仍会在这片沃土之上绽放出鲜艳的花朵。

五、商业传奇：京城老字号

过去北京城流传一首歌谣，"头顶马聚源、身穿瑞蚨祥、脚踩内联升"，形容有钱人生活讲究、有品位。要知道，马聚源的帽子、瑞蚨祥的绸缎衣裳和内联升的布鞋，这三样都是当时响当当的名牌货。

品牌是西方传过来的词汇，在中国叫字号。由于消费需求旺盛和独特的文化氛围，北京拥有数量众多、影响力大的京城老字号。它们主要集中于工商业、手工业、饮食业、民间艺术及文化艺术领域。如上面说的瑞蚨祥属于服装服饰行业，当时前门和大栅栏一带有八家带"祥"字的绸布店，号称"八大祥"（据说为瑞蚨祥、瑞生祥、瑞增祥、瑞林祥、益和祥、广盛祥、祥义号、谦祥益），还有医药行业的鹤年堂、同仁堂，卖茶叶的吴裕泰、张一元，饮食业的全聚德、东来顺等。

这些老字号往往经营百年以上，凭借过硬的质量和良好的信誉，在消费者中赢得了口碑，形成了一股独特的京城商贸景观。而且，在长期发展中，老字号的创业者和经营者们时常面临着变幻沧桑的世事时局，既要恪守文化传统，又要敏锐捕捉商机，因而其经营方式、店规店训、

△ 瑞蚨祥门店

商店格局、字号招牌往往带有传统文化的鲜明色彩，形成了一种独特的商业文明奇观。其中，与京城老字号有关的传奇故事始终让人津津乐道。

首先要说瑞蚨祥的连锁经营故事。提起瑞蚨祥，许多年轻人可能不知道，但说起沃尔玛，几乎没有不知道的。沃尔玛创始人山姆·沃尔顿生前曾说："我创立沃尔玛的最初灵感，来自中国的一家古老的商号，它的名字来源于传说中的一种可以带来金钱的昆虫。"这

个古老的商号，就是瑞蚨祥。

　　瑞蚨祥最早是在济南城经营土布的瑞蚨号布店，后来创始人孟洛川接管大权后，凭着精明的商业魄力兼营了同家族的布店和钱庄，扩大了经营规模，又借用青蚨的传说，将店名改为"瑞蚨祥"，生意日益兴隆，并在各地开设分号。光绪十九年（1893年），京城瑞蚨祥号开业，以经营丝绸、呢绒、皮货而闻名京城。

　　当时的瑞蚨祥以诚信经营而出名，不仅品种齐全，而且质地优良。据说孟洛川是孟子的第69代孙，深受儒家道德规范的浸染。他始终恪守"至诚至上，货真价实，言不二价，童叟无欺"的经营原则，以诚信维护品牌信誉。同时，为了保证质量，瑞蚨祥的丝绸产品由专人到苏杭一带寻找可靠厂家订货，对海獭皮、猞猁皮、紫貂皮、滩羊皮等皮货商品，严格把住进货关。正因为在品牌经营上如此苛刻，孟洛川才能缔造一个名贯四海的商业帝国。一段东方商人的传奇故事，让美国现代商业巨头沃尔玛都钦佩不已。

　　前门商业街恢复古代模样后，北京瑞蚨祥保持老字号原貌的店堂开业，在京城老字号中属于独一家，继续着它的商业传奇。

【知识链接】

瑞蚨祥的字号

　　瑞蚨祥的字号据说是引用了"青蚨还钱"的典故。"蚨"是远古时期的一种神虫，一母一子，子虫出门时，母虫将血抹在子虫身上，不管它飞到哪里都能飞回家，飞回母亲的怀抱。青蚨代表古代的铜钱，当年的老板为店取名瑞蚨祥，就是希望借祥瑞的吉祥意味，加上能带来金钱的青蚨，瑞蚨祥能财源滚滚。

　　在人们的心目中，京城老字号带有几分神秘的色彩，因为大多数老字号起步于家庭作坊，拥有一些秘不外传的"绝活儿"。这些"祖传秘方"往往就是手工操作过程中积累起来的技术、工艺和经验。当然这也是老字号保持产品的独特性和招徕顾客的一大法宝。内联升的《履中备载》就是其中具有代表性的一个。

《履中备载》是内联升老板赵廷自创的经营秘籍，里面记录了来店内做过鞋的达官贵人的姓名、职务、靴鞋尺寸、式样及特殊要求和爱好等信息。《履中备载》无疑是现代的客户信息汇编，以后那些达官贵人就可以足不出户订制非常合适的鞋。在京城，《履中备载》还起着官场中的"敲门砖"作用。当时，官员之间送礼送上一双合脚、漂亮的朝靴很有面子。于是，进京的外地官员只要来到内联升，一报上想结交官员的名字，自备的《履中备载》就派上了用场，结果肯定双方都满意。天长日久，内联升不仅财源滚滚，而且《履中备载》成为行当内神奇的代名词。

当然，内联升的鞋如此受人喜爱，根本原因是它的质量。内联升的千层底鞋从选料、纳鞋底到上鞋帮，用料考究，步步要求严格。当时内联升做鞋的面料是进口的礼服呢，缎面鞋的缎须是上等的贡缎；打格脊用的布料必是八成以上新的白布。此外，千层底包边的漂白布要用日本"亚细亚"牌的；麻绳用的是当时产自温州一带的专供麻绳；还有锥子等工具也都是名牌。

内联升制作一双完整的千层底布鞋，大的工序有 30 多道，总工序要经过 90 余道才能完成。纳制鞋底工艺，达到每平方寸用麻绳纳制 81 针，且麻绳粗、针孔细，刹手紧，针码分布均匀。制作一双"一"字底布鞋至少纳制 2000 针。其男鞋千层底的层数为 34 层。接着是锤底，将纳好的鞋底经热水浸泡及热闷后，用铁锤锤平，不能走样。后来，人们把内联升布鞋制作工艺概括为"一高四多"，即工艺要求高、制作工序多、纳底的花样多、绡鞋的绡法多、品种样式多。这样制作出来的鞋难怪受到国内外顾客的青睐。据说在内联升柜台上有一个大铡刀，如果哪个顾客怀疑内联升千层底的底子用料掺杂，立刻用铡刀铡开，让顾客自己眼见为实，这是对品质的自信。

京城老字号历经百年历史而不衰败，不仅有质量作保证，而且把弘扬传统文化美德融入商业经营，或支持民族抗战，或救危扶困不求回报，或面对潮起潮落的社会变迁，处乱而不惊，甚至生财。百年老店高超的经营者显示出高超的经营之道，也展示了一幅京城商业文明的独特奇观。

创立于明永乐三年（1405年）的鹤年堂，是经营中成药的老字号。它先后经历了明朝、清朝、民国和新中国，历经了600余年的风风雨雨，传承了丰富的中医药养生文化，更因为与戚继光、郑和等英雄人物联系在一起而增添了道德的内涵，声名大振。

戚继光是明世宗年间抗倭名将，戚家军的英勇行为一直为后人所传颂。然而，在冷兵器时代，刀剑无情，一场战斗下来就会有大量战士受伤。另外，南方沿海气候炎热潮湿，戚家军辗转各地，瘟疫传染性疾病时时威胁着他们。此时，京城的百姓也同全国一样，为抗击倭寇的戚家军呐喊助威。鹤年堂率先为戚家军送去了精制的"白鹤保命丹"等急救药、刀伤药以及"避瘟药"，在战争中挽救了许多战士的生命。抗倭凯旋后，戚继光特意来到鹤年堂表示感谢，并欣然写下了"调元气""养太和"的匾额，后来，又为鹤年堂题写楹联"拮披赤箭青芝品，制式灵枢玉版篇"，至今仍悬挂在鹤年堂正堂之上。

当郑和下西洋时，由于养生茶、甘露饮等效果非常好，口碑传扬开来，传到了永乐皇帝朱棣那里，他下令采购鹤年堂的养生茶、甘露饮，作为国礼馈赠给所到国家的统治者及其他上层人物。于是，鹤年堂的名号随着郑和的船队漂洋过海，向世界传播中医药养生文化。

关于鹤年堂，还流传着"八国联军"入侵时药工保护牌匾、刘一峰反抗伪政权的故事。这些故事带有强烈的民族文化色彩，让人们看到了百年老字号坚持传统道德的本色，从而赢得了尊重，并保持着顽强的生命力。如果说，鹤年堂在经营中高举民族大义等道德旗帜，那么全聚德的经历则是创新求变的传奇。

全聚德在经营方面早有创新之举。清朝末年，烤鸭、烤猪成了最时髦的佳肴，以至于"亲戚寿日，必以烤鸭、烤猪相馈送"。于是，全聚德发行了鸭票，用红色的宣纸印制，呈长方形，上边切去两角，票据内容为"取大烧鸭子多少只，已付银若干"等，落款处盖有全聚德的鲜红大印。发行鸭票扩大了全聚德的营业范围，加快了资金周转，更在当时形成了送礼就送全聚德鸭票的风尚。

过去，这些京城老字号经历了岁月的风雨，赢得了百年赞誉；今天，许多老字号在继承中发展，延续商业传奇。

【知识链接】

舌尖上的"老字号"[1]

烤鸭　一句"不到长城非好汉，不吃烤鸭真遗憾"的广告语，让品尝烤鸭成为来北京旅游的必选项目。北京烤鸭按照制作方法的不同分为焖炉烤鸭和挂炉烤鸭两大流派，如今的代表分别是便宜坊（焖炉）和全聚德（挂炉）。

烤肉　北京城内素有"南宛北季"之说，指的是历史上在南城宣内大街的"烤肉宛"和后海的"烤肉季"。这两家馆子主要经营烧烤，不同的是，南宛烤牛肉，而北季烤的是羊肉。据说吃烤肉还分"文吃"和"武吃"。

都叫顺儿　"东来西去又一顺，南行北往只二家。"在北京，东来顺的涮肉是一绝，为东派；西来顺的清真小炒肉独树一帜，为西派；南来顺饭庄以爆、烤、涮等烹饪特色闻名京城，其小吃宴更是精美绝伦，独领风骚；又一顺则是将东派菜的烧、烤、涮和西派菜的精美、华贵小炒以及各地名小吃集于一店，自成一体。

早点　一年之计在于春，一天之计在于晨。早饭有多重要，不用说大家也知道。在北京，什么美食可以让你抛弃暖被窝，拒绝回笼觉？答案或许是庆丰的包子、天兴居炒肝、小肠陈卤煮搭火烧。

小吃店　"三大钱儿买好花，切糕鬼腿闹喳喳，清晨一碗甜浆粥，才吃茶汤又面茶；凉果糕炸甜耳朵，吊炉烧饼艾窝窝，叉子火烧刚卖得，又听硬面叫饽饽；烧麦馄饨列满盘，新添挂粉好汤圆……"——清代《都门竹枝词》。奶酪魏、锦芳小吃、隆福寺小吃、护国寺小吃……老北京的小吃就是让人回味，边吃还能边听故事，一种小吃就是一个故事。

爆肚　又脆又鲜、不油不腻，据说还可治胃病。吃爆肚的人如会喝酒，总要喝二两，喝完酒，吃两个刚出炉的烧饼，确实是一大快事。东

---

〔1〕　来源：北京市人民政府网站，https://www.beijing.gov.cn/renwen/zt/jclzh/index.html。

兴顺爆肚张、爆肚冯、老门框爆肚……据说老北京都喜欢吃爆肚，特别是农历立秋之后，北京人讲究"吃秋"，素有"要吃秋，有爆肚"之说。

喝点儿 茶汤李、锦馨豆汁儿……有一种酸爽叫"豆汁儿配焦圈儿"，有一种说法叫看一个人是不是老北京，给他一碗豆汁就知道了。对奇异的酸爽味道甘之如饴，还沿着碗边吸溜着喝下去的，便是一种身份的证明。

北京风味 北京许多老字号餐馆的发家都与历史传说有关。相传"柳泉居"三字，原是明朝奸相严嵩的落魄之作；相传都一处烧麦馆的命名和清朝的乾隆皇帝有关；相传砂锅居开业于清朝的乾隆年间。老字号饭庄初兴的最大因素在于其制作精湛、口味独特。北京老字号餐馆不仅是一个个食品店，更见证着历史的变迁，它们蕴含着传统文化的无形资产。

思考题

1. 试举两例，谈谈北京胡同名称的雅化原则。

2. 元人曾有诗云："云开间阖三千丈，雾暗楼台百万家。"这"百万家"的住宅指的是什么？

3. "有钱不住东南房，冬不暖夏不凉"，请结合四合院的建筑特点，谈一谈对这句俗语的理解。

推荐书目

1.《四合院：砖瓦建成的北京文化》，高巍等，学苑出版社 2003 年版。

2.《北京的胡同》，翁立，北京图书馆出版社 2003 年版。

推荐电影

1.《老店》（1990 年），古榕执导。

2.《茶馆》（1982 年），谢添执导。

第六篇

京韵文化

林语堂在《老北京的精神》中写道："那些宫殿的确可以吸引游客，而北京的真正魅力却在于普通百姓，在于街头巷尾的生活。人们永远也不会理解究竟是什么使北京的穷苦百姓如此乐天而自信，原来这是他们的天性使然。"悠久灿烂的文化不仅表现在五朝帝都的庄重与大气、皇家园林的秀美与风姿，还有胡同和四合院里的幽幽时光，喝着大碗茶哼着京剧片段，流连于琉璃厂的书肆，欣赏天桥的街头杂耍。也许，古都的真正魅力就在百姓的平凡生活之中。

【阅读提示】

1. "国粹"艺术京剧的诞生过程、行当与剧目、京剧表演大师。

2. 北京小吃的种类和特点，所体现的"舌尖上的文化"。

3. 服饰经典旗袍的诞生及变化，不同时期北京人的服饰风格和审美特点。

4. 北京的宗教文化发展情况，对封建统治、世俗生活的巨大影响。

5. 北京文化地标的主要文化现象和特色。

一、国粹艺术：京剧

莎士比亚说过"戏剧是时代的综合而简练的历史记录者"。形成于晚清时期的京剧，既标志着古典戏剧向近代戏曲的质变，在戏曲发展历史中占有重要地位，又深深打上了当时北京社会生活的烙印。时至今日，字正腔圆的京剧仍然是北京的文化符号之一。

四大徽班进京

说到京剧的形成，首先要提到的是晚清四大徽班进京。1790 年，为庆祝乾隆皇帝八十大寿，三庆、四喜、春台、和春"四大徽班"先后进京贺寿。据《乾隆朝上谕档》记载，乾隆五十五年自七月初七到八月二十一的 44 天内，专门演戏的时间长达 20 天。

原本只为进宫祝寿演出而来的"四大徽班"，由于徽戏曲调优美，剧本通俗易懂，整个舞台演出新颖而具有浓郁的生活气息，演出轰动京城。第一次进京的徽班即崭露头角，引人注目，不仅受到清帝后及京城达官显贵们的欣赏和追捧，也受到北京观众的热烈欢迎。于是，演完祝寿戏后，徽班决定留在北京继续演出。

徽班以唱二黄调为主，兼唱昆曲、吹腔、梆子等，是一个诸腔并奏的戏班。其本来在南方地区很受欢迎，后根据北京人的习俗，在语言方面不断变革。道光年间，汉调进京，被徽班二黄吸收，形成徽汉合流的局面。此时，京剧已经具备雏形。

但是，京剧的诞生有赖于音乐体系的形成和板式的规范化，实现音乐唱腔与语言、语音的统一。融合创新的过程持续到道光年间，大约 1840 年前后。当时，京剧初步形成了自己的表演体系和表演风格。各种唱腔板式已经具备，语言特点开始形成，在角色行当也出现了新的变化，还拥有了一批具有京剧特点的剧目。

京剧的行当与剧目

京剧主要有"唱、念、做、打"四种艺术表演形式，也是京剧表演的四项基本功。"唱"指演唱，"念"指具有音乐性的念白，二者相辅相成，构成歌舞化的京剧表演艺术两大要素之一的"歌"；"做"指舞蹈化的形体动作，"打"指武打和翻跌的技艺，二者相互结合，构成歌舞化的京剧表演艺术两大要素之一的"舞"。戏曲演员从小就从这四个方面进行训练培养，虽然有的演员擅长唱功（唱功老生），有的行当以做功（花旦）为主，有的以武打为主（武净）。但是要求每一个演员都必须有过硬的唱、念、做、打四种基本功，才能充分发挥作为歌舞剧的戏曲艺术表演的功能，更好地表现和刻画戏中的各种人物。

京剧音乐属于板腔体，主要唱腔有二黄、西皮两个系统，所以京剧也称皮黄。京剧常用唱腔有南梆子、四平调、高拔子和吹腔。京剧的传统剧目有一千多个，常演的有三四百个以上，除来自徽戏、汉戏、昆曲与秦腔外，也有相当数量的剧目是京剧艺人和民间作家陆续编写出来的。京剧较擅长表现历史题材的政治和军事斗争，故事大多取自历史演义和小说话本。既有整本的大戏，也有大量的折子戏，此外还有一些连台本戏。

京剧角色又称行当，划分比较严格，早期分为生、旦、净、末、丑、武行、流行（龙套）七行，以后归为生、旦、净、丑四大行，每一种行当内又有细致的进一步分工。"生"是除花脸以及丑角以外的男性角色的统称，又分老生（须生）、小生、武生、娃娃生。"旦"是女性角色的统称，内部又分为正旦青衣、花旦、闺门旦、武旦、老旦、彩旦、刀马旦。"净"，俗称花脸，大多扮演性格、品质或相貌上有些特异的男性人物，化妆用脸谱，音色洪亮，风格粗犷。"净"又分为以唱功为主的大花脸，如包拯；以做功为主的二花脸，如曹操。"丑"，扮演喜剧角色，因在鼻梁上抹一小块白粉，俗称小花脸。

京剧表演大师

京剧形成后经过数十年的发展，在剧目、表演、音乐、唱腔、舞美等方面都得到很大提高，到光绪年间趋于成熟，被誉为国粹。这一时期，名角辈出，群星争艳，流派纷呈。当时的画家沈容圃为京城的 13 位名角绘就一幅全家福，展现了他们的独特风采。13 位名角分别是：老生程长庚、卢胜奎、张胜奎、杨月楼，武生谭鑫培，小生徐小香，旦角梅巧玲、时小福、余紫云、朱莲芬，老旦郝兰田，丑角刘赶三、杨鸣玉。他们是京剧走向成熟的一代奠基者，被称为同光十三绝。

郝兰田	张胜奎	梅巧玲	刘赶三	余紫云	程长庚	徐小香	时小福	杨鸣玉	卢胜奎	朱莲芬	谭鑫培	杨月楼
【行路训子】	【一棒雪】	【雁门关】	【探亲家】	【彩楼配】	【群英会】	【群英会】	【桑园会】	【思志诚】	【战北原】	【玉簪记】	【恶虎村】	【四郎探母】
康氏	莫成	萧太后	乡下妈妈	王宝钏	鲁肃	周瑜	罗敷	闵天亮	诸葛亮	陈妙常	黄天霸	杨延辉

△ 同光十三绝

从清末到 20 世纪三四十年代，京剧艺术极其繁荣，生、旦、净、丑各个行当全面发展，"老生三杰""老生后三杰""四大名旦"，一大批优秀的京剧表演艺术大师涌现出来。

程长庚、余三胜、张胜奎是京剧形成初期的代表，时称"老生三杰"。他们在演唱及表演风格上各具特色，在创造京剧的主要腔调西皮、二黄和京剧戏曲形式，以及具有北京语言特点的说白、字音方面作出了卓越贡献。

以谭鑫培、汪桂芬、孙菊仙为代表，京剧艺术被推进到新的成熟境界。清末民初，他们三人吸收各家艺术之长，又经创造发展，将京剧艺术推进到新的成熟境界，被称为"老生后三杰"。特别是谭鑫培广征博采，从昆曲、梆子、大鼓及京剧青衣、花脸、老旦各行中借鉴，融于演唱之中，创造出独具演唱艺术风格的谭派，形成了"无腔不学谭"的局面。当时北京的街头巷尾流传一句话，"国家兴亡谁管得，满城争说叫天儿"。"叫天儿"是谭鑫培的绰号，可见他的名声之响。20世纪20年代后的余叔岩、言菊朋、高庆奎、马连良等，均在宗师"谭派"的基础上发展为各自不同的艺术流派。

说起"四大名旦"，梅兰芳的名字无人不晓，他和尚小云、程砚秋、荀慧生同为"四大名旦"。自此，京剧剧目中老生唱主角的局面开始改变，旦角的地位迅速上升。"四大名旦"经过勤学苦练，都形成了各自独特的表演风格。如梅派表演雍容华美，典雅大方；程派艺术行云流水，幽咽婉转；尚派表演刚劲挺拔，于妩媚中见阳刚之气；荀派则娇柔俏丽，擅长表演天真、活泼、温柔的小女子角色。他们在继承中有创新发展，演唱技艺日臻成熟，将京剧推向新的高度。

△ 梅兰芳"蓄须明志"

"四大名旦"中，梅兰芳的艺术成就最高，在国内外都享有盛誉，以他为代表的京剧艺术体系更是被推崇为"世界三大表演体系"[1]之一。有人说他是美的化身，动作、姿态、唱腔俱美。今天，人们怀念他，不仅因为他塑造的艺术形象给人以美的享受，更因为他在民族危亡之际，"蓄须明志"展现出的人格力量和爱国情怀。

1942年，梅兰芳深知自己的艺术影响力，担心日寇会强迫他为其演出，以宣扬所谓的"大东亚共荣"。为了坚守民族气节，他决定采取一种极端的方式来表达自己的立场——蓄须。在京剧艺术中，旦角演员通常是不留胡须的，梅兰芳此举无疑是对自己艺术生涯的重大牺牲。梅兰芳蓄须后，日寇多次上门邀请他演出，甚至以冻结他的财产相威胁，但梅兰芳依然不为所动。为了维持生计，他不得不卖画、典当珍贵物品等。直至1945年8月日本无条件投降，那年11月，梅兰芳重新登上了戏曲舞台，继续为京剧艺术的传承与发展贡献力量。他用实际行动诠释

---

〔1〕 三大表演体系包括斯坦尼斯拉夫斯基体系、布莱希特体系、以梅兰芳为代表的京剧艺术体系。

了什么是真正的民族气节和爱国精神。

【知识链接】

梅兰芳大剧院[1]

梅兰芳大剧院坐落在北京西城区官园桥东南侧，是以京剧大师梅兰芳先生的名字命名的。剧院隶属国家京剧院，面积 13 000 余平方米，地上五层，地下两层，有观众席位 1028 座，具有演出、展览、会议、声像录制等多种功能。剧院的外部结构体现了现代的设计理念，钢架支撑的扇形屋架配以玻璃屋面，构成了一个动态的结构平衡体系，形成流畅、生动、富有乐感的建筑形体。剧院内部装饰融入了中国传统建筑形式的精髓，红色的立柱、红色的大墙，镶嵌着数十个金色的木质圆形浮雕，每一个浮雕都凝聚和再现了京剧 200 年来承传的精华。这是一个传统与现代艺术完美结合的现代化演出场所，更是传播戏曲艺术、展示国粹之美的文化阵地。

京剧的票友

从形成到辉煌的 200 年间，北京的京剧演出活动十分活跃，从王公贵族、朝廷要员、富商巨贾，到贩夫走卒、平民百姓，无不以京剧作为主要的消遣娱乐形式。于是，这个庞大的群体慢慢有了专业化的趋势，人们给了一个专门称呼——票友。

票友不仅是忠实的戏迷，还是京剧的业余爱好者。他们中不少是能书善画的文人墨客，往往与演员关系密切，既能欣赏戏，还能对表演提出改进意见。票友和演员的交流，对欣赏水平、演出水平都有帮助。甚至一些票友还亲自当演员。丑角第一人刘赶三曾经是天津的票友；著名老生汪笑侬、孙菊仙、言菊朋也都是票友出身。

说起最有名的票友，当属晚清权倾一时的慈禧太后。据说慈禧经常

---

〔1〕 来源：梅兰芳大剧院官方网站，载 http：//www. bjmlfdjy. cn/about. html？id = 1193&rid = 17542&name。

传戏班名角进宫唱戏。京剧名家频繁在宫中献艺，推动了京剧表演活动的兴盛，各种堂会竞相上演，不仅在宫廷王府，在商贾市井中也经常能够看见火爆表演场面。由此，京城出现了大量用于表演和观看的戏楼——富丽堂皇的宫廷王府戏楼，相对简陋的会馆戏楼和民间戏楼。如今，这些戏楼经过历史风雨的冲刷，早已失去往日繁花似锦的景象，有些尚存遗迹，有的改建重修，更有许多消失在尘埃之中。

但是，作为国粹艺术，京剧始终受到国人青睐，而且在鼎盛时期走向世界，受到各国人民的欢迎。新中国成立以来，政府采取了许多措施挽救、推广京剧艺术。20 世纪 90 年代，长安大戏院、湖广会馆、正乙祠戏楼先后经过重建重修，依然灯火辉煌，时常有京剧演出。如今，这些戏楼仍是中外游客欣赏京剧表演的好去处。

二、平民味道：北京小吃

街边支一个摊子，一口铜锅，锅里一锅豆汁儿，用小火熬着。卖力气的、过路的，走到摊边坐下，要几套烧饼焦圈，来两碗豆汁儿，就一点辣咸菜，就是一顿饭。这样透着平民生活气息的场景，在反映老北京生活的影视剧中经常能看到，也不难理解民间为什么会说，"不喝豆汁儿，算不上地道的北京人"。

北京人爱喝豆汁儿是一种饮食习惯，浸透着浓浓的平民生活韵味。这样的特色小吃还有很多，虽然它们没有满汉全席、八大菜系的奢华排场，但无一不是香飘四溢的平民味道。

北京小吃俗称"碰头食"或"采茶"，大多采取蒸、炸、煎、爆、涮等烹制方法制成，有二三百种，品种多样且风味独特，有汉族风味、回族风味和宫廷风味等。它们共同的特点是烹制精美、质地纯正、好吃不贵，深受百姓喜爱。

先来说豆汁儿，它是地地道道的平民食品，制作过程很简单，用绿豆粉或粉团的粉浆经过发酵而成，食用前煮沸即可，再配上焦圈和辣咸菜丝，至今许多北京人以此为生活享受。虽然平民化，但是豆汁儿营养丰富，富含蛋白质、维生素 C、粗纤维等营养成分，有

△ 北京小吃摊

祛暑清热、健脾开胃的功效。据说豆汁儿是辽国的民间食品，传入北京后，至今有 1000 多年的历史。虽然是民间小吃，颇受平民百姓喜爱，

但是豆汁儿也曾进入宫廷，慈禧主政时期更是成为清宫御膳的菜谱。豆汁儿能够登上皇宫大内的餐桌，据说是因为慈禧年幼时家中以豆汁儿代替蔬菜，富贵之后还念念不忘。

驴打滚儿，又称豆面糕，是北京小吃中的古老品种之一。它的制作过程是，用豌豆粉和黄米面混合蒸熟，卷上豆沙馅，再滚于炒豆面中成型，制作时馅要卷得均匀，层次分明，卖时切断，吃起来又香又甜又黏，有浓郁的黄豆粉香味儿。本来是豆面糕，为什么又称"驴打滚儿"呢？这似乎是一种形象比喻，做完后放在黄豆面中滚一下，如真驴打滚儿，扬起灰尘。《燕都小食品杂咏》说："红糖水馅巧安排，黄面成团豆里埋。何事群呼'驴打滚儿'，称名未免近诙谐。"不管是诙谐还是误传，驴打滚儿的说法是传下来了，代替了它的真名，而且人们喜欢吃。按老北京的习俗，人们总爱在农历二月买一些驴打滚儿品尝。

艾窝窝，北京传统回族风味小吃。《燕都小食品杂咏》说："白粉江米入蒸锅，什锦馅儿粉面挫。浑似汤圆不待煮，清真唤作艾窝窝。"艾窝窝外皮用的是蒸熟的糯米，揉成圆团，把炒好的桃仁、瓜仁、芝麻仁和白糖做馅包在里面，外皮再滚些干熟的米粉，做成后即可食用。艾窝窝在小吃中算是历史悠久的，在元代就有，后来作为明代宫廷小吃。万历年间内监刘若愚在《酌中志》中说："以糯米夹芝麻为凉糕，丸而馅之为窝窝，即古之'不落夹'是也。"后来，艾窝窝传入民间，成为平民百姓的流行美味。

这样的特色小吃还有很多，如灌肠、炒肝、麻豆腐、冰糖葫芦，等等。它们来源于平淡的饮食生活，常见于街头巷尾或庙会节庆，因人们喜爱逐渐形成特色。从隆福寺、护国寺的小吃店，到爆肚冯、茶汤李、馄饨侯等特色店，人们能够品尝到地道的小吃，甚至在一些老字号也能看到小吃的身影，如仿膳饭庄的小窝窝、肉沫烧饼、豌豆黄、卷豆云；丰泽园的银丝卷；东来顺的奶油炸糕；合义斋的大灌肠；同和居的烤馒头；大顺斋的糖火烧等。

这些小吃大多历史悠久，其由来和形成不是与节日习俗有关，就是蕴含着动人的故事，品尝这些小吃如同品味浓郁的京味文化。它们虽然大众化，但手艺丝毫不含糊，有精细的制作，有惊人的绝技，有的是几代人才形成几道配料秘方。这也是北京小吃经久不衰的秘诀。

过去，在白塔寺庙会上有一个茶汤李，他冲出的茶汤跟蜡团似的，用片儿勺切开一瞧，里外都是蜂窝眼。早晨出摊儿，先冲三碗茶汤，不为人吃，听说是用来测天气的，端起来一看，便知下不下雨。茶汤李出名的原因是一手祖传的绝技，叫"扣碗茶汤"。先将茶汤面用温水调好，铜壶一推，滚烫的水溜从天而降，将碗中的茶汤迅速砸熟。然后，将碗翻扣在铜皮包裹的条案上，用手这么一推，倒扣的茶汤碗在条案上飞速滑行至边，趁它翻落时接住，顺手将汤浇好。再看条案之上，干干净净，无迹无痕，不得不令人叫绝。

爆肚在北京小吃中独具一格。首先要精选主料，依牛羊肚不同部位分为 13 种，而羊肚板、羊肚葫芦、羊食信儿、羊肚蘑菇又称爆肚中的四样"硬货"，是其中的上品。其次是刀口要讲究，切片、切块还是切条、切丝，由顾客自选。最后是调料，这可能是不同的爆肚店的核心竞争力所在。如今仍然红火的北京金生隆爆肚店，就得益于它的独门佐料。而它的创始人冯天杰却对后人说："咱家没出息，三代人，100 多年，就琢磨出来一副肚子和一碗佐料。"可见，这些小吃字号对制作工艺精益求精的

△ 庙会上的茶汤李

追求。这样精心制作的爆肚能不色香味俱全吗？所以，关于吃爆肚，梁实秋先生在《雅舍小吃》中有这样一段形象的文字："肚儿是羊肚儿，口北的绵羊又肥又大，羊胃有好几部分，散丹、葫芦、肚板儿、肚领儿，以肚领儿最为厚实。馆子里卖的爆肚以肚领儿为主，而且是剥了皮的，所以称为肚仁儿。爆肚仁儿有 3 种做法：盐爆、油爆、汤爆。"

小肠陈传人陈玉田的本事更不得了。一锅热浪翻滚的卤汤，在他的眼里和从自来水管接的凉水一般，不时把手探进去，随心所欲地捞取各种卤品，动作自然，神态平静，实在让人惊讶。冰冻三尺，非一日之寒。这些惊人的绝活儿，是他们辛苦劳作、祖辈相传的汗水结晶。

当然，有绝活儿，还得会吆喝，这也是老北京小吃的一大特色。

例如，夏日里走街串胡同卖扒糕的这么吆喝"扒糕筋道……酸辣凉粉哟……"嗓门亮堂，还抑扬顿挫、走板挂韵。豆腐脑儿来了，"好肥卤哎，好热哟，豆腐脑儿热哟"。还有正月十五卖元宵，吆喝出来很豁亮，"筋道嘞滑透，桂花味的什锦馅的元宵啊，刚出锅的嘞"。若赶上袁世凯当政的年代，那可麻烦了。不让说元宵（袁消）二字，但还得吆喝呀，"筋道嘞滑透，桂花味的什锦馅的，桂花味的什锦馅的……"叫卖小吃的吆喝好听，还含着幽默，透着机智，实在是一门韵味十足的民俗艺术。

老北京民间有句话："有窝头，就知足了。大腌萝卜，就不错。小酱萝卜，那还有什么说的。臭豆腐滴儿滴香油，可以招待姑奶奶。"这句话能够代表平民百姓对吃的态度，也是一种乐观豁达的精神品质。北京小吃作为北京饮食文化中最亮的一张名片，体现了这种平民特征。

北京小吃发源于民间，凝聚了平民百姓千百年的饮食习惯和文化，也经历了由民间到宫廷、由宫廷到市井的相互影响，形成了后来花样繁多的饮食种类。今天，这些传统小吃依然受人欢迎，成为人们争相品尝的美味。

三、服饰经典：变身的旗袍

关于新式旗袍的特点，张爱玲在《更衣记》里写道："最重要的变化是衣袖的废除。同时衣领矮了，袍身短了，装饰性质的镶滚也免了，改用盘花纽扣来代替，不久连纽扣也被捐弃了，改用揿纽。总之，这笔账完全是减法——所有的点缀品，无论有用没用，一概剔去。剩下的只有一件紧身背心，露出颈项、两臂与小腿。"

旗袍是 20 世纪 30 年代中国女性的时装，把女性身材的"曲线美"完全显露了出来，体现了现代审美观念。当然，这是改良后的旗袍，由清代的旗袍结合西式版式改进而成。

清政府定都北京之后，服饰上最大的变化就是以旗袍、马褂代替了过去宽袍、大袖的传统装束，成为京城服饰的主流。长袍又称"旗袍"，是清代男女共同的服饰。男子的长袍特点是长过膝、领为圆，带大襟，有扣攀，袖适中，摆开衩。按照规定，皇室宗族、官吏和普通百姓的长袍在开衩、袖口等处不一样。满族妇女的便

△ 旗袍样式

装一般为长袍，有些讲究装饰的妇女，往往在长袍的衣襟、领口、袖边处镶上绦子花边，作为美的点缀，号称"十八镶滚"。汉族妇女的服装一般有披风、袄、裙等，但在相互交流融合过程中，服饰样式复杂、宽大，穿起来相当臃肿。

对这种忽视女性审美心理的着装传统，张爱玲很愤慨地写过，人们不大能够想象过去的世界，这么迂缓、安静、齐整——在清政府三百年的统治下，女人竟没有什么时装可言！一代又一代的人穿着同样的衣服

而不觉得厌烦。她说这番话时，辛亥革命已经过去很多年，中国社会正处在一个动荡变化的时代。西方思潮深刻地影响着中国社会，一些有识之士试图在继承传统的基础上着手变革，社会思潮、审美观念还处于混乱当中，但总体来说，社会风气比起封建专制时代开放得多。

服饰作为时代的外衣，无疑体现着这种变化和状况。由于"西风东渐"，在老北京服饰结构改变过程中，逐渐形成了一种中西混杂的局面。当时的街头，有穿长袍马褂的，有穿西装的，有穿中山装的。守旧的，新潮的，服装类型之多前所未有。甚至有上身西装领带，下身绑裤腿，头上还戴着瓜皮帽的打扮。针对此现象，当时的报纸就有这样的评论，"西装东装，汉装满装，应有尽有，庞杂至不可言状""男子装束像女，女子装束像男"。

旗袍变身的过程正处在"旧的已去，新的未到"的过渡时期。民国初期的北京女性一般为上衣下裙，且衣与裙的比例不断向衣短裙长的方向发展，开始由原来的宽大繁复向简约、实用、朴素变化。青年妇女多喜欢瘦身修长的衫袄，衣领挺高，下穿黑色长裙。但是，作为女性当家服饰的传统旗袍，仍然是上下一条线，外加高高的硬领，缺乏时代气息。

大约1920年以后，北京女性受西方文化的熏陶和男女平等观念的影响，开始在传统旗袍的基础上对衣服加以改进，在继承了传统旗袍的一些特点的同时，大胆推陈出新，袍腰开始收缩，高耸及耳的硬领逐渐变矮，袖子由长变短到无，不断"做减法"的结果是女性身材的曲线开始全部展现出来。后来，又吸收了西洋服饰前后抓摺、胸线等立体缝纫技巧，旗袍变得更轻便舒适。这时的旗袍完全突破了清代旗袍的框架，更富有时代气息，同时改变了中国女性长期以来束胸裹臂的历史，为女性解放立了一件大功。改造后的女子服装一经改造便受到女学生欢迎，青布旗袍一时间成为老北京女生的校服，全国争相效仿，几乎成为当时中国新女性的典型装扮。自此，旗袍几乎成了北京乃至中国妇女的标准服装，甚至成了交际场合和外交活动的礼服。

【知识链接】

女性解放

在宋代以后的封建时代，女子缠足束胸是"三从四德"的具体体现之一。辛亥革命后，要求女性解放的呼声在社会上响起，并得到了认同。女性解放的标志之一是在服饰上进行变革，还有一个重要标志是禁止缠足。放足后，三寸金莲专用的弓鞋退出了历史舞台，而布鞋、胶鞋、皮鞋都有人穿，特别是洋式皮鞋逐渐成为青年女性的新宠。

在传统文化中，服饰是国家政治的一个重要组成部分，其重要性远超出服饰本身的使用和装饰功能。历次改朝换代，统治者首先要通过服饰来区别前朝，并以此来加强对臣民的统治。就连一年四季的更换服装，也都要由朝廷批准后再抄传到民间，百姓才得统一换上适时的服装。因此，在不同的历史时期，北京服饰的流行色如同政权变化的"晴雨表"。在北京，服饰不仅反映着时代的变化，而且由于特殊的政治地位影响，它的服饰带有明显的社会政治变迁的烙印。

辽金元时期，北京地区的服饰受到契丹、女真、蒙古等少数民族影响。如辽代流行"南班汉服"的服饰，男子束发髻，通穿圆领长袍；女子梳髻，髻上有发饰，身穿窄袖短襦，下穿曳地长裙，腰左垂绶带，带上打结。这种服饰与契丹的国服（北班服饰）有所不同，为汉族官吏和百姓的标准着装。金代稍讲究，男子常服通常是头裹皂罗巾，身穿判领衣，腰系吐骼带，脚着乌皮鞋。受渔猎习惯影响，服饰颜色多用自然色，用禽兽特别是鹿作为图案。元代服饰体现了明显的游牧特点，主要是"质孙服"，是较短的长袍，不要有很多衣褶，便于上下马。到了明代，又开始整体上恢复汉人衣冠。男装以方巾圆领为代表形式，官员多穿青布直身的宽大长衣，袖长过手，衣长至脚；一般平民穿短衣，裹头巾。贵族妇女多穿红色大袖袍子，衣服规格样式更多，而一般妇女只能穿浅淡的颜色，平日常穿短衫长裙，腰系绸带。与以前相比，明代服饰的最大特点是，用前襟的纽扣代替了几千年来的带结。应该说，这种变革体现了时代的进步。清迁都北京后，服饰上最大的变化就是以旗袍、马褂代替过去宽袍、大袖的传统装束。

因此，北京的服饰文化有云集天下服饰的特点，又与政治、时事密切相关，审时高于审美，重品位，不是特别讲究艺术性和观赏性，具有方便、简约的风格。民间有一种说法，"宁可穿破，不可穿错"，可以反映老北京人对服饰的倾向。

【知识链接】

新中国成立后的北京流行色

新中国成立之初，北京人的主要服饰是蓝色和灰色的中山装（人称干部装）、列宁装、棉大衣，长袍马褂基本退出历史舞台。前期，还有女学生着彩色呢子大衣，小女孩有几件花衣裳。这与当时社会朴实无华、简洁单纯的主流意识形态有很大关系。而20世纪六七十年代的北京，受当时气氛影响，衣着模式更加统一，基本只有中山装和军装，草绿色的旧军装成为最流行的服饰，几乎全国上下一片绿或一片蓝。

改革开放以后，思想在解放，服饰的风格样式同样在解放。在改革开放初期，大学校园流传一个故事。某高校针对学生中穿喇叭裤、迷你裙等"奇装异服"现象，校方在通告栏里贴海报教育学生，里面有一句话："穿喇叭裤、迷你裙能实现四个现代化吗?"结果，第二天，这句话下面被学生加了一句："请问，穿什么裤子（裙子）能够实现四个现代化?"故事反映了20世纪80年代，青年人在衣着上模仿追风、标新立异的特点。现在，人们的衣饰向追求个性化的方向发展，北京街头的穿着打扮更加时尚、多元。

四、和谐并立：北京的宗教文化

北京，作为全国的政治文化中心，一直是宗教发展的圣地。佛教在北京传播、兴盛有 1700 多年的历史，在政治和宗教中长期处于显要地位；早在先秦时期，燕国境内流传各种"长生不死"的神仙传说，成为孕育本土宗教——道教的文化土壤；从元代开始，伊斯兰教、基督教先后在北京传播，在与传统文化的交流中实现了本土化，形成了和谐并立的宗教景象。

寺庙林立的佛教

佛教起源于公元前 6 世纪至前 5 世纪的古印度，魏晋十六国时传入北京地区。此后，出于政治和信仰的需要，历朝帝王、皇亲国戚、宫廷太监、达官显贵纷纷出资修庙，推动佛教在京城的传播，于是京城敕建的寺庙比比皆是。在京城形形色色的宗教建筑中，佛教寺庙几乎占去了半壁江山。据 1947 年北平市政府统计，全市城郊区寺庙达 1920 座，光北京西郊就有"西山五百寺"之说。而且，许多寺庙历史久远，香火长盛不衰。

△ 潭柘寺

"先有潭柘寺，后有北京城"，说的是佛教在北京的历史非常久远。享有"京都第一寺"之称的潭柘寺，始建于西晋怀帝永嘉元年（307 年）。自金代开始，潭柘寺的香火就十分鼎盛，历代皇帝后妃都到此进香朝拜，赏赐财物，民间的善男信女更是趋之若鹜。元明清时期，在此多次大兴土木整修寺院，延续香火盛势。康熙帝曾 3 次游幸潭柘寺，并更名"岫云寺"。由于他的推崇，潭柘寺成为清代北京地区规模最大的一座皇家寺院。

"一座法源寺，半部中国史"，高度概括了法源寺的历史地位和文化内涵。作为北京最古老的名刹，法源寺建于唐太宗贞观十九年（645年），最初名为悯忠寺，清雍正时重修并改名为法源寺。法源寺见证了中国众多历史事件的发生，如唐朝末年的安史之乱，北宋末年的靖康之耻，元朝时南宋遗臣谢枋得抗元失败后被囚禁于此，维新志士谭嗣同等人的遗体也曾一度被藏于寺内。历史上许多文化名人与法源寺有着不解之缘，如元朝著名诗人张羽，清代的龚自珍、纪晓岚、林则徐等都曾到访于此并写下诗篇。作为佛教寺庙，法源寺内藏有丰富的佛教文物和经书，这里也是中国佛学院和中国佛教图书文物馆的所在地。

一方面尊崇汉传佛教；另一方面大力扶植藏传佛教，清朝统治者通过兴建喇嘛庙，达到怀柔抚远的政治功能。于是，清朝统治者在北京共建了30多处喇嘛庙。其中，顺治九年（1652年）专为五世达赖喇嘛进京朝觐而修建的黄寺（后称西黄寺）和乾隆九年由雍正蕃邸改建成的雍和宫都是藏传佛教庙宇。其中，雍和宫是北京目前规模最大、最著名、保存最完好的喇嘛庙，乾隆曾称雍和宫为"朕之中国大庙"。

【知识链接】

雍王府为何改为雍和宫

乾隆皇帝为什么要把雍正王府改为雍和宫？庙中至今矗立着一块御制雍和宫碑，碑文用满、汉、蒙、藏四种文字书写，清楚地说明了乾隆的初衷：一是恪守祖制，皇帝的出生地别人不能再居住；二是缅怀先皇；三是尊重雍正对佛教的信仰；四是达到蒙古和西藏地区安定。

在朝廷的带动下，皇亲国戚、宫廷太监、达官显贵纷纷出资修庙，甚至京城百姓也加入助捐修庙的行列，北京在清朝时的寺庙数量远超过以前。寺庙不仅是佛教最重要的物化形式，在建筑、艺术方面体现了不同的民族特点，而且是举行各种宗教活动、传播宗教文化的重要载体，间接反映着北京地区政治、经济、文化方面的历史状况。

见证民族融合的伊斯兰教

同样，伊斯兰教在北京的传播过程中，留下了大量清真寺。这些清真寺是信奉伊斯兰教的穆斯林进行礼拜和举行宗教活动的场所，也是伊斯兰教文化的载体，见证着北京多民族和谐相处、交流融合的历史文化过程。

伊斯兰教于公元 10 世纪传入北京，元明时期得到较快发展。信仰伊斯兰教的中亚细亚各族人、波斯人、阿拉伯人大批来到大都，有的东来经商，有的参加蒙古军队，人数多达数十万人。他们与当地居民婚配，繁衍生育，居住区域日益扩大，形成聚居区。他们就是北京最早的回民。回族居住点，基本上是围绕清真寺而形成的。除了宗教活动，回民的日常生活如婚姻、出生、死亡等方方面面都和清真寺有关。当时，相继建立东四清真寺和二里庄清真寺。明朝推行民族宽容政策，又新建了花市清真寺等 4 座清真寺。清朝是伊斯兰教发展最快的时期。清顺治至光绪年间兴建清真寺 30 多座。据统计，自宋元时期起，时废时建，北京先后有清真寺近 160 座，经过解放后的修整、兴建，现在共有 68 座。

几经波折的基督教

基督教作为世界三大宗教[1]之一，传入北京的时间较晚，过程也是几经波折。元朝开始，基督教主要派别天主教、东正教和基督新教先后传入北京地区，但未能取得较大规模传播；明末清初其第三次传入中国，并被明清宫廷接受，步入了中国上层社会。但是"礼仪之争"引发的百年禁教导致基督教在华传播又一次中断。19 世纪中叶，基督教真正开始大规模传入中国。这是一段并不光彩的经历，基督教大规模传播的时候，正值西方列强大肆侵略中国之时，有些教堂甚至成为侵略者的帮凶，所以遭到民间的排斥。例如，著名的义和团运动，就是起源于北方的反洋教活动。

---

〔1〕 世界三大宗教为基督教、伊斯兰教、佛教。

△ 缸瓦市教堂

但是，随着基督教的传入，西方教堂精美壮观的建筑艺术和西方科学也被带到北京。北京现有 17 座天主教堂，历史最悠久的当属门头沟区后桑峪教堂和坐落在市区的南堂、北堂、东堂、西堂及东交民巷堂；有 8 座新教教堂，最有名的是崇文门堂、缸瓦市基督堂和珠市口基督堂。至于东正教，其在康熙年间传入，曾经建立了两座教堂，但北京信此教的人很少。新中国成立后，苏联在教堂旧址盖了大使馆，如今东正教在北京的传播依然形不成规模。

"土生土长"的道教

道教是发源于中国、由中国人创立的宗教，所以又被称为本土宗教。它对我国古时代的政治、经济和文化都产生过深远的影响。早在先秦时期，燕国境内就流传着各种"长生不死"的神仙传说，燕昭王访求"不死之道"，秦始皇任用燕地方士卢生"求仙药"，为道教在北京的发展孕育了文化土壤。道教在北京的早期活动可以追溯到东汉末年，当时张陵创立五斗米道，同时华北的太平道也在北京地区有所活动。

道教在北京的大规模兴起是在唐代。唐玄宗时期，为了尊奉老子，他下令在各州郡兴建玄元皇帝庙，北京的白云观（原名"天长观"）便是这一时期的产物。到了金代和元代，道教在北京的发展进入鼎盛时期。金代，太一教、真大道教、全真教等"新道教"派别先后传入，得到了帝王的崇奉和支持。元代，丘处机作为全真教的代表人物，受到成吉思汗和元朝皇帝的礼遇，其驻锡地长春宫（后改名为白云观）成为北方道教的中心。

明代，正一真人与朝廷关系密切，被敕封为道教领袖。清代统治者对道教的态度较为复杂，一方面对汉传佛教和藏传佛教有所崇奉，另一方面对道教采取了一定的限制措施。尽管如此，道教在北京仍然有一定的影响力，白云观、东岳庙等道观仍然保持着重要的地位。

【知识链接】

北京白云观

白云观位于北京西便门外，为道教全真龙门派祖庭，享有"全真第一丛林"之誉。白云观的前身是唐代的天长观，观内至今还有一座汉白玉石雕的老子坐像，据说是唐代的遗物。金代，天长观几经火灾，后又重修，改名为太极宫。元初，丘处机（号长春子）自西域大雪山觐见成吉思汗，东归燕京，赐居于太极宫。当时宫观一片凄凉，遍地瓦砾，长春真人遂命弟子王志谨主领兴建，历时三年，殿宇楼台又焕然一新。元太祖二十二年（1227年），成吉思汗敕改太极宫为长春观。元末，连年争战，长春观原有殿宇日渐衰圮。

明初，重建宫观，并易名为白云观。清初，对白云观又进行了一次大规模的重修，基本奠定了今日白云观之规模。新中国成立后，中国道教协会、中国道教学院及中国道教文化研究所等道教界的全国性机构均设立在白云观。

除白云观外，北京还有许多其他道教活动场所。据北京市道教协会统计数据，目前北京市道教活动场所的宫观共有15处。这些道观不仅是信徒们进行宗教活动的场所，也是文化传承的重要载体。每年正月十九的"燕九节"，即丘祖诞辰日，民众聚游白云观，成为北京一年之初的盛大民俗。

近现代以来，随着社会的变革和西方文化的冲击，一些道观的功能和作用发生了变化，道教的影响力在一定程度上有所减弱。因此，北京的道教界更加注重道教文化的传承与弘扬，通过举办道教文化讲座、学术研讨会、艺术展览等活动，让更多的人了解道教文化的内涵和价值，为社会的发展作出了贡献。

宗教文化的影响

宗教的传播在文化艺术、科学普及、对外交流活动中发挥着重要作用。例如，被赵朴初先生称为"国之重宝"的《房山石经》，是一部自隋唐以来延绵千年的佛教经典，为中国唯一的石刻大藏经。房山云居寺也因为珍藏着浩瀚而珍贵的石经、纸经、木版经，被誉为"北京的敦煌"。北京的清真寺每年要接待大量世界各地的穆斯林进行礼拜、讲学，开斋节和古尔邦节都会有数万中外穆斯林参加会礼，成为对外友好往来、文化交流的载体。以意大利的利玛窦和德国传教士汤若望为代表的一批传教士，在传播基督教的同时，带来了天文、历法、数学知识及机械仪器，促进了中外文化和科技的交流。

宗教文化也渗透到社会的各个领域和人们生活的各个方面，特别是以祭献、崇拜、祈求、节庆等为内容的宗教礼仪，对现实的政治社会生活影响巨大。其思想与文化日益渗透到民众之中，一些宗教的节日或纪念日，逐渐走出了寺庙观堂高高的院墙，走进了民众的世俗生活，与北京本土的民俗节日相结合，成为民间积久成习的岁时风俗。例如，北京地区腊八节吃"腊八粥"的习俗，这本是佛教的"成道节"，为纪念释迦牟尼12月8日"成道"，以米和果物煮粥供佛，后来逐渐演变为腊八节吃"腊八粥"。此外，逛庙会、过圣诞节和开斋节逐渐成为许多北京市民生活中的一件大事。

作为中华传统文化的代表，儒家文化虽不是严格意义上的宗教，但对北京文明的影响也是深远且广泛的。例如，自然环境遵循儒家思想中的"天人合一"理念，人与自然和谐共生。建筑风格庄重典雅，北京紫禁城的建筑布局严格遵循了儒家思想中的中轴线原则。北京老字号在经营中注重诚信、仁德为本也是儒家文化在商业领域的体现。国子监作为中国古代的最高学府，士人在此求学，皇帝举行经筵大典、听大学士讲解儒家经典……这些都促进了儒家文化在北京的传播和发展。儒家所提倡的孝道、忠信、礼义等道德观念，不仅成为市民行为的准则，也融入了北京的城市文化之中。

　　德国哲学家费尔巴哈说过，"宗教是人类精神之梦"。北京以其深厚底蕴，兼容并包，本土道教、儒家文化各有千秋、蓬勃发展，佛教、基督教、伊斯兰教和谐并立，成为历史文化的一部分。

五、文化地标：从天桥到遍地开花的艺术区

如果要问什么地方最能体现老北京的文化特色，那么答案肯定是天桥和琉璃厂，一个是老北京底层百姓的娱乐休闲集中地，一个是古代文化人的活动中心。今天，从历史文化长河中走来的天桥和琉璃厂焕发出新的生机，而潘家园、"798"、宋庄"画家村"等，如雨后春笋般遍地开花，它们共同延续着古都北京深厚的文化意蕴，散发着独特的文化魅力，更创造了现代北京的文化传奇。

天桥"八大怪"

天桥历史上有桥无桥尚待考证，但是地处永定门和正阳门之间的这块地方，几百年来一直喧嚣热闹却是不争的事实。而且，与代表皇家文化的紫禁城仅一门之隔，天桥被贴上了市井文化的标签，成为北京底层百姓的娱乐休闲集中地。

过去的天桥是集吃喝玩乐、游览购物于一体的超级市场。许多民间艺人在此设场谋生，普通百姓到此购物歇脚，即便身无分文，也可以欣赏到露天"剧场"的节目，加上本来就有的茶楼、酒馆和各种摊位。于是，三教九流、五行八作、什样杂耍和各色小吃都集聚于此，从早到晚这里都热闹非凡。

△ 天桥第一代八大怪之"穷不怕"

这里是民间艺术的天堂。据说最多的时候，在天桥设场卖艺的民间艺人高达五六万人，其中最富传奇色彩的是天桥"八大怪"。他们分别是穷不怕、处妙高、韩麻子、盆秃子、田瘸子、孙丑子、鼻嗡子、常傻子。

"八大怪"个个身怀绝活儿，出类拔萃：如穷不怕的绝活是白沙

撒字，在说相声时，总要以白沙子撒成字形，边撒边讲字句中的道理；处妙高的看家本领是口技，学鸟叫惟妙惟肖；韩麻子是早期最著名的说单口相声的艺人，专于诙谐逗笑或学市面儿上各种生意小贩的卖货声融于所表演的节目之中；盆秃子敲着瓦盆唱小曲，一双筷子敲击瓦盆的不同部位，发出高低不同的响声，敲出各种声调；田瘸子是杂耍场上专练盘杠子的艺人，经常表演"骑杠"和"二指倒立"等高难度动作；孙丑子是相声艺人，一个人演出模仿整个出殡的场面，表演得惟妙惟肖；鼻嗡子的鼻中塞洋铁筒，又将铁壶悬于腰间，边走边拉边唱，有时兼打其腰间之破洋铁壶作鼓声，每唱一句，其煞尾之音即以鼻筒代之；常傻子能用手指将一块石头戳碎，以此推销治疗跌打损伤的成药。

天桥是"八大怪"这些民间艺人施展技艺的地方，也是出卖血汗赖以生存的地方。可以说，没有他们在天桥的繁荣，也就没有天桥底层社会的文化景观。

【知识链接】

第二代和第三代天桥"八大怪"

在辛亥革命之后，天桥出现了第二代"八大怪"。他们是让蛤蟆教书的老头儿、表演滑稽二簧的老云里飞、装扮奇特的花狗熊、耍中幡的王小辫、三指断石的傻王、耍金钟的志真和尚、数来宝的曹麻子、耍狗熊顶碗的程傻子。与第一代相比，他们靠着独特的演技脱颖而出，在京城影响较大。

第三代"八大怪"出现于20世纪三四十年代，这是天桥最繁华也是最动荡的时期，此后随着政权的更迭，天桥撂地的艺人逐渐消失，因而这一代天桥"八大怪"也是最后一代。他们分别为表演滑稽戏的小云里飞、拉洋片的大金牙、相声艺人焦德海、骂街的大兵黄、胸前开石的沈三、蹭油的崔巴儿、赛活驴和拐子顶砖。

时至今日，天桥更像一座亘古通今的文化桥梁，承载着北京的悠久历史、丰富的文化内涵和多彩的民俗风情。今天，这里有天桥剧场、天桥艺术中心、德云社等艺术场所，已然成为一个集艺术、文化、商业于一体的多元化区域，吸引着国内外观众和游客前来观赏和体验。

琉璃厂的文人足迹

如果说天桥是老北京民俗文化的发祥地，那么位于和平门外的琉璃厂就是老北京的文化集市，是展示古都悠久历史文化的窗口。这里是老京城最大的书市，也是古玩业的重要发源地。300多年来，令许多文人学者流连忘返。

例如，《天府广记》的作者孙承泽，清初著名诗人吴伟业，与陈维崧、纳兰性德齐名的三大词人之一朱彝尊，号称"南朱北王"的王士禛等一批著名的文人学者，家就在附近居住，为他们经常光顾琉璃厂提供了方便。特别是乾隆年的进士孙星衍，博通经史百家，精研金石碑刻，在琉璃厂店肆中享有很高的声望。据说，和珅十分仰慕孙星衍的学识，约请他帮助鉴定所收藏的古代彝器，但是孙星衍不畏权势，始终未去和府，一时为世人所称道。

这些大学者同时也是朝廷官员，按照清代推行满汉分城居住的政策，汉族官员、士绅和普通百姓都迁往外城，崇文门、前门一带的主要商业居住区是首选居住地。后来，全国各地的会馆也建在附近，文人学者、赶考的举子常聚集于此，或逛书市，或以文会友。琉璃厂由于地理上的便利条件逐渐热闹起来，成为"京都雅游之所"。清人劳之辨在《琉璃厂行》一诗中绘曰："正阳门外闹元宵，金犊花骢意气骄。十里香尘迷锦幛，三更烟火走虹桥。繁华更属琉璃厂，五色云中黄赤壤。"

等到乾隆年间编纂《四库全书》时，或是官方征集，或是书商采购，天下典籍如潮水般汇聚京城，涌向琉璃厂，真正可称得上是"九市精华萃一衢"。据说做编纂工作的戴震、钱大昕、纪晓岚等学者下班后，先去琉璃厂的书摊、书肆逗留一阵子，然后才回家。与此同时，文房四宝、书画碑帖、装裱及古玩珠宝等为文人学者服务的各种店铺纷纷在此落户。于是，琉璃厂成为京城赫赫有名的文化街市，吸引着许多近代知识分子在这个具有文化气息的街道留下足迹。例如，鲁迅、郑振铎、胡适、齐白石、王雪涛等都是这里的常客。

数百年的发展，琉璃厂不仅各色店铺齐全，而且产生了一批为人所津津乐道的老店，如以卖正宗湖笔而出名的"戴月轩"，规模最大的南纸店"清秘阁"，又如槐荫山房、古艺斋、瑞成斋、萃文阁、一得阁、李福寿笔庄等，还有中国最大的古旧书店中国书店，以及西琉璃厂原有的三大书局——商务印书馆、中华书局、世界书局。

20 世纪 80 年代，琉璃厂街区按照清代建筑风格进行改建，随后老字号在此开业。修复后的琉璃厂呈现在人们面前的是古色古香的街道，古朴雅致的仿古建筑，虽然失去了往日承载的文化功能，但让人看到了旧时场肆的文化气韵。

【知识链接】

琉璃厂遭八国联军洗劫

琉璃厂的名声传到国外，缘于第二次鸦片战争。1860 年，英法联军火烧圆明园后，抢走了无数珍稀宝物。从此，中国的奇珍异宝、古代文物在海外大放异彩，也将无数贪婪的目光引来琉璃厂。

八国联军入侵北京时，德国军队一马当先占领了琉璃厂，琉璃厂就如同被水洗了一般，数不清的好货被一掳而光。所幸的是德国人没有再放一把火，琉璃厂很快又恢复了生机。

潘家园：现代淘宝乐园

如果说，琉璃厂代表着过去，那么今天收藏家、淘宝爱好者的首选之地，肯定是潘家园旧货市场。这个起源于 20 世纪 80 年代末 90 年代初的马路市场，如今已然发展成集古董、字画、文玩、家具、书籍、邮票、钱币等各类旧货于一体的综合性市场。在现代都市人眼里，潘家园是一个能带来乐趣和财富的寻梦之地，真正的现代淘宝乐园。

这里有真正的奇货，也充斥着琳琅满目的小玩意儿，有宜兴的紫砂壶、景德镇的瓷器、杨柳青的年画、新疆的和田玉，也有少数民族的服饰、皮影脸谱、竹木牙签，还有不同年代的珍玩古董、字画、古旧书籍、红木家具，总之一切稀奇古怪的东西都汇集在一起，而且，真真假假、假假真真，除非拥有一双慧眼，否则价值难测。

△ 潘家园旧货市场

在收藏界，潘家园是盛产传奇故事的地方。传说一个老者只花了几十元就买到一件珍品——带铭文的元代景德镇釉上彩高足杯，现今数量极少；摄影师李振盛捡回吴印咸、黄翔等摄影大师的 20 英寸以上精装精裱作品 1600 件，只花了 630 元，而这些作品的装裱成本高达 65 万元；1999 年，这里发现一款重达百斤的头骨化石，据专家鉴定竟然为 500 万年前的猛犸象头骨；有人花 300 元买的小碟子，转手就卖了 37 万元，因为专家鉴定为元代青花瓷；更为离奇的是，一位农民赶着马车拉货到潘家园，结果主顾看上了马车轱辘，打算买回去给自己的酒吧作装饰，结果后来这辆马车成为潘家园的抢手货……这样的故事真真假假比比皆是，随便一个小摊主都可以给顾客来一段与摊位有关的传奇，或者与历史、名人挂上钩的藏品传说。

潘家园就是这样有吸引力，不仅吸引北京收藏者、普通淘宝爱好者，还吸引全国各地的游客，肤色各异、金发碧眼的外国人。当年克林顿访问中国时，也陪着夫人希拉里到此淘宝，在这里买过一把民间小锡壶。罗马尼亚总理、希腊总理等国外政要也到此光顾过。泰国诗琳通公主访华，离京前特意到潘家园购物游览。此外，据说韩国首尔古玩街上 80% 的货来自潘家园，欧洲版的旅游图上也标明了这个旧货市场。"民族的，才是世界的"，潘家园的传奇生动地诠释了这句话。在日益现代也更加忙碌的都市生活中，潘家园的"旧"，让人们感受到神秘和新奇，也体验到了历史文化的魅力和韵味。

遍地开花的艺术区

斑驳的红砖瓦墙，错落有致的工业厂房、纵横交错的管道、保留着各个时代标语的墙壁，与打扮时尚前卫的参观者相映成趣，历史与现实、工业与艺术在这里完美地契合在了一起，这就是北京市朝阳区的798 艺术区。它的原身为苏联援建、东德负责设计建造的重点工业项目718 联合厂的一部分，从 2002 年开始，由于租金低廉，诸多艺术家工作室和当代艺术机构开始聚集于此，逐渐形成了一个艺术群落。目前，这里汇集了画廊、设计室、艺术展示空间、艺术家工作室、时尚店铺、餐饮酒吧以及动漫、影视传媒、出版、设计咨询等各类文化机构 400 余家，是国内名声最大也是最成熟的艺术区之一，曾被美国《时代》周刊评为全国最有文化标志性的 22 个城市艺术中心之一。从盛极而衰的国营电子厂，到国际知名的艺术区，798 的华丽变身是现代北京的文化传奇。

宋庄艺术区位于北京市通州区北部，20 个世纪 90 年代因大批画家、艺术家入驻而闻名的"画家村"就在宋庄镇小堡村。截至 2022 年，宋庄有入驻艺术家 5000 余人，艺术从业人员 7000 余人，具有一定规模的艺术展馆 30 余所、画廊 240 家、艺术家工作室 4580 个，集中展览、艺术性经营面积 10 万平方米，有文化艺术氛围浓厚的餐厅、休憩、时尚空间 170 处，年均接待旅游、观展、参展人员 40 万人。这个曾经名不见经传的小镇，现已发展成世界上最大的当代原创艺术集聚区。因文化而变，又因文化而强的宋庄，让世界看到了中国当代艺术崛起的力量，让热爱艺术的人有了精神的家园，让人有爱有梦有追寻。

"798 和北京宋庄是我最喜欢的两个地方，它们也是中国当代艺术的两个知名品牌。"长期居住在北京宋庄的澳大利亚籍女艺术家丹尼丝说。然而，798 和宋庄并非仅有的两个艺术名片，在北京如此包容、开放、别具特色的文化艺术聚集区比比皆是。如被誉为"中国艺术硅谷"的北京一号地国际艺术区，是中国规划设计中规模最大的艺术产业基地，已有国内外上百家艺术投资机构、画廊和艺术家进驻，是一个集画廊区、艺术投资机构区、艺术家工作室区、艺术相关服务机构区的多元化、全方位功能的艺术平台。此外，被称为"市内798"的方家胡同46号院，是一个以空间艺术与视觉艺术为主体的创意园区，融合了现代文化与市井生活的对话景观……

这些遍地开花的艺术区不仅丰富了北京多元化的色彩，更体现了延续历史文脉与发展现代文明的智慧。

六、城市灵魂：北京精神

城市精神是一座城市的灵魂，是市民认同的精神价值与共同追求。2011 年 11 月 2 日，"北京精神"正式向社会发布，内容表述为"爱国、创新、包容、厚德"。

"北京精神"诞生经过

虽然由官方发布，但是北京精神的出台经历了由官方到民间、由专家学者到普通市民、由报刊电台到虚拟网络投票的广泛征求意见，逐渐取得共识的过程。

2011 年 9 月，北京市委、市政府向全体市民征集"北京精神"表述语。"爱国、创新、包容、厚德""正大、包容、和谐、日新""纳百川、凝千载、践行首善""继古开今、尚德求新"和"包容与梦想"等表述语，一时间街知巷闻，成为市民热议的话题。

广大市民积极参与投票，发表自己的意见。历经一个多月的提炼和 290 多万群众投票评选，"爱国、创新、包容、厚德"的表述语从几个候选方案中脱颖而出，成为普遍认同的北京精神。

北京精神"爱国、创新、包容、厚德"的表述内容，充分体现了城市精神与核心价值的相互协调、城市共性与北京个性的相互兼容、历史底蕴与未来取向的相互统一、城市特色与市民气质的相互融合，反映了北京特有的文化品位和首善特质。

解读"北京精神"

"爱国、创新、包容、厚德"是一个有机整体，其中"爱国"是北京精神的核心，"创新"是北京精神的精髓，"包容"是北京精神的特征，"厚德"是北京精神的品质。

爱国

北京是一个最能彰显中华民族爱国传统的城市。不管是五四运动高扬的爱国旗帜，还是卢沟桥浴血抗战抵抗外辱的枪声；不管是新中国成立之初掀起的社会主义建设高潮，还是北京奥运会百万市民热情的笑脸，无不显现出北京特别强烈的爱国热情和精神品质。

爱国精神不仅凝结着过去，也昭示和引领着未来——当爱国作为北京精神的首义，已经深刻地反映出首都的担当和责任，彰显出北京精神的高度与大义。

创新

创新是一个民族进步的灵魂，是一个国家兴旺发达的不竭动力，更是一个城市积极进取、追求进步的精神状态和保持发展活力的重要源泉。无论是悠久的历史，还是今天的发展，北京都是一座创新融入血脉、化为基因的文明之城。

原始的北京人发明了用火，历览北京 3000 余年的建城史和 850 余年的建都史，创新的实例更是数不胜数。从元代天文学家郭守敬，到"近代工程之父"詹天佑；从明代徐光启的《几何原本》《农政全书》，到当代华罗庚先生的解析数论、矩阵几何；100 多年前，北京城内，五四运动的一声怒吼打破了思想的桎梏，新思想、新文化、新青年，马克思主义的思潮从北京传遍中国大地；从 30 多年前"中关村电子一条街"的悄然兴起，到今天成为全国的科技创新中心，从自然与人文交相辉映的历史景观，到科技与文化融为一体的奥运盛会，一代代北京文明的开拓者和建设者将创新精神传承光大，创造了令世人瞩目的科技成就，积累了熠熠生辉的文化成果，使科技与文化犹如车之双轮、鸟之双翼，以厚重的文化底蕴推动北京，向世界诠释一个城市的创新精神。

包容

《史记·儒林列传》称："建首善自京师始。"包容既是北京市民海纳百川、雍容大度的胸襟和气度，也是城市建筑博采众长、兼容并包的思维方式，更是北京作为首都尊重差异、和谐共生的文化特质和独特品格。

北京的建城史就是一部各种文明碰撞与融合的历史。自秦汉始，北京就是中国北方的军事与商业重镇，自辽代以后，北京逐步成为全国政治中心和文化中心，少数民族移民的持续增加促进了北京文化气质包容的特征。特别是元代建大都以后，北京成为国际交流的中心之一，西方文化的涌入使北京从原始包容走向自觉选择，进而提升到多元共生的都城文化形态。新中国定都北京之后，近现代历史发展中日趋稳定的包容气质成为北京识别度最高的城市品格。

包容，是在历史时空中凝练而成的城市气质，更是自觉的市民理念与文化追求。截至 2023 年末，北京市的常住外来人口数量为 820.4 万，占常住人口的比重为 37.7%左右，年度居民与国内国际流动人口总数达上亿人次，人口流动性极大，具有多向性的包容使这个城市日趋呈现"和而不同"的人文状态，不断以化合反应，而非物理累积的方式生成新文明成果。2008 年的奥运会以"同一个世界，同一个梦想"以及脍炙人口的歌曲《北京欢迎你》亮相国际，包容力与成长性使北京在国际都市序列中的地位稳步上升。

厚德

《周易》说："地势坤，君子以厚德载物。"北京的"厚德"精神既有历史传统，又有时代特点。

日常道德修养是北京人厚德精神的一个展现。俗话说，"北京老礼儿多"。北京是五朝帝都，形成厚德风范：重仁爱、讲友善，重情义、讲互助，重礼仪、讲孝敬，重诚信、讲承诺，重奉献、讲公益，重群体、讲谦让，重开拓、讲拼搏，重自强、讲勤奋。重视日常道德，修养个人品德、家庭美德、职业道德和社会公德。北京市民道德修养源远流长，历久弥新，孕育了这座城市德泽化人、容载万物的城市精神品格。

历史不仅赋予了北京辉煌灿烂的文化遗存，也培育了市民文明有礼的优秀品德。高远博大的胸怀是北京人厚德精神的又一个展现。在中华统一多民族国家形成和壮大的过程中，北京以高远博大的胸怀，承载、吸引、融合、发展各地区、各民族的文化——古典的、现代的，民族的、世界的，京腔京韵的、五湖四海的……今天的北京，成为不同国度、不同民族、不同区域、不同语言、不同宗教、不同肤色、不同性别、不同才能的人相互融合的文化平台。为中华民族复兴，为实现人类和平，北京人以厚德精神承载历史与时代赋予的使命和责任。

做文明有礼的北京人

北京精神的出台，凝结着传统与现代的文明精髓，更表达了首都市民以首善之区的文明素质和精神风貌走向世界的信心。正如许多网友评论所说，只要每个人都"精神"起来，终能汇聚成建设新北京的一种强大力量。因而，北京精神不在于言，而在于行。

爱国精神作为一种价值观、一种对祖国的感情，只要是对国家和社会建设有益的行为，都是爱国的具体表现。例如，环卫工人时传祥，以一人脏换来万人洁，赢得了全国人民的尊敬，受到党和国家的褒奖，这就是具体的爱国行为。北京奥运会的百万志愿者行动让世界看到了爱国主义情怀在当代的具体体现。

同时，创新、包容、厚德精神原本就驻存于每个北京人的精神世界和行为之中。只要都积极投入，就能把北京精神具体化、生活化、大众化。既可以体现在出租车司机的一次载客服务，也可以体现在文化机构的一场文化展览；既可以体现在科研工作者的一次理论创新，也可以体现在一线工人的工作改进；既可以体现在普通市民给外来打工者的一次指路，也可以体现在去歌剧院观赏一场异域表演；既可以体现在老师课堂上的言传身教，也可以体现在医生节假日坚持上岗的一次手术……

其实，每个北京人都可以诠释"北京精神"，也只有每个人都认真践行，做一个文明有礼的北京人，"北京精神"才能焕发出勃勃生机，把北京建设成和谐宜居之都。

【知识链接】

世界部分著名城市的城市精神

巴黎被誉为世界时尚之都、浪漫之都、服饰之都、欧洲文化之都。它以丰富的历史文化遗产、浓厚的艺术氛围、时尚的生活方式以及浪漫的城市风貌著称。巴黎的城市精神体现在对美的追求、对文化的尊重、对历史的传承以及对未来的创新上。

纽约是一座国际化大都市，其城市精神高度概括为开放、包容、多元和卓越。作为典型的移民城市，纽约汇聚了来自世界各地的文化和人群，形成了独特的多元文化氛围。纽约人追求卓越，勇于创新和竞争，这种精神推动纽约在全球经济、政治和文化领域占据领先地位。

伦敦是一座古老而现代的城市，其城市精神体现在历史与现实的和谐统一、人和自然的和谐统一以及坚强不屈的品格上。伦敦拥有厚重的历史文化传统，同时是世界金融中心、创意之都和时尚之都。伦敦人以彬彬有礼的绅士风度著称，这种精神风貌也体现了伦敦城市文化的独特魅力。

上海的城市精神被概括为"海纳百川、追求卓越、开明睿智、大气谦和"。这种精神体现了上海作为国际大都市的开放性和包容性，以及对卓越品质和智慧创新的追求。同时，上海人也以大气谦和的品格著称，这种精神风貌也为上海赢得了国内外的广泛赞誉。

思考题

1. 雍和宫什么时候改为喇嘛庙？原因是什么？
2. 简述京剧的形成过程。
3. 谈谈"四大名旦"的艺术风格。
4. 北京话中儿化韵的主要特点？
5. 试举例说明北京小吃体现的京味文化。
6. 从798艺术区的兴起，谈城市的文化创新能力。

推荐书目

1.《菊坛旧闻录》，丁秉鐩，中国戏剧出版社1995年版。
2.《老北京人的口述历史》，定宜庄，中国社科出版社2009年版。

推荐电影

《城南旧事》（1983年），吴贻弓执导。

第七篇

时代华章

　　1949 年，北平改为北京，被确立为新中国的首都，北京文明的新征程就此开始。此后的岁月里，北京不仅是一个具有独特韵味的古都，还是一个日益现代化的国际大都市。其外在的特征是无处不在的大气，城区面积大，人口数量多，故宫、天坛、颐和园等历史景观大，鸟巢、国家剧院、"中国尊"等现代建筑也气势宏大。历史风貌、传统习俗、人文景观在传承中蓬勃发展，社会经济、城市面貌、文化生活、设施和环境日新月异。透过历史，续写文明，北京在新时代谱写出一曲曲动人的华丽篇章。

【阅读提示】

1. 北京天安门的时代变化。
2. 北京十大建筑的特点及风格，演变风格。
3. 举办"双奥"给北京及中国带来的重要影响。
4. 北京城市副中心的由来、发展现状及运河文化。
5. 京郊生态环境保护与乡村振兴。

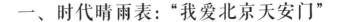

一、时代晴雨表："我爱北京天安门"

"我爱北京天安门，天安门上太阳升……"熟悉的经典旋律常常引起一代代人的神圣回忆。天安门，祖国的心脏，经历七百年风雨的洗礼，如同一部厚重的史书，记载着这里发生的每一件生动的事件，也牵系着中国社会敏感的神经。

1420年，这里有了宏伟的城门，富丽辉煌，威仪无比。明代永乐皇帝把这道门作为紫禁城的大门，取名承天门，寓意皇帝"承天启运，受命于天"。1651年，清代顺治皇帝把它改为天安门，并一直沿用下来。明清两朝，天安门是皇帝"颁诏"的地方，处处透着皇权的威严。这里也是寒窗苦读的士子朝思暮想的"龙门"，其中的佼佼者一辈子也只能进出一次，却足以显示皇恩浩荡。不过，这里是普通百姓的禁区，因为过了这道门，就是戒备森严的皇宫大内，岂能轻易靠近？

历史总在时间流逝中改写。随着宣统皇帝的一纸诏书，天安门送走了中国最后一个封建王朝，从皇宫禁地变成了斗争阵地，中国人民在这里表达了愤怒的呼声，不屈不挠地进行争取民主自由、反抗外国侵略和反动统治的斗争。1919年5月4日，北京爱国学生齐聚天安门，爆发了在中国革命史上具有划时代意义的"五四运动"，揭开了伟大中国新民主主义革命的序幕，成千上万的知识分子和青年学生投身革命洪流。天安门成为了中国新民主主义革命的发祥地。随后，"一二·九"运动，"五二零"游行，反饥饿、反内战、反迫害斗争等一系列爱国民主运动在此举行。

1949年10月1日，胜利的光芒闪耀天安门，20万各界人民群众会聚在广场，庆祝新中国的诞生，把这里变成了欢乐的海洋。这一天，一个洪亮的声音在天安门广场回荡："中华人民共和国中央人民政府成立了！"这声音响彻世界，天安门广场再次成为世人瞩目的中心。

【知识链接】

开国大典前的大扫除

和平解放后，北平市军事管制委员会下设的文化接管委员会接收了天安门，交接手续仅是一把锈蚀的铁锁头。当时的天安门城楼如荒冢般寂静，因年久失修，破烂不堪。巨大的城楼残砖断瓦，金黄色的琉璃瓦顶蒿草丛生，野鸽筑巢（后清除时，竟装载几大卡车野鸽粪），红墙凋残，雕花的门窗残破不全，东斜西歪，有一块"没一块"的，金水河中满是淤泥污水。广场东侧，房屋低矮破旧；广场西侧，垃圾堆积如山；广场南面，小商小贩叫卖吆喝，嘈杂混乱；广场中间，坑洼不平，积水发臭。为此，北平市委和市人民政府发动了一场为时91天的清洁大扫除运动，又紧急动员广大人民群众投入整修天安门广场的活动。历时十几天紧张劳动，破败不堪的天安门终于焕然一新。据说，仅义务参加广场劳动的青年学生就有6000多名。

新中国成立后，天安门广场在每个中国人的心中都有着独特而重要的地位。这里发生的每一件小事、每一点变化都具有强烈的象征意义，牵动着亿万中国人的情感，引导着中国社会的走向。

1976年上半年，百万人民群众自发地聚集在这里，怀着悲愤的心情纪念伟人的离去，从而爆发了一场正义的群众运动，矛头直指"四人帮"，这便是著名的"四五运动"。当举国欢庆粉碎"四人帮"时，天安门广场又成了沸腾的海洋。

1978年底，一次里程碑式的会议在天安门广场西侧的人民大会堂召开，邓小平同志在会议上作了《解放思想，实事求是，团结一致向前看》的主题报告。这就是党的十一届三中全会，标志着中国开始了改革开放的伟大征程。

1984年10月1日，在国庆35周年群众游行活动中，北京大学的几名同学打出了"小平您好"的横幅。每个人脸上都露着笑容，每个人都是"发自内心的笑"。当时，站在天安门城楼上的邓小平看到后也微笑了起来。第二天，《人民日报》《光明日报》在显著位置发表了"小平您好"的报道，短短四个字，是当时人们对邓小平同志朴素真挚的情感表达。

△《人民日报》1984 年 10 月 2 日二版刊登记者王东拍摄的"小平您好"横幅照片

2015 年 9 月 3 日，纪念中国人民抗日战争暨世界反法西斯战争胜利 70 周年阅兵在天安门广场举行，这是首次以纪念抗战胜利为主题的阅兵，也是习近平主席第一次在天安门广场检阅中华人民共和国武装力量。站在天安门前向东望去，东长安街上，三军肃立，铁甲生辉；华北地区八个机场上空，陆海空军近 200 架"战鹰"待命起飞……

在这个宏伟的广场上，五代领导人先后 16 次检阅了威武雄壮的人民军队，向世界扬我国威军威，彰显自强不息的民族精神。

回忆这些事件和场景，仿佛触摸到新中国波澜壮阔的历史进程。天安门广场上发生的每一件事，都会让人民群众或狂热，或悲伤，或喜悦，或兴奋，但是象征着祖国心脏的城门，距离普通群众还很远，许多人心底有一个愿望——什么时候自己也能登上城楼呢？

此前，人民大会堂已经向社会开放。这个时候，天安门城楼能够向社会开放无疑具有更强烈的象征意味。由于人民群众的强烈呼吁，1988 年 1 月 1 日，北京国际旅游年的第一天，天安门城楼正式向社会开放。

【知识链接】

天安门城楼开放历程

1979 年人民大会堂的解禁，被誉为"中国改革开放的重大信号"。次年 5 月，深圳、珠海、汕头、厦门开始试办经济特区。中共中央副主席李先念曾提议，是否可以将天安门城楼向群众开放。但是，由于观念和客观条件不成熟，这个想法被搁置下来。

1984 年 9 月，一封署名"华兴"的信，放在了时任中共中央总书记胡耀邦的桌上。信中写道："我是 1954 年从上海来北京的。30 多年来，每次到天安门，仰望天安门城楼，总梦想有一天能登上'祖国心脏的心脏'。我向周围的同志们说出我的愿望，有人说这是'白日做梦'。但我深信，总有一天梦想会成为现实。"这封信受到胡耀邦和中央多位领导人的重视。

1986 年 5 月 1 日，天安门城楼开始有组织地接待参观者。当时的参观者主要是中央或驻京部队一些会议的与会者、人大代表或劳动模范。参观必须提前登记，有严格的审批手续。中央各部委的领导想上天安门都很难，天安门管理处的工作人员也不能随便登楼。

时间到了 1987 年，因为次年恰逢龙年，所以北京市旅游局就把 1988 年定为"北京国际旅游年"，希望"头一炮一定要打响"，于是向上级打报告，要开放天安门城楼。从写报告到获批，只有 3 个多月，最终获批 1988 年 1 月 1 日天安门城楼正式开放。

登楼的第一位游客是 75 岁的北京东四人民商场退休老职工高希武。这位老人怀着激动的心情，早上 7 时就等候在登楼售票处前。9 时，他第一个缓步登上城楼，还得到北京市旅游局赠送的"登城楼证书"和花瓶。但是，他的表情始终是严肃的，如同朝圣一般，当天登城楼的其他游客也像他一样，既兴奋又紧张。据当时在现场采访的一位记者描述："如果不是亲临那种场面，根本无法体会到排队时那种庄严肃静的气氛，个个一本正经，仿佛不是来游览，而是准备发表就职演说，准备接受电视采访似的。"

不仅游客不习惯，天安门工作人员似乎也准备不充分。最初，开放后的天安门没有什么服务设施，游客饮食、如厕等都不方便，意见更是如雪片般飞向天安门管理处。1988 年 5 月 18 日，天安门旅游服务部正式开业，广场两侧也设立了流动厕所。此后，在广场和故宫参观的游客能够方便地买到饼干、饮料、纪念品等商品，也不会在广场上无处"方便"了。

虽然初期存在许多问题，但是天安门城楼终于揭下了神秘的面纱，成为面向大众的旅游景点。在过去漫长的 600 多年里，它先是皇家专用的宫苑禁地，后来是人民心中的政治圣地，普通群众只能远眺和仰望，不能登楼近观。只有在那个思想解放大潮刚刚兴起的时候，才会产生这个标志性的变化。

30 多年来，天安门城楼迎来了数以亿计的中外游客，作为北京最重要的地标之一，成为如今到北京的中外游客必选打卡地，在熙熙攘攘的人流中见证着新中国在伟大复兴之路上砥砺前行。

二、城市靓装：十大建筑

地标性建筑是人们对一个城市的视觉印象和最深刻的记忆。建筑大师贝聿铭曾说，"建筑是有生命的，它虽然是凝固的，可在它上面蕴涵着人文思想"。75年过去了，从新中国成立初的"十大建筑"到当代的新地标，都是体现时代特征的建筑精品，其风格也从庄严、厚重到新奇、时尚，充分展示了北京

△ 故宫角楼与"中国尊"

多元并存、开放包容的审美理念和城市文明。

向新中国成立 10 周年献礼

为什么北京的地标性建筑要选十个？这得从新中国成立初期那段特殊的历史说起。

时间进入 1958 年。经历抗美援朝和大规模的社会主义改造之后，新中国的经济已初具规模，但是建筑方面仍然十分落后，首都北京没有像样的火车站，博物馆设施一穷二白，全国人大、政协开会没有固定场所，国际友人下榻之地大多比较简陋。为了新中国成立 10 周年的庆典，党中央在 1958 年的北戴河会议上确定兴建国庆献礼工程。中央的宏观决策倒是有了，但是从哪里开始？新建哪些建筑？北戴河会议上并没有明确。

随后，一万多名来自全国各地的建筑工作者会聚一堂，经过充分讨论，最后确定十个大型项目，又称"十大建筑"，即人民大会堂、中国革命历史博物馆、中国人民革命军事博物馆、全国农业展览馆、北京火车站、工人体育场、民族文化宫、民族饭店、钓鱼台国宾馆、华侨大厦

（现已重建）。此后，"十大建筑"逐渐成为北京建筑的特色品牌。

那是一段满怀豪情的岁月，更是一个创造奇迹的年代。从确定国庆工程到1959年9月竣工，仅用了不到一年，满怀激情的建设者就完成了人民大会堂等"十大建筑"的筹建、设计和施工。

为了"十大建筑"的如期竣工，到处都是振奋人心的场面。短短3天之内，34个设计单位，包括梁思成、杨廷宝、张开济、吴良镛在内的30多位顶级建筑师，北京以及全国各地10万建设大军投入建设工程，上千种、几十万件建筑配件和急需设备迅速从四面八方送来北京，到达建筑工地。建设者们采用非常规的"三边"工作法——边设计、边备料、边施工，没日没夜，加班加点，苦干加巧干，建筑工地上到处是热火朝天的工作场景。

正是这种超常的工作热情和奉献精神，"十大建筑"在国庆十周年典礼前如期竣工。在视察人民大会堂建筑工地后，周恩来总理高度评价说："这样大的建筑只用了十个多月的时间就建成，它的精美程度，不但远远超过我国原有同类建筑的水平，在世界上也是属于第一流的。"《人民日报》为此发表社论，盛赞这是"我国建筑史上的创举"。对于这种超常规的建筑奇迹，有人持怀疑态度，其中包括前苏联领导人赫鲁晓夫。据说人民大会堂建成后他不相信，就与驻北京大使馆联系，询问是否属实。当听到使馆人员答复人民大会堂已经巍然屹立在天安门广场上时，赫鲁晓夫仍然半信半疑。1960年，赫鲁晓夫来北京访问时，专门去了天安门广场。站在雄伟的人民大会堂前面，他心悦诚服。

"十大建筑"虽然不到一年即全部竣工，但是体现了很高的艺术水准，许多建筑至今仍然是北京的城市地标。就建筑风格而言，人民大会堂采用了西洋古典风格，中国人民革命军事博物馆采取了苏联样式风格。值得推崇的是，北京火车站等建筑以新结构为切入点，对中国传统建筑进行可贵探索，真正达到了周总理所提出的"古今中外一切精华皆为我用"的要求。

共和国的会客厅

人民大会堂是新中国成立初"十大建筑"中规模最大、内容最复杂、要求最高的建筑，高 46 米、长 336 米、宽 206 米，建筑面积达 17 万平方米，不仅规模大，而且将作为国内高层政治活动的中心和国家领导人接见、宴请各国贵宾的场所。全国人民对它的内部功能布局和外部表现形式寄予很高的期望。它既要反映十年来建设事业的光辉成就，又要集中体现出数千年来中国文化的灿烂和艺术的辉煌。这样一座庞大而经典的建筑是怎样完成的呢？

首先是选址，依据周围的环境规划和确定建筑物的规模。经过北京市政府研究提议和中央决定，人民大会堂和中国革命历史博物馆分别建在天安门广场的东西两侧。两座建筑建成之后，与原有的天安门、正阳门在广场的东西南北各据一方，构成天安门广场的基本布局。然后，推算建筑物的规模大小。最初提出要有一个万人礼堂和一个五千人宴会厅，之后又增加了常委会常驻人员的办公大楼，建筑面积从初步估计的70 000 平方米增至约 170 000 平方米，其面积之庞大、功能之复杂、设备之众多、体量之沉重在世界建筑史上实属罕见，建成后的总面积将超出明清两代建成的故宫内全部建筑面积总和。

其次是设计方面，人民大会堂不同于一般大型公共建筑，要表现出新中国的面貌，并且无先例可循。于是，参与大会堂设计的建筑师们发挥了无穷的创意，有提议采用中国传统琉璃瓦顶的，有提议采用攒尖顶"大帽子"式的，还有很超前的设计，提议把大会堂设计成一个完全透明的"玻璃盒子"。全国数十名建筑设计师首轮设计就形成了 400 多个规划设计方案。从初稿到定稿，设计方案足足进行了 7 轮评比论证。在整个设计过程中，参加设计者热情高涨，思路开阔，畅所欲言，发挥每个人的才智和技能。最后仅用了 35 天，人民大会堂工程的设计方案就胜利地完成了。

△ 人民大会堂穹顶

建成后的人民大会堂气势宏伟，庄严壮丽。大会堂的正面有 12 根大理石门柱，每根高达 25 米。中央大厅为大理石地面和汉白玉石柱，顶部挂着水晶玻璃花灯。中央大厅后面是万人大礼堂，是全国人民代表大会的主会场。礼堂装饰典雅，灯光宜人。穹隆形的顶棚，中心有红宝石般的五星灯，周围辐射出 70 道光芒线和 40 个葵花瓣，纵横密布着 500 个满天星灯，灯光齐明时似满天星斗，与淡青色的壁板相映，"水天一色"的灯火奇观便显现出来，非常壮观奇妙。会场内除有声、光、电、空气调节等装置外，还设有各种现代化设备，如同声翻译装置。大会堂的北部是可容纳五千个席位的宴会厅，大如足球场，装设富丽堂皇，是接待世界各国贵宾和友人的国宴活动场所。万人礼堂和五千人宴会厅，在当时世界上尚无如此规模的先例。大会堂所有厅室既保留了中国传统的建筑风格，又吸取了外国的建筑精华，大方雅致，极有特色。

面对这样一座有新意但不陌生，有亲切感又有纪念性的经典建筑时，冰心老人在《走进人民大会堂》中有这样一段抒情的描写："走进人民大会堂，使你突然地敬虔肃穆了下来，好像一滴水投进了海洋，感到一滴水的细小，感到海洋的无边壮阔……你静穆，你爽畅，你想开口，可是说不出话，你感到欢喜的热泉，在你血液里汹涌奔流，在你眼眶边盈盈欲坠！"她的感受几乎表达了每一个中国人的心情，因为在那些庄重的形状和线条中，流淌着一种当家作主的豪情，一种浪漫的壮美，一种对理想的憧憬。

【知识链接】

改革开放后三次评选"十大建筑"

"十大建筑"评选是北京建筑界的一项传统"赛事"，除了新中国初期的"十大建筑"，改革开放后共评选过三次。

20 世纪 80 年代"十大

△ 中国国家图书馆[1]

---

〔1〕　图片载中国国家图书馆网站 https://www.nlc.cn/web/dsb_ footer/gygt/lsyg/index. shtml。

建筑"是在 1988 年评选出来的。它们分别是北京图书馆新馆（今中国国家图书馆）、中国国际展览中心、中央彩色电视中心、首都国际机场候机楼（2 号航站楼）、北京国际饭店、大观园、长城饭店、中国剧院、中国人民抗日战争纪念馆和北京地铁东四十条车站。带着国门初开的懵懂与稚气，这次的"十大建筑"虽然手法不同，但受西方社会流行的现代主义风格影响较大。长城饭店在中国首次采用了全镜面玻璃作为维护体系，是与当时的国际潮流最接近的作品。抗日战争纪念馆、北京图书馆新馆、中国剧院则明显是现代主义建筑与中国传统大屋顶建筑理念融合的作品。

△ 中央广播电视塔

20 世纪 90 年代"十大建筑"是中央广播电视塔、国家奥林匹克体育中心与亚运村、北京新世界中心、北京植物园展览温室、清华大学图书馆新馆、外语教学与研究出版社办公楼、北京恒基中心、新东安市场、国际金融大厦、首都图书馆新馆。这次"十大建筑"评选将"民族传统、地方特色、时代精神"作为重要的标准，一半以上的入选作品兼顾"时代感"与"中国特色"的双重诉求。首都图书馆新馆、北京恒基中心、北京新世界中心、新东安市场实现了现代技术与传统建筑符号的融合，体现出"重树古都风貌"的理念。

2009 年，"北京当代十大建筑"评选结果揭晓：国家体育场（鸟巢）、国家游泳中心（水立方）、国家大剧院、首都博物馆新馆、北京电视中心、首都机场 3 号航站楼、新保利大厦、北京南站、国家图书馆（二期）和国家体育馆。进入 2000 年，特别是北京申奥成功后，众多全球知名建筑师云集北京，参与城市建设的设计和施工，大量多姿多彩的建筑作

△ 国家体育场（鸟巢）

品拔地而起，北京城几乎成了一座"世界建筑博物馆"。这些建筑体现了"中国精神、国际视野、世界水准"，彰显了北京在新时期的发展变化，给现代北京穿上了时尚的"靓装"。

新时代的城市靓装

如果说建筑是凝固的音乐，那么音乐节奏中跳跃的就是时代的旋律。进入新时代，形式各异的北京地标建筑拔地而起，如同一张张多姿多彩的城市画卷，人们看到了一座古老和现代、厚重与时尚共辉的时代景观。

在繁华的北京 CBD 核心区，"中国尊"如一位傲然挺立的巨人，闪耀在城市的天际线。"中国尊"总高度达 528 米，外形呈双曲线造型，在都市的喧嚣中，"中国尊"静静地彰显着中国建筑的强大实力和创新能力，也展现出北京独有的东方神韵和作为国际大都市的风采。

在奥林匹克公园，国家速滑馆 22 条高低盘旋的"冰丝带"飞旋飘逸，3360 块曲面和平板玻璃组成的透明立面晶莹剔透。作为北京 2022 年冬奥会标志性场馆，它与国家体育场（鸟巢）、国家游泳中心（水立方）等共同组成这座世界首个"双奥之城"的标志性建筑群，传递着体育运动的力量与美好。

△ 北京大兴国际机场〔1〕

地面连通京津冀，空中沟通全世界，北京大兴国际机场恰似一只展翅欲飞的金凤凰，成为北京对外开放的新标杆、新国门、新引擎。2019 年 9 月 25 日 11 时 28 分，习近平总书记宣布："北京大兴国际机场正式投运！""五纵两横"的地面交通网连接四方，内部空间仿若一座宏大的艺术殿堂……这里是飞机起航的地方，也是领航未来的桥梁。它的名字蕴含着中国人朴素又浪漫的希冀：北京大兴，中国大兴，中华民族伟大复兴！

---

〔1〕 图片载北京大兴国际机场官方网站 https://enterprise.bdia.com.cn/#/。

从庄重的人民大会堂到直插云霄的摩天大楼，从"老工体"到"鸟巢""水立方"，从单跑道的南苑机场到北京首都国际机场、北京大兴国际机场"一市两场"双枢纽，北京的建筑凝结着人民的汗水与智慧，承载着历史的厚重与未来的憧憬，引领着这座城市走向更加辉煌的明天。

三、双奥之城：从 2008 年到 2022 年

"试问中国何时能派代表赴万国运动大会[1]？何时能于万国运动大会时独得锦标？又何时能使万国运动大会举行于中土？"这是一百多年前的中国人发出的"奥运三问"。这三个问题，中国人用了一百多年来回答：从 1932 年刘长春单刀赴会，到 1984 年许海峰摘得第一枚奥运金牌，时光流转来到了 2008 年的北京。

2008 年 8 月 8 日，随着《我和你》的悠扬旋律自"鸟巢"飘扬而出，第 26 届夏季奥林匹克运动会"我和你，心连心，同住地球村"的美好愿景也由北京向全国、全世界共同表达。时隔 14 年的 2022 年 2 月 20 日，伴随短片《再见！一起向未来》中一幕幕不舍的回眸、道别的挥手，第 24 届冬季奥林匹克运动会（以下简称 2022 年冬季奥运会）也在北京落下了帷幕。"历史再次选择了中国，时代造就了'双奥之城'"，北京成为全世界首座既举办过夏季奥运会，又举办过冬季奥运会的城市！

两次世界级体育盛会的举办为这座古老的城市注入了新的活力，也让世界见证了历史悠久的中国首都文明、开放、现代化的时代风貌。2008 年，北京热情洋溢地呈现出一次"了不起的奥运会"，精妙绝伦的开幕式、赛场上骄人的成绩、周全完善的组织保障，令世界重新认

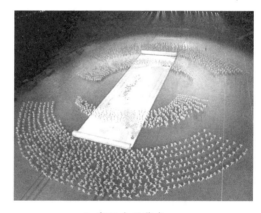

△ 奥运会开幕式

识了这个刚刚经历过汶川大地震，充满力量、自强不息的中国。2022 年冬季奥运会及 2022 年北京冬季残疾人奥林匹克运动会，则是在新冠

---

〔1〕 "万国运动大会"为当时中国人对奥运会的称呼。

疫情的背景下有条不紊地举办，北京变得更加自信、更加从容，"冰墩墩""雪容融"，刚柔并济，浪漫且坚韧，它的背后是一个开放包容、共享未来的大国形象。

【知识链接】

"冰墩墩"和"雪容融"[1]

"冰墩墩"是2022年北京冬季奥运会的吉祥物，以熊猫为设计原型，结合了冰晶外壳，象征着冬季冰雪运动和现代科技。它的头部外壳造型灵感来源于冰雪运动头盔，装饰有彩色光环，整体形象酷似航天员，寓意着创造非凡、探索未来，体现了追求卓越、引领时代以及面向未来的无限可能。冰墩墩左手掌心的心形图案，代表着主办国对全世界朋友的热情欢迎。

"雪容融"是2022年北京冬季残奥会的吉祥物，其设计灵感来源于灯笼。雪容融的主色调为红色，头顶有如意环与外围的剪纸图案，面部带有不规则形状的雪块，身体可以向外散发光芒。灯笼是世界公认的"中国符号"，具有2000多年的历史，代表着收获、喜庆、温暖和光明。雪容融的设计寓意着点亮梦想、温暖世界，体现了友爱、勇气和坚强，象征着冬残奥运动员的拼搏精神和激励世界的冬残奥会理念。

"冰墩墩"和"雪容融"的设计不仅体现了中国传统文化元素，也融入了现代国际风格和冰雪运动特征，成为2022年北京冬季奥运会和冬季残奥会的重要标志，深受全球观众的喜爱。

△"冰墩墩"（左）和"雪容融"（右）

赛场上的精彩一如既往，尽显竞技体育的魅力。2008年的北京夏季奥运会，从8月8日开幕到8月

---

〔1〕　本文资料载国家体育总局官方网站 https://www.sport.gov.cn/n20001280/n20067608/n20067635/c24010396/content.html，最后访问日期2025年2月20日。

24 日闭幕，一万余名运动员参加了 302 个小项目的角逐，共打破 85 项奥运会纪录及 38 项世界纪录。中国代表团更是历史性地以 51 枚金牌位列金牌榜第一。在 2022 年冬季奥运会中，中国代表团同样以 9 枚金牌、15 枚奖牌的成绩同时位列金牌榜与奖牌榜第三，仅次于冬季项目传统强国挪威和德国。

2008 年北京奥运会提出的"人文奥运、科技奥运、绿色奥运"三大理念，为社会发展树立了高质量的人文环境标杆，并在 2022 年冬奥会上得到了延续和发展。与 2008 年出于展示中国力量的迫切心愿而打造"奇观"的理念不同，2022 年北京冬奥会旨在长久地发展冰雪运动，场馆建筑更加聚焦可持续的理念。例如，2008 年奥运会主体育场——"鸟巢"就成为唯一举办"双奥"开幕式和闭幕式的场馆，北京赛区大部分场馆基于现有场馆改造而成。2008 年主要用于举办水上项目、令人印象深刻的"水立方"，在 2022 年摇身一变成了"冰立方"，成为国家游泳中心冰壶赛场。

冰雪运动项目对于中国民众而言相对小众，因而北京冬奥会的筹办也考虑了比赛场馆的赛后利用问题。那些曾经为专业的运动员设置的场馆"飞入寻常百姓家"向公众开放，变为服务群众体育的运动场所。比如，在冬奥会结束之后，举行速滑赛事的国家速滑馆"冰丝带"于 2022 年 7 月 9 日正式对外开放，只需网上预约，大家也能在运动员们拼搏过的冰面上享受冰上运动的快乐。同时，国家速滑馆还会定期开展短道速滑和花样滑冰的培训，特别是在暑假，到"冰丝带"学习滑冰的孩子非常多。他们在晶莹的冰面上自由滑翔，尽情享受冰雪运动带来的快乐。

【知识链接】

北京的"双奥"体育场馆概览

国家体育场（鸟巢），位于北京奥林匹克公园中心区南部。它是 2008 年北京奥运会的主体育场，这里举行了奥运会和残奥会的开/闭幕式、田径比赛和足球决赛，也是 2022 年北京冬奥会和冬残奥会开、闭幕式的举办地。

国家游泳中心（水立方、冰立方），位于北京奥林匹克公园内。它是 2008 年北京奥运会游泳等水上比赛项目的场馆，也是世界上唯一水上项目和冰上项目均可运行的"双奥"场馆，以独特的蓝色膜结构和先进的环保理念吸引了众多游客和运动员。

国家体育馆，位于北京奥林匹克公园中心区的南部。它外形酷似一把展开的折扇，与"鸟巢"和"水立方"比邻而居，曾举办奥运会体操、蹦床等赛事。经过改建后，成为冬奥会冰球比赛的场馆。

五棵松体育中心，位于北京西四环五棵松桥东北角。它是 2008 年北京奥运会篮球项目的比赛场馆，同样作为冬奥会的冰球赛事场馆，能够在六小时内实现"冰篮"转换。

百年来，奥林匹克的圣火始终在中国人的心中熊熊燃烧。早在 1988 年，著有《我与地坛》的当代文学家史铁生就在他的散文《我的梦想》中写道："奥林匹斯山上的神火为何而燃烧，那不是为了一个人把另一个人战败，而是为了有机会向诸神炫耀人类的不屈，命定的局限尽可永在，不屈的挑战却不可须臾或缺。"

△ 刘长春（右二）代表中国参加 1932 年洛杉矶奥运会

1932 年洛杉矶奥运会，中国第一个参加奥运会的人——刘长春代表着全世界人口最多的国家，孤身一人、单刀赴会。首轮即遭淘汰的他，留下一句"愿来日我等后辈远离这般苦难！"。100 多年前，生于 1909 年的刘长春，何曾不是意气风发、满腔热血的"00 后"呢？无奈他的背后是"山河破碎、国运艰难"的旧中国。

2024 年巴黎奥运会，中国派出 405 位运动员参加 30 个大项、236 个小项的比赛，"00 后"[1] 游泳运动员潘展乐与队友在男子 4×100 米混合泳接力决赛夺金，打破美国队在该项目 40 年的垄断。他自信满满地说："冠军是我们了，不满意的应该是别人！不会是我们。"中国运动员再也无须"单刀赴会"，他们的背后是一个强大的今日之中国。

从曾经的"东亚病夫"到如今的体育强国，一代又一代中华健儿在奥林匹克赛场上不懈奋斗，体现着一个民族从苦难走向辉煌的历史，也照见了每一个中国人的光荣与梦想。从 2008 年到 2022 年，从奥运会到冬奥会，再到世界泳联花样游泳世

△ 群众锻炼

界杯（北京站）、中国网球公开赛、北京马拉松……这些在北京举行的国际交流体育赛事，不仅为中国和全世界的运动员提供了激烈对抗、挑战极限的舞台，也激励着每一名普通百姓超越梦想、展现自我。在这座城市，浓郁的体育氛围随处可见——小区、公园的健身器材区域，灯火通明的体育馆，晨光暮色里锻炼的人群。体育健身文化进一步丰富了北京的文明底色。

每年秋季，来自世界各地的马拉松爱好者会来到北京，参与一场长达 42.195 公里的马拉松比赛，他们在古老又现代的城市背景中享受奔跑带来的欢乐，奔向终点奥林匹克中心区景观大道。这一活动就是国际田联金标赛事——北京马拉松。作为中国田协市场化程度最高、规模最大、最具代表性的单项赛事，它被跑友亲切地称为"国马"。

北京马拉松[2]自 1981 年开始举办，早期的赛事规模并不大，只邀请专业运动员参加，且只设立男子马拉松项目，首届仅有不足百名选手参赛。随着马拉松运动在中国的快速发展，北京马拉松也不断完善和升级。更好的参赛体验和服务吸引了越来越多的跑者，据统计，近年来北

---

[1] 潘展乐，2004 年出生。
[2] 前身为北京国际马拉松赛，2010 年更名为北京马拉松。

△ 2023 年北京马拉松〔1〕

京马拉松的参赛人数通常在 3 万人左右，而报名参与抽签的人数为 10 余万。

北京市政府将马拉松比赛作为体育旅游和文化交流的重要平台，不断优化比赛路线，强化赛事保障。自 2009 年开始，北京马拉松赛比赛路线趋于稳定：由天安门广场出发，途经东城区、西城区、海淀区、朝阳区等核心区域，最终抵达奥林匹克公园。这条路线将北京的主要地标性建筑串联起来，老北京与新北京的景观结合成为比赛路线的最大亮点。

北京马拉松不仅成为专业运动员向往的荣誉殿堂，更成为大众跑者、普通家庭参与体育运动的盛大节日。北京马拉松的"破三"（在 3 小时内完赛）人数屡创新高，2023 年更是达到了 2400 余人，创造了中国马拉松赛事"破三"人数的新纪录。在诸多大众跑者中，有 86 岁高龄、最终用 6 小时 16 分 51 秒跑完全程的赛道最年长跑者，也有"一家三口 181 岁组合"：72 岁的父亲、68 岁的母亲和 41 岁的女儿。他们用行动诠释了热爱不惧年龄的"马拉松精神"。

如今，全民健身上升为国家战略，健康中国成为时代流行色，北京马拉松无疑是全民健身的"领头羊"。不仅是马拉松，北京市民体质促进项目挑战赛、北京市农民篮球比赛、北京越野跑挑战赛、卡丁车公开赛、飞盘联赛等都极大地激发了广大市民参与体育运动的热情，推动了全民健身事业的发展。生命不止，运动不息。体育赛事带来的激情和振奋会随着赛事的结束渐渐淡去，但"更快、更高、更强——更团结"的奥林匹克精神已然镌刻在北京这座城市的每一个角落。

---

〔1〕 图片来源：北京马拉松赛事官方网站。

四、运河明珠：北京城市副中心

京杭大运河北京段流淌千年，碧水滔滔，往来漕运船只络绎不绝，养育了一代代中华儿女，承载着南北相融的文化记忆。文明依水而生，在当代，在距离天安门约 25 公里的通州区大运河畔，有一颗闪耀在京畿大地的运河明珠正以蓬勃之势崛起，展现出令人瞩目的发展姿态。它就是北京城市副中心。

城市副中心的由来

北京城市副中心是千年大计、国家大事。它的规划范围约 155 平方公里，周边控制区（通州全区）约 906 平方公里，进而辐射带动廊坊北三县地区协同发展。作为北京新的两翼之一，北京城市副中心与雄安新区共同承担疏解北京非首都功能的重要使命，缓解北京中心城区的人口、交通、环境等压力，为北京的城市发展腾出更多空间。同时，北京城市副中心以大运河为骨架，构建蓝绿交织的生态城市布局，形成以水城共融、蓝绿交织为特色的城市。

早在 1983 版《北京城市建设总体规划方案》中，通州就已被列为重点规划建设的卫星城之一。1993 年，通州再次被纳入重点发展的卫星城之列，城市建设重点逐渐从市区向远郊区转移。2005 年提出"两轴—两带—多中心"的城市空间新格局，通州成为其中的重要节点和"多中心"之一。此版总规还为通州规划预留了"行政办公"功能。

2012 年，北京市政府明确提出"聚焦通州战略，打造功能完备的城市副中心"。"城市副中心"概念首次亮相，明确了通州作为城市副中心定位，这也是北京市围绕中国特色世界城市目标，推动首都科学发展的一个重大战略决策。2016 年，城市副中心启动建设。2017 年，《北京城市总体规划》城市空间结构明确了北京城市副中心作为"一副"的重要地位。2018 年，《北京城市副中心控制性详细规划（街区层面）

（2016 年—2035 年）》获批。2019 年，北京市级行政中心正式迁入北京城市副中心。

【知识链接】

《北京城市总体规划（2016 年—2035 年）》中的北京城市空间结构[1]

2017 年 9 月《北京城市总体规划（2016 年—2035 年）》发布，提出为了疏解非首都功能，促进京津冀的协同发展，北京市延续古都历史格局，构建"一核一主一副、两轴多点一区"的城市空间结构。

"一核"为首都功能核心区，总面积约为 92.5 平方公里；"一主"为中心城区，包括东城区、西城区、朝阳区、海淀区、丰台区、石景山区，总面积约 1378 平方公里；"一副"为北京城市副中心，规划范围为原通州新城规划建设区。

"两轴"为中轴线及其延长线、长安街及其延长线。中轴线及其延长线为传统中轴线及其南北向延伸，传统中轴线南起永定门，北至钟鼓楼，长约 7.8 公里，向北延伸至燕山山脉，向南延伸至北京新机场、永定河水系。长安街及其延长线以天安门广场为中心东西向延伸，其中复兴门到建国门之间长约 7 公里，向西延伸至首钢地区、永定河水系、西山山脉，向东延伸至北京城市副中心和北运河、潮白河水系。

"多点"为 5 个位于平原地区的新城，包括顺义、大兴、亦庄、昌平、房山新城，是承接中心城区适宜功能和人口疏解的重点地区，也是推进京津冀协同发展的重要区域。

"一区"即生态涵养区，包括门头沟区、平谷区、怀柔区、密云区、延庆区，以及昌平区和房山区的山区，是京津冀协同发展格局中西北部生态涵养区的重要组成部分，是北京的大"氧吧"，是保障首都可持续发展的关键区域。

---

〔1〕 本文资料载北京市规划和国土资源管理委员会官网。

"千年之城"画卷已然展开，北京城市副中心围绕高质量的规划建设，发展动能、文旅体验、生态环境的一体化发展，其重要地位日益凸显，未来令人期待。

京津冀协同发展的"桥头堡"

京津冀地区地缘相接、人缘相亲，地域一体、文化一脉，历史渊源深厚、交往半径相宜。长期以来，三地面临区域发展不平衡、北京"大城市病"突出、生态环境压力大等诸多问题。为了解决这些问题，实现区域协调发展，京津冀协同发展战略应运而生。

【知识链接】

京津冀协同发展战略

2014年2月，以习近平同志为核心的党中央作出京津冀协同发展的重大战略决策。其主要目标是促进北京、天津以及河北地区的协同发展，以实现优势互补、互利共赢。这一战略强调通过加强顶层设计，推动产业对接协作，优化城市布局和空间结构，加强生态环境保护合作，构建现代化交通网络系统，并加快推进市场一体化进程。

2024年是京津冀协同发展十周年，京津冀协同发展取得丰硕成果。十年来，在习近平总书记亲自谋划、亲自部署、亲自推动下，京津冀三地始终沿着习近平总书记指引的方向砥砺奋进，以《京津冀协同发展规划纲要》为引领，一张蓝图绘到底，坚定不移疏解非首都功能，推动"两翼"联动发展，唱好京津"双城记"，交通、生态、产业、公共服务等重点领域持续突破，形成目标同向、措施一体、优势互补、互利共赢的发展格局。三地经济总量连跨5个万亿元台阶，2023年达10.4万亿元，是2013年的1.9倍，区域整体实力持续提升，现代化首都都市圈生机勃勃，扎实向世界级城市群迈进。[1]

---

〔1〕　数据来源：北京市发展和改革委员会。

地处京津冀区域核心位置的北京城市副中心，紧邻北三县（隶属河北省廊坊市的三河市、大厂回族自治县、香河县），与天津市、河北省联系密切，区位优势明显，交通便捷通畅，在推进京津冀协同发展中发挥着"桥头堡"的重要作用。

抛开战略层面、产业布局不谈，与老百姓生活息息相关的莫过于交通一体化优势。2024 年 9 月，在东六环外、距离京冀省界只有 4 公里处的一座商场——通州万象汇，开业就迎来了"顶流"，开业前两天吸引顾客近 30 万人次。这座地上 7 层，地下 2 层，汇集了 260 余家店铺的大型商场，虽然地处东六环外，但通过地下通道，实现了与地铁 6 号线东夏园站、东夏园交通枢纽的"无缝衔接"。家住北京中心城区的市民，家住大厂潮白河孔雀城小区的居民，乘坐地铁或公交车就能直达。燕郊的居民，沿着通燕高速自驾也只需 20 多分钟。

北京城市副中心内，京哈高速、通燕高速等多条高速公路贯穿其中，多条铁路、轨道交通线路在此交会，特别是京唐城际铁路、京滨城际铁路等线路的开通，使得人员、物资的流通更加便捷。此外，城市副中心位于首都国际机场和大兴国际机场之间，为国内外的商务往来和旅游出行提供了极大的便利。

在"七横三纵"的轨道交通线网和"五横两纵"的高速公路、快速路网之中，一面面巨大的"京帆"[1] 正在徐徐展开，它就是北京城市副中心站综合交通枢纽。作为北京城市副中心的交通中心，这项"超级工程"将集成 2 条城际铁路、4 条城市轨道交通、1 条骨干铁路、1 条市郊铁路和 15 条公交接驳线路，成为"轨道上的京津冀"的重要支点。该工程预计 2024 年底主体基本完工，2025 年具备通车条件，届时其将成为亚洲最大的地下综合交通枢纽。

△ 建设中的"京帆"

---

〔1〕 图片来源：北京日报。

北京城市副中心站综合交通枢纽的建成，将有力推动京津冀地区实现"1小时交通圈"，从这里出发，15分钟可达首都机场，35分钟可达大兴机场和河北唐山，1小时能抵达雄安新区和天津滨海新区。这极大地缩短了区域内各城市之间的时空距离，促进了人流、物流、信息流的高效流通，为区域协同发展注入强大动力。

打造宜居宜业的城市空间

近年来，北京城市副中心的发展势头强劲，地区生产总值持续攀升，增速高于全市平均水平，多元化的产业格局也在这里逐渐形成。

以"高端、高效、高新"为导向，城市副中心重点打造数字经济、现代金融、先进制造、商务服务、文化旅游、现代种业六大产业集群，布局未来信息、未来能源、未来健康三大未来产业。副中心投资热度日益增强，金融业成为支柱产业，数字经济成为新的增长点，医药健康产业已经成为副中心创新发展的重要新引擎。

在完善公共服务体系、改善居住生活空间方面，北京城市副中心也进行了大量投入。在医疗卫生方面，这里汇聚了北大人民医院、友谊医院、东直门医院等9家三级以上医院。这些医疗资源使老百姓看病更方便，"上友谊""去人民"不但成了居民求医问药的口头语，也是津冀与副中心交界地区人民的看病首选。这些市级、国家级医院在直接提供优质医疗服务的同时，积极对接本地医疗机构，以医联体的方式"造血"，为副中心整体医疗水平提升、完善副中心医疗服务体系贡献力量。

在教育领域，北京第一实验学校等15所市级优质学校入驻北京城市副中心，通过集团化办学、名校办分校等方式，实现优质教育资源全覆盖；新建、改建、扩建中小学，接收配套幼儿园30余所，义务教育阶段扩增学位3万余个，学前三年入园率全市排名前列，普惠性幼儿园覆盖率近5年保持在90%以上。

在文旅领域，城市绿心森林公园和位于公园西北方向的三大文化建筑陆续建成，一跃成为北京文化新地标。2021年正式开园的北京环球度假区，作为亚洲的第三座、全球的第五座环球影城主题乐园，自开园以来迅速成为全国最热门的旅游目的地，2023年接待游客超千万人次，辐射带动环球商圈客流约1600万人次。"去北京，逛环球"已成为外地游客绕不开的话题。

源远流长的运河文化

通州地区历史悠久，文化底蕴深厚。自西汉置路县以来，历经数千年的风雨沧桑，形成了独特而丰富的文化传统。作为京杭大运河的北起点，漕运文化在这里源远流长。当年漕运的繁忙景象，不仅带来了经济的繁荣，还促进了不同地域文化的交流与融合。

△ 一枝塔影认通州

古往今来，百姓在大运河沿线生活，留下诸多桥、闸、码头等生活遗址，文人墨客、能工巧匠则在大运河沿岸留下独特的文化遗产。"云光水色潞河秋，满径槐花感旧游。无恙蒲帆新雨后，一枝塔影认通州。"清代诗人王维珍诗句描绘了始建于北周末期的燃灯佛舍利塔，而这座已有1300多年历史的舍利塔也是大运河通州段的起点。千年漕运，南来北往的行船驶过燃灯佛舍利塔的悠悠光影，满载着或行商或探亲的人们对美好生活的希望。正如这千年不曾易换的历史古迹沉淀着北京的文明灯火，人们对美好生活、美好城市的希冀也代代相承。

坐落在京杭大运河北端西畔通州的"三庙一塔"，除了燃灯佛舍利塔，文庙、佑胜教寺、紫清宫三庙也是北京大运河文化的重要承载地。其中，燃灯佛舍利塔升级为全国重点文物保护单位，澄清下闸、路县故城、玉河庵等大运河沿线文物及重要考古发现被列入第九批北京市文物保护单位，万寿寺、白浮泉遗址、八里桥等一系列保护修缮和环境整治项目陆续开展，文物风貌整体明显改善。

运河文化，依水绵延。乘坐游船从码头出发，放眼望去，水面宽阔，水波荡漾，沿途可见运河商务区、绿心公园、三大建筑等特色建筑和自然景观、人文古迹交相辉映。

城市绿心森林公园里矗立着三大文化建筑——北京艺术中心、北京城市图书馆、北京大运河博物馆，于 2023 年 12 月 27 日起对公众开放。

它们是展现首都文化风貌、促进文化艺术传播的标志性文化设施群，被市民亲切地称为一座"文化粮仓"、一间"森林书苑"、一艘"运河之舟"。三大文化建筑相互辉映，共同推动文化的传播与发展，成为北京城市副中心独特的文化符号。

△ 绿心森林公园〔1〕

【知识链接】

大运河畔的三大文化建筑

北京艺术中心位于流淌千年的大运河畔，形似古粮仓的独特设计，被誉为"文化粮仓"。其总建筑面积 12.5 万平方米，采用中国传统的单脊双坡屋顶，由 3 座独立的建筑体组成，包括歌剧院、音乐厅、戏剧场、小剧场 4 个室内剧场和 1 个户外露天剧场，总计观众席 5610 座。其中，歌剧院拥有国内最大、功能最全的沉浸式扩声系统；葡萄园式音乐厅拥有镇厅之宝"法国浪漫派"管风琴；汇聚 8K、5G、AR、VR、全景声等，观众可以感受到"艺术+科技"的最新应用成果。开放运营后，这里每年都将上演数百场艺术活动，引入国家大剧院经典剧目，引入多种现代艺术门类，拓展演艺新场景，打造都市文艺生活打卡地。

北京城市图书馆是北京城市副中心三大文化建筑之一，建筑面积约

〔1〕 图片来源：京报网。

7.5 万平方米，馆内建有世界最大的单体图书馆阅览室、国内藏量最大的智能化立体书库、国内第一家综合性非遗文献阅览空间、国内最专业的艺术文献馆、国内面积最大的少儿室外阅读活动空间和元宇宙体验馆。其中，元宇宙体验区利用多种显示媒介构建出元宇宙线下体验场景；图书馆内有山谷区和山顶区，山谷区可以看到超挑高的银杏叶屋顶和流动变化的天河，还有特色主题馆，山顶区的阶梯阅览区、三层阅览区可供读者安静享受阅读；设有 24 小时休闲就餐区，有新鲜绿植、精美文创展示和 xbot 拉花咖啡机器人等。图书馆日接待能力为 5000—8000 人次，是集知识传播、城市智库、学习共享等功能于一体的复合多元文化综合体。

北京大运河博物馆位于城市绿心西北部，总建筑面积约 9.97 万平方米，由共享大厅、展陈大楼（主楼）和休闲水街共同组成。博物馆建设设计理念源于古运河图景中的船、帆、水 3 个元素，以运河为线索，将历史文化融入建筑之中。共享大厅屋顶造型取自"船"，展陈大楼（主楼）屋顶造型取自"帆"。两座建筑之间的休闲水街，与展陈大楼（主楼）立面的街巷路口、篷架、门楼等元素相结合，形成一处类似运河驳岸码头的场景。馆内基本陈列"京华通惠运河永济——北京与大运河历史文化陈列"，面积共 7150 平方米，展出文物 1000 余件，采用历史分期方法，根据大运河的发展特点，以时间为序分为八部分，内容从史前贯通至当下，以开放式结尾翘首展望大运河与北京的美好愿景。

北京城市副中心依水而生，凭水而盛，实现了人与自然、城市与自然的"同呼吸共命运"。未来，这颗运河明珠必将更加辉煌璀璨。展望 2035 年，北京城市副中心将成为一个空气清新、水清岸绿、生态环境友好的城区，整洁优美有序的全国文明城区，展示出中国特色和国际一流的现代化城市美好的发展前景。它将不仅是北京的城市副中心，更将成为一个有活力、宜居、宜业的城市新引擎。

五、魅力京郊：绿水青山与金山银山

北京，这座古老而现代的都市，在时光的流转中展现出城市的繁华与活力。而在京郊，延庆的百里山水画廊、怀柔的雁栖湖、密云的古北水镇、门头沟的百花山……是一幅幅充满了自然风光、文化底蕴和生态环境的美丽画卷。人们在这里饱览绿水青山、品味乡野美食、体验乡风民俗、拥抱"诗和远方"，感受京郊焕发的独特魅力。

绿水：雁栖湖的灵动之美

《管子·水地》里说，"水者，地之血气，如筋脉之通流者也"。交织成网的河湖如同城市"血脉"，滋养城市，造就文明，成为城市发展的命脉和基石。水为北京的发展提供源源不断的"水动力"。

永定河、潮白河、北运河、拒马河等众多河流，密云水库、官厅水库等大型水库，雁栖湖、昆明湖等湖泊，汉石桥、野鸭湖等湿地，这些是北京水生态系统的重要组成部分，为众多珍稀鸟类、水生植物以及其他生物提供了栖息地。近年来，北京市政府通过河道整治、生态补水等措施，使这些水域的生态环境得到了极大的改善，不仅为人们提供了优美的自然景观，也为水生生物提供了良好的生存环境。

△ 雁栖湖〔1〕

在北京市怀柔区北8公里处的燕山脚下，有一片因每年春秋两季常

---

〔1〕　图片来源：雁栖湖景区官方网站 http://www.yanqihu.com。

有成群的大雁来湖中栖息而得名的水域——雁栖湖。湖面宽阔而深邃，水质清澈见底，湖的周边山峦连绵起伏，山上绿树成荫，宛如一颗璀璨夺目的蓝宝石，镶嵌在京郊广袤而充满生机的土地上。

二十多年来，北京对雁栖湖及周边水域进行了系统的生态治理，加强了水污染防治，严格管控污水排放，确保湖水水质持续改善。生态修复工程不断进行，使得雁栖湖的水质日益清纯，水生植物和湿地面积不断增加，湖内有鱼、虾、龟等水生动物几十种，并多次发现金边地龟和娃娃鱼等珍稀动物，对水质要求很高的大雁、仙鹤、白天鹅、淡水鸥等珍禽候鸟常在湖岸栖息繁衍。

生态变好了，环境变美了，引来的可不只是珍禽候鸟。雁栖湖吸引来了络绎不绝的游客，成为近年来人们休闲度假、体育健身的热门打卡地。2024 年，在"金九银十"的北京，家住城里的很多市民选择在中秋节那一天，和家人到雁栖湖坐夜游船、看月亮，晚上就住在湖边的酒店，参加慕尼黑啤酒节，享受美食、啤酒，欣赏乐队演出。2024 年 9 月 22 日，2024 怀柔长城马拉松暨第 58 届公园半程马拉松北京公开赛在雁栖湖国际会展中心鸣枪起跑，选手们如同离弦之箭般地冲出起跑线，身上色彩斑斓的运动装备在阳光的照耀下熠熠生辉。

无论是在阳光明媚的春日，还是在凉爽宜人的秋日，人们可以漫步在湖边的栈道上，感受微风的轻拂，欣赏湖光山色的美景；也可以选择乘坐游船，在湖面上缓缓前行，享受宁静与惬意。湖边还有各种特色的餐厅和咖啡馆，供游客们品尝美食、休息放松。到了夜晚，华灯初上，雁栖湖被五彩斑斓的灯光装点得如梦如幻，更加增添了它的魅力。这里，不仅是一处美丽的自然景观，更是人们心灵的栖息地，承载着人们对绿水青山美好生活的向往和追求。

值得一提的是，雁栖湖不仅自然风光旖旎，还承载着丰富的历史，以及现代文明。2014 年 11 月 5 日 APEC 峰会和 2017 年 5 月上旬举办"一带一路"国际峰会，让雁栖湖的名字声名鹊起，留下了一个个关于政治经济、文化交流的高光时刻。"有河有水、有鱼有草、人水和谐"的生态之境和亮丽风光，宏伟的建筑、现代化的会议设施、完善的服务保障是北京面向世界的"底气"，让每一位参会者都能深刻感受到自然与人文的和谐共生。

青山：植树造林添新绿

2024年4月3日上午，中共中央总书记、国家主席、中央军委主席习近平在北京市通州区潞城镇参加首都义务植树活动时强调，"清明前后，神州大地处处生机盎然，正是植树的好时节。今天我们一起种树，就是要号召大家都行动起来，积极参与植树造林，人人争当绿色使者、生态先锋，为建设美丽中国增绿添彩，共同谱写人与自然和谐共生的中国式现代化新篇章。这已是习近平总书记连续第17年参加首都义务植树活动了。总书记率先垂范、身体力行，同首都群众一起植树，为北京城市生态增添了新绿。

自2012年以来，北京陆续开展了两轮百万亩造林绿化工程，累计造林增绿219万亩，森林覆盖率由2012年的38.6%提高到44.9%，《北京城市总体规划（2016年—2023年）》确定的"一屏、三环、五河、九楔"市域绿色空间结构基本形成，首都市民绿色福祉显著提升，京华大地生物多样性持续丰富，夯实了北京建设国际一流和谐宜居之都的绿色基底。[1]

【知识链接】

"一屏、三环、五河、九楔"

《北京城市总体规划（2016年—2035年）》[2] 提出，要强化西北部山区重要生态源地和生态屏障功能，以三类环型公园、九条放射状楔形绿地为主体，通过河流水系、道路廊道、城市绿道等绿廊绿带相连接，共同构建"一屏、三环、五河、九楔"网络化的市域绿色空间结构。

一屏：山区生态屏障。充分发挥山区整体生态屏障作用，加强生态保育和生态修复，提高生态资源数量和质量，严格控制浅山区开发规模

---

〔1〕 来源：北京市园林绿化局。
〔2〕 北京市规划和国土资源管理委员会，2917年9月发布。

和强度，充分发挥山区水源涵养、水土保持、防风固沙、生物多样性保护等重要生态服务功能。

三环：一道绿隔城市公园环、二道绿隔郊野公园环、环首都森林湿地公园环。推进第一道绿化隔离地区公园建设，力争实现全部公园化；提高第二道绿化隔离地区绿色空间比重，推进郊野公园建设，形成以郊野公园和生态农业为主的环状绿化带；合力推进环首都森林湿地公园建设。

五河：以永定河、潮白河、北运河、拒马河、泃河为主构成的河湖水系。以五河为主线，形成河湖水系绿色生态走廊。逐步改善河湖水质，保障生态基流，提升河流防洪排涝能力，保护和修复水生态系统，加强滨水地区生态化治理，营造水清、岸绿、安全、宜人的滨水空间。

九楔：九条楔形绿色廊道。打通九条连接中心城区、新城及跨界城市组团的楔形生态空间，形成联系西北部山区和东南部平原地区的多条大型生态廊道。加强植树造林，提高森林覆盖率，构建生态廊道和城镇建设相互交融的空间格局。

门头沟的百花山，曾经荒芜的山坡如今已被茂密的森林覆盖，松柏四季常青，春天的山间灌木丛中盛开着五彩斑斓的野花。延庆的海陀山，云杉、落叶松等树木茁壮成长，山间的小溪潺潺流淌，褐马鸡、金钱豹等珍稀野生动物在此栖息。大兴的南海子公园周边，新栽的树木如同绿色的卫士般整齐列队，杨树高大挺拔，柳树优雅柔软。通州的城市绿心森林公园，大片的森林与草地相互映衬，各种花卉点缀其间，色彩斑斓……这些新绿净化着空气，为城市输送着清新的氧气；保持着水土，减少了自然灾害的发生；还为野生动物提供了栖息之所，保护了生物多样性发展。

这些新绿也为人们提供了丰富的休闲运动场所。在众多的城市公园、郊野公园，无论是散步、跑步、骑行，还是野餐、露营、亲子活动，在这里人们可以感受大自然的美丽与宁静，缓解工作和生活的压力。森林公园为户外运动爱好者提供了广阔的空间，他们在森林中进行徒步、登山、越野等活动，锻炼身体，挑战极限。一些公园会举办各种文化活动，如音乐节、艺术展览、民俗活动等，为人们提供了更多的文化体验和交流机会。

【知识链接】

周末去哪里？北京六大湿地公园

　　翠湖国家城市湿地公园，位于海淀区上庄水库北侧，占地面积157.16公顷，开放面积45公顷。开放区域设计了湿地文化长廊、水生植物观赏区、临湖映眺、蝴蝶谷、绕水芳径、归鹭岛、夕阳远山等多个景点。公园植被茂盛，物种丰富，共记录到高等植物455种，野生鸟类276种，在这里游客可以亲身领略"湿地秋夏皆绿妆，跌宕芦苇鸟深藏，小舟轻漾惊白鹭，菱叶浮水见鱼翔"的湿地风光。

　　南苑森林湿地公园，位于丰台区，占地16 000亩，以湿地为底、森林为体，形成泡子湿地、海子森林、槐新森林、一亩古泉、高台望迥、槐房清源、御道文苑、飞放森林八大特色景区。这里栖息着鸟类116种，浮游生物49种，底栖生物6类，鱼类10种，两栖爬行动物3种，蜻蜓、蝴蝶共18种，以及2种哺乳动物。登高远眺，可以一览林海与湿地风貌，观赏多种野生动物的自然生态。

　　野鸭湖国家湿地公园，位于延庆区，北依松山、大海陀山，由官厅水库延庆辖区及环湖淹没区、滩涂、河流、沼泽等组成，是自然—人工复合型湿地公园。公园内环境优美、景色壮阔，远处群山环绕如镜的湖面，近处飞鸟掠过荡漾的芦苇。长达5公里的环湖步道，可供游客漫步游览，亦可乘船游湖感受湖上风光。

　　西海湿地公园，位于西城区德胜门西什刹海，周边有汇通祠、三官庙、净业寺、普济寺、德胜门箭楼等历史遗迹。公园环湖修筑有全长1450米的步道，还有50多米长的水中浮桥连接起西海北沿和西沿，营造了约2万平方米的水生种植区，拥有3个生态浮岛区，营建了丰富的水生植物群落及多种鸟类生境。

　　汉石桥湿地自然保护区，位于顺义区杨镇地区，这里可以观赏到大面积生长的芦苇，以及芡实、香蒲、鸢尾、荷花、睡莲等多种水生植物，还有苍鹭、白鹭、黑水鸡等在此嬉戏，游客可以与大自然零距离接触。公园还开设有游船、观光自行车、湿地童趣乐园等娱乐项目供游客娱乐。

崔家窑湿地公园，位于海淀区西北旺镇，占地 14.72 万平方米，以"水景"环抱绿地，与西侧翠湖国家城市湿地公园相呼应，重塑片区水生态环境。公园所属地曾是水稻种植区，以"观农桑、品文脉"为主题，在传承农耕文化的同时将生态涵养纳入公园建设中。沿公园内步道前行，园内地势高低结合、错落有致，沿途森林、草地、湿地景观兼备，既有开阔明亮的水系视野，也有林下小溪的幽静步道。

"绿水青山就是金山银山："百村示范、千村振兴"工程

2005 年 8 月 15 日，时任浙江省委书记习近平在浙江湖州安吉的余村，首次提出"绿水青山就是金山银山"，为余村从靠山吃山转向养山富山指明方向、坚定信心。2020 年 3 月，时隔 15 年，习近平总书记再次来到余村，这里已成了青山叠翠、游人如织的美丽乡村。余村的蝶变是将"绿水青山就是金山银山"理论转化为实践的开始和缩影。从余村到全国，"绿水青山就是金山银山"也在京华大地上生动实践。

"绿水青山"如何就变成了"金山银山"？这里要提到北京的"百村示范、千村振兴"工程。

2023 年 9 月，北京市启动"百村示范、千村振兴"工程，明确到 2027 年，全市要建成 100 个"产业强、乡村美、农民富"的乡村振兴示范村，建成一批融农耕文化、自然山水与现代设施于一体，体现京东运河文化、京西古道文化、京南田园牧歌、京北山水长城和红色革命记忆的乡村振兴示范片区，梯次推进 3000 多个具有村庄形态的现状村补短板、强弱项、促振兴，为北京率先基本实现社会主义现代化、建设国际一流的和谐宜居之都奠定坚实基础。

"百村示范、千村振兴"工程也是北京市深入落实习近平总书记关于浙江"千村示范、万村整治"工程重要指示批示精神的关键举措。一方面大力发展乡村产业，做好"土特产"文章，促进第一、二、三产业融合，延长产业链、打造供应链、提升价值链。另一方面持续提升宜居宜业水平，坚持规划先行，编制乡镇国土空间规划，推动"多规合一"在村庄落地实施，引导资源要素跟着规划走。

2024 年的春节，在位于通州区台湖镇唐大庄村的一个新开业民宿

里，白墙、灰瓦、红灯笼，已是一片喜庆祥和的景象。通过开办民宿，这个院子的主人一家的年收入多了几万元。唐大庄村正是"百村示范、千村振兴"工程中率先乡村振兴示范创建的 100 个村庄之一。距离环球影城度假区开车仅 7 分钟，被称为"环球最近民宿村"，唐大庄村接住了这一"环球泼出的富贵"，大力培育乡村民宿产业，并持续提升质量规模、促进村民就业增收。目前，全村 100 多户村民中，有发展民宿意愿的就有 90 多户，其中正在经营的有 30 余户，还有 30 余户正在设计或装修改造，吸引了上千万的社会资本投资，直接带动 80 余名村民就业。民宿产业的发展还带动了房车露营、乡村夜市等周边产业，第一、二、三产业深度融合，为乡村振兴持续注入发展动能。[1]

"栽下梧桐树，引得凤凰来。"2024 年 9 月，北京市"百村示范、千村振兴"工程招商引资工作正式启动。在延庆区八达岭镇石峡村，石峡关长城脚下、紧邻八达岭长城，保留着大量的古堡城墙、砖长城等历史遗迹，具有优越的旅游

△ 延庆区八达岭镇石峡村

资源。石峡村希望通过招商引资，利用村内榛子岭 1 万平方米的产业用地，打造集主题研学、主题民宿、汽车影院、星空森林等多功能于一体的守卫长城露营基地。

除了石峡村，在顺义区赵全营镇、密云区新城子镇遥桥峪村、门头沟区斋堂镇爨底下村、门头沟区妙峰山镇水峪嘴村、房山区周口店镇娄子水村……一个个产业带动性强、落地可行性高、投资效益预期好的项目正式启动招商引资工作，涵盖现代农业、乡村旅游、休闲农业等多元业态，描绘着未来可期的乡村振兴蓝图。

"百千工程绘新景"，乡村环境美起来、发展态势好起来、兴民产业旺起来、基层治理强起来……一幅村美、民富、业兴、人和的崭新图景已在京华大地上展开！

---

〔1〕 来源：北京日报。

思考题

1. 谈一谈你心目中的当代北京十大新地标建筑是哪些？

2. 谈谈 2008 年北京奥运会、2022 年北京冬奥会对中国和北京发展的意义。

3. 结合本篇内容，谈谈你对"绿水青山就是金山银山"的理解。

推荐书目

《城市季风：北京和上海的文化精神》，杨东平，东方出版社 1994 年版。

推荐电影

1. 《航拍中国》（第四季）（2022 年），余乐执导。
2. 《双奥之城》（2018 年），北京电视台。

第八篇

未来航向

　　党的十八大以来，习近平总书记擘画了"坚持和强化首都全国政治中心、文化中心、国际交往中心、科技创新中心的核心功能，深入实施人文北京、科技北京、绿色北京战略，努力把北京建设成为国际一流的和谐宜居之都"的宏伟蓝图。站在新的历史起点上，北京要建设好伟大社会主义祖国的首都、迈向中华民族伟大复兴的大国首都、国际一流的和谐宜居之都。

【阅读提示】

　　1. 北京作为全国政治中心承担的具体职能。

　　2. 全国文化中心建设的特点及发展成果。

　　3. 北京打造国际交往中心的空间格局，在大国外交中发挥的作用。

　　4. 科技创新中心建设的发展与现状。

一、红旗飘扬：全国政治中心

在北京天安门广场，中华人民共和国的国旗——五星红旗会随着每天清晨的第一缕阳光和国歌恢宏的旋律迎风飘扬，这面五星红旗照耀下的北京，正是我们伟大祖国的政治中心。

回顾历史，我国政治中心历经变迁。从古代的长安、洛阳、南京到北京，每一次变迁都与国家的发展和历史的进程紧密相连。北京成为全国政治中心的历史可以追溯到金朝时期，并且经历了元朝、明朝、清朝以及近代的不断发展。1949 年 9 月 29 日，中国人民政治协商会议一致通过了《中国人民政治协商共同纲领》；10 月 1 日，毛泽东主席在天安门城楼上向全世界庄严宣布，中华人民共和国中央人民政府成立了！从此，作为新中国首都的北京与共和国一起，在中华民族的历史长河中翻开了崭新的一页。

北京是中国共产党中央委员会、中华人民共和国中央人民政府所在地。作为全国政治中心，北京为中央党政军领导机关提供优质服务，全力维护首都政治安全，保障国家政务活动安全、高效、有序运行，同时也严格规划高度管控，治理安全隐患，以更大范围的空间布局支撑国家政务活动。

【知识链接】

中南海正门影壁上的五个大字[1]

北京天安门西侧不远，是当代中国政治"心脏"、中共中央的办公地——中南海。来往于长安街的行人每每带着好奇望向它的正门时，总会一眼望见"为人民服务"五个大字。绿瓦、红墙、金字，当现代的执政理念被呈现在厚重的历史背板之上，中国共产党以无声的方式对外

---

[1]　来源：中国新闻网。

"自我介绍"——人民，是她刻在"心里的名字"。

这句话从何而来？在党的历史上，"为人民服务"由毛泽东在 1944 年正式提出。据考证，这也是他一生中题词用语最多的一句。这五个大字于 1967 年被刻在中南海新华门内的影壁上。根据中南海工作人员回忆，手写体的"为人民服务"，是从毛泽东在解放后书写的许多条幅中"选出来写得最好的一幅"。

迄今，历经半个多世纪的风云变幻，这一标语始终镌刻于党的"心脏"之地。"人民"二字早已被根植进中国共产党的基因之中。

作为全国政治中心，北京不仅承载着国家层面的重大决策和战略部署，还肩负着服务保障国家政治生活的重要使命。从党和国家的重大会议到国际友好交流，从北京奥运会到建党百年庆典，每一次重大活动的成功举办，都与北京这座城市息息相关。

1921 年，在战火纷飞、风雨如晦的旧中国，一群高举马克思主义思想火炬的新青年，怀着满腔热血与理想，为中华民族寻找民族复兴的正确道路。2021 年，中国共产党成立 100 周年，在这一具有里程碑意义的历史时刻，北京作为全国政治中心，再次展示了强大的组织能力和深厚的文化底蕴。

2021 年 7 月 1 日上午，庆祝中国共产党成立 100 周年大会在北京天安门广场隆重举行，各界代表 7 万余人以盛大仪式欢庆中国共产党百年华诞。中共中央总书记、国家主席、中央军委主席习近平发表重要讲话。他强调，过去一百年，中国共产党向人民、向历史交出了一份优异的答卷。现在，中国共产党团结带领中国人民又踏上了实现第二个百年奋斗目标新的赶考之路。中国共产党立志于中华民族千秋伟业，百年恰是风华正茂。回首过去，展望未来，有中国共产党的坚强领导，有全国各族人民的紧密团结，全面建成社会主义现代化强国的目标一定能够实现，中华民族伟大复兴的中国梦一定能够实现。

习近平总书记代表党和人民庄严宣告，经过全党全国各族人民持续奋斗，我们实现了第一个百年奋斗目标，在中华大地上全面建成了小康社会，历史性地解决了绝对贫困问题，正在意气风发向着全面建成社会主义现代化强国的第二个百年奋斗目标迈进。这是中华民族的伟大光荣，这是中国人民的伟大光荣，这是中国共产党的伟大光荣。[1]

7时55分许，中国人民解放军71架战机飞向天安门广场，向党致敬，向祖国致敬，向人民致敬。8时整，象征着巨轮起航的汽笛声响起，庆祝大会开始。全体肃立，100响礼炮响彻云霄，国旗护卫队官兵护卫着五星红旗，迈着铿锵有力的步伐，从人民英雄纪念碑行进至广场北侧升旗区。中国人民解放军联合军乐团奏响雄壮的《义勇军进行曲》，全场齐声高唱中华人民共和国国歌，鲜艳夺目的五星红旗冉冉升起，在天安门广场上空迎风飘扬。各民主党派、工商联和无党派人士联合致贺词，向中国革命、建设、改革事业的坚强领导核心——伟大的中国共产党，致以最崇高敬意和最诚挚祝贺。共青团员和少先队员代表集体致献词，向党致以青春的礼赞，抒发"请党放心、强国有我"的铮铮誓言……

盛大的庆祝大会、阅兵式、文艺演出、主题展览等一系列隆重的庆祝活动背后，也闪耀着北京首都群众热情洋溢的身影。他们或参与志愿服务活动，为庆典的顺利进行贡献自己的力量；或观看文艺演出和主题展览，感受党的光辉历程和伟大成就；或通过网络平台发表感言和祝福，与全国人民共享这份喜悦和荣耀。许多社区居民自发组织文艺演出，通过歌舞、朗诵等形式回顾党的光辉历程，歌颂党的丰功伟绩。还有不少市民积极参与"我为建党百年打卡"等活动，在红色景点、标志性建筑前拍照留念，表达对党的忠诚与热爱。在这个特殊的时刻，北京这座城市处处洋溢着喜庆的氛围，每一名市民积极参与其中，用自己的方式表达对党和国家的热爱和祝福。

建党100周年庆祝活动的成功举办，彰显了中国共产党领导下的中国特色社会主义事业的伟大成就和光明前景，也展现了北京的独特魅力和强大凝聚力。

如果说建党100周年庆祝活动是北京作为全国政治中心的高光时刻，那么每年召开的全国"两会"则是其常态运行的生动写照。

早在1978年2月28日，《人民日报》刊发题为《醉春风·庆祝人大政协两会同开》的文章，就把全国人大会议和全国政协会议合称为

---

[1]　来源：新华社。

"两会"。随后，在 1985 年、1986 年以及 1987 年的全国人大会议和全国政协会议报道中，媒体越来越多地使用"两会"，由此，用"两会"称呼"全国人大会议"和"全国政协会议"逐渐普遍。如今，也约定俗成地将"地方人大会议"和"地方政协会议"称为"地方两会"。

【知识链接】

第一届全国人民代表大会

1954 年 9 月 15 日，第一届全国人民代表大会第一次会议在北京召开，标志着我国人民代表大会制度的正式建立。这次会议通过了《中华人民共和国宪法》，确立了人民代表大会制度作为我国的根本政治制度——人民代表提出"提案"，由第一届全国人大专门设立的"提案审查委员会"在大会期间对代表提案进行审查，提出审查意见并向大会报告，最终由大会审议、表决审查意见。会议期间，恰逢中国百业待兴，代表们共提出了涉及工矿、劳动、农业等方面的提案 39 件。（中国人民政治协商会议第一届全体会议，请参见本书第三篇第五章【知识链接】第一次中国人民政治协商会议）

全国"两会"是中国政治生活中的两件大事，也是国家民主制度的重要体现。每年 3 月，来自全国各地的代表和委员齐聚北京，共商国是、共谋发展。在人民大会堂万人礼堂内，代表委员审议政府工作报告、讨论国家大政方针、提出议案和建议，他们的声音汇聚成一股强大的力量，推动着国家不断向前发展。在这里，来自人民的声音得以汇聚，政治决策得以制定，国家意志得以体现，人民利益得以保障。

北京作为全国"两会"召开的地点，在每一年召开期间，都肩负着不可替代的政治意义，北京这座城市始终将服务保障政治中心摆在首要位置。从会场的布置到交通的疏导，从安全的保障到服务的提供，每一个环节都经过精心策划、周密安排。

在全国"两会"期间，北京的城市管理、交通出行、安全保障等方面都呈现出高度的组织性和协调性，确保了会议的顺利进行和代表委员的顺利参会。北京交管部门通过智能调度系统，有效缓解了会议核心区域周边的交通压力，确保参会代表和媒体能够准时、顺畅地抵达会场。公安部门加强安全巡逻和应急响应机制，为"两会"筑起了一道坚不可摧的安全防线。北京群众志愿者们更是活跃在各个交通枢纽、代表委员驻地周边等场所，为参会人员提供引导、咨询等贴心服务。从会议场地的精心布置到后勤服务的无微不至，无论是会议设施的完善，还是餐饮住宿的周到安排，北京都以其高效的组织能力和优质的服务水平展现了作为全国政治中心的担当和作为。

二、星光璀璨：全国文化中心

2017 年 10 月 18 日，习近平总书记在中国共产党第十九次全国代表大会上的报告指出，文化是一个国家、一个民族的灵魂。文化兴国运兴，文化强民族强。没有高度的文化自信，没有文化的繁荣兴盛，就没有中华民族伟大复兴。

北京，历史悠久，文化底蕴深厚。北京，青春勃发，文化生机无限。2017 年 8 月，北京明确建设全国文化中心要重点抓好"一核一城三带两区"，即以培育和弘扬社会主义核心价值观为引领，以历史文化名城保护为根基，以大运河文化带、长城文化带、西山永定河文化带为抓手，推动公共文化服务体系示范区和文化创意产业发展引领区建设。

【知识链接】

社会主义核心价值观

富强、民主、文明、和谐
自由、平等、公正、法治
爱国、敬业、诚信、友善

24 字核心价值观分成 3 个层面：富强、民主、文明、和谐，是国家层面的价值目标；自由、平等、公正、法治，是社会层面的价值取向；爱国、敬业、诚信、友善，是公民个人层面的价值准则。

"北京中轴线"申遗成功、2014 中国电视剧精选中七部京产佳作入选、文化产业增加值占 GDP 的比重多年来稳居全国第一……在"一核一城三带两区"总体框架下，北京扎实做好文化建设这篇大文章，传承中华优秀传统文化、弘扬革命文化、繁荣社会主义先进文化，深蕴古都文化、红色文化、京味文化、创新文化，努力在推进文化繁荣的新征程中走在前列，全国文化中心建设跑出了新的加速度。

传统与现代交相辉映

　　丰富的历史文化遗产是北京的金名片。近年来，北京严格落实"老城不能再拆了"的要求，以中轴线申遗为抓手，着力实现老城整体保护与复兴，启动百余项文物修缮工程，有序推进太庙、天坛、先农坛等文物腾退工作，利用实景三维技术"复刻"古都脊梁……北京历史文化遗产这张中华文明的金名片，得到了前所未有的保护。

　　落到具体的城市文物保护细节里，对胡同的保护和开发无疑是最具特色的代表。在人们的印象里，胡同是低矮的青砖红瓦，紧紧挨着的小走道，敞开的门前有着或木雕或石刻的门墩子和门槛。如今，一间间四合院早已被各式各样的新奇店铺替代，有书店、咖啡厅、首饰店，等等。潮流、文艺的气息缭绕在白色的帆布檐角上，顺着俏皮的紫藤落在游客们的相机里，北京的不少胡同焕发了新的生机。

　　北京也是全国拥有世界文化遗产数量最多的城市。随着"北京中轴线"于 2024 年 7 月 27 日列入《世界遗产名录》，北京的世界遗产总数达到 8 项，成为全国拥有世界文化遗产数量最多的城市。北京的世界遗产分别是八达岭长城、北京故宫、周口店北京人遗址、颐和园、天坛、明十三陵、大运河以及"北京中轴线"。

　　大运河、长城、西山永定河三条文化带，更是承载了北京"山水相依、刚柔并济"的自然文化资源和城市发展记忆。运用数字化等技术对长城开展研究型保护修缮，连续举办北京长城音乐会、八达岭长城文化论坛，打造大型长城主题情景剧《梦华·长城》……巍峨的长城在新时代焕发新光彩。北京（通州）大运河文化旅游景区成功创建国家 5A 级旅游景区；445 公里"京畿长城"国家风景道主线亮相，形成以箭扣长城为代表的一批示范性保护工程；三山五园荣获"国家文物保护利用示范区"称号……三条文化带已然成为城市文脉传承的新样本。

【知识链接】

北京的三条文化带

大运河文化带，以京杭大运河为主线，历史可追溯至春秋时期的中国运河文化，经过隋唐时期的重大发展，到元代找到了它的最终汇聚之地——大都（北京）。大运河不仅是保障首都漕粮供应的经济生命线，还在沿岸乃至更广阔的流域范围内积淀了特色鲜明的地域文化。

长城文化带，始于北齐，到了明朝开始大规模修建长城，东西起始分别为平谷和密云，途经六个区县，在北京区域内长达573公里，文化带从西至东分为八达岭—居庸关段、九眼楼—慕田峪段、古北口—司马台段、红石门段四部分，并根据其自身特点定制了不同"开放"模式。

西山永定河文化带，以西山北至关沟，南至拒马河谷，西至市界，东到北京小平原，几乎占据了北京市总面积的17%。这里有丰富的文化资源，清代的三山五园体现了皇家的风貌；除此之外，还有寺庙文化，主要代表是大觉寺、卧佛寺等；传统的民俗文化则是以妙峰山为代表；还有陵墓文化等。

文明是城市最暖的名片。首都精神文明建设始终坚持市民群众主体地位，统筹推进文明培育、文明实践、文明创建，全力打造全国精神文明建设示范区。如今，48万余名"身边榜样"覆盖各行各业，"北京榜样"品牌越擦越亮。以"柠檬黄""志愿蓝""平安红"等为代表的首都志愿者遍布城乡基层。截至2023年底，北京实名注册志愿者人数已突破460万人，志愿服务团体达到7万余个。"文明驾车礼让行人"等主题活动广泛开展，北京市民公共文明行为指数连续10年攀升，社会文明程度不断提升。

【知识链接】

北京榜样·首都监狱戒毒卫士[1]

"北京榜样·首都监狱戒毒卫士"是展示北京监狱戒毒系统民警队伍形象、增强队伍职业荣誉感的典型宣传品牌，由北京市监狱管理局（北京市戒毒管理局）、首都精神文明建设委员会办公室共同主办。2008年起至今已举办5届，共评选出60名典型人物。

2018年5月，首届"首都监狱卫士"揭晓并举办先进事迹报告会。常雪征等10名"首都监狱卫士"上台领奖，并面向公众讲述他们的监狱警察故事。此后的每届评选皆以报告会形式揭晓。

2019年6月，第二届"北京榜样·首都监狱（戒毒）卫士"揭晓，邝林等20名"卫士"获选。与第一届相比，市监狱局（市戒毒局）与首都精神文明办沟通联系，将该品牌纳入"北京榜样"子品牌，以扩大其在民警队伍中的感召力和在社会中的影响力、知名度。这也是市监狱局、市戒毒局两局合并后举办的首次卫士评选活动。

2020年12月，第三届"北京榜样·首都监狱戒毒卫士"揭晓。此次评选在新冠疫情防控严峻形势下进行，首都监狱戒毒系统取得了监管场所"零疫情"、民警职工"零感染"的阶段性胜利，进一步弘扬了抗疫精神。

2021年12月，第四届"北京榜样·首都监狱戒毒卫士"揭晓。此次评选在首都监狱戒毒系统掀起了学习先进典型、崇尚先进典型、争当先进典型的热潮。

2023年3月，第五届"北京榜样·首都监狱戒毒卫士"揭晓。在历届"首都监狱戒毒卫士""最美身边人"[2]等典型榜样的引领示范下，首都监狱戒毒系统广大民警踔厉奋发、勇毅前行，在服务平安北京和法治中国首善之区建设中贡献力量，展现出新时代监狱戒毒人民警察的崭新风貌。

---

〔1〕　数据来源：北京监狱与戒毒微信公众号。
〔2〕　北京市监狱管理局（北京市戒毒管理局）另一典型宣传品牌。

△ 第六届"北京榜样·首都监狱戒毒卫士"

2024年11月，第六届"北京榜样·首都监狱戒毒卫士"颁奖仪式顺利举行。新征程上，首都监狱戒毒机关将更加紧密团结在以习近平同志为核心的党中央周围，坚定捍卫"两个确立"，坚决做到"两个维护"，以首善标准奋力推进首都监狱戒毒工作现代化高质量发展，努力为首都率先基本实现现代化作出无愧于党、无愧于人民、无愧于时代的新业绩。

文化惠民，点亮京城

近年来，北京坚持高标准建设"书香京城""博物馆之城""演艺之都"，着力推动文化领域改革、搭建富有活力的文化新空间、培育文化服务新业态。中国共产党历史展览馆、中国国家版本馆中央总馆、北京艺术中心、北京城市图书馆、北京大运河博物馆……一座座"文化重器"相继落成，供给丰富、便捷高效的现代文化服务体系呼之欲出。人们在触手可及、实实在在的文化资源中体会到了获得感、幸福感，文化发展成果惠及了更多民众。

"书香京城"建设让全民阅读形成风尚。目前，北京已建成"市、区、街乡、社区村"四级阅读推广架构，不断完善全民阅读推广模式，营造出浓厚的书香氛围。在北京，随处可见大大小小的书店、图书馆、书市，遍布城市的新书分享会、文化讲座、读书沙龙等活动，让书香深入人心。无论是亲子阅读、白领阅读，还是银发阅读、乡村阅读，都成了北京市民日常生活的一部分，让这座城市充满了文化的气息。2023年，阔别十年的"我与地坛"北京书市重启，首次推出"旧书新知"活动。"北京国际图书节""书香中国·北京阅读季盛典"等一系列线下书市、书展相继推出，掀起全民阅读热潮，浓郁了北京的书香氛围，彰显了首都的文化力量。

说到"博物馆之城",其实北京本身就是一座内容丰富、内涵深刻的巨大活态博物馆。无论是长城、故宫、圆明园、颐和园、天坛、国子监这些留存至今的皇家建筑群和历史古迹,还是现当代新建造的充满生机和活力的新博物馆,都在以独特的文化魅力吸引四方来客。

北京是全国拥有博物馆最多的城市。据统计,目前北京备案博物馆总数已有 220 多家,其中国家一级博物馆就有 18 家,北京地区博物馆拥有藏品的总数更是达到了惊人的 1600 余万件(套),这些数据列居全国首位。展陈多样、门类丰富、特色鲜明的北京文博资源形成了全国规模最大、实力最强的博物馆集群,这也是北京建设"博物馆之城"的最强家底。

"家底丰厚"的北京,魅力不止于此。北京更是一个拥有强大凝聚力的文化交流中心。近年来,在文艺青年会集的"小红书""豆瓣"等网络平台上,流行起一些关于国家博物馆的热梗:"防火防盗防国博""盘点被国博'借'走的宝贝"……一些网友甚至喊话"国博""什么时候把我们家(乡)的宝贝还回来?"这些网友津津乐道的被借走的文物有来自河南的后母戊鼎、来自湖南的四羊方尊、来自陕西的陶鹰鼎、来自云南的滇王金印……

而在通州城市副中心,来自遥远神秘的古川蜀之地三星堆文明的 260 多件(套)文物,也曾"出差"大运河畔。2024 年 6 月,"探秘古蜀文明——三星堆与金沙"展览在北京大运河博物馆(首都博物馆东馆)开幕,迅速火爆京津冀三地,吸引着成千上万的观众参观浏览,其中包括不少外地游客。"三星堆种草很久啦,因为离太远一直没去成,想不到暑假来北京旅游,在这里看到了!"一名来自哈尔滨的大学生欣喜地说。

△ "探秘古蜀文明——三星堆与金沙"展览

难道全国的"宝贝"都在北京？说"国博"有借无还，当然只是一句玩笑话；三星堆的"小铜人"们，"出完差"也得回去。汇聚、开放、共享，北京建设"博物馆之城"的意义，或许就在于此。人们无须奔走全国各地，仅在北京一地，就能充分领略绵延不绝、灿若星河的中华文明。从这种意义上说，北京的文化惠民，惠及的不仅是北京市民，而是全国人民。

如果说北京建设"博物馆之城"是中华五千年历史文明的群英荟萃，那么打造"演艺之都"则是新时代文化艺术的盛大派对。2023年1月，北京市政府工作报告首次提出打造"演艺之都"；《北京市建设"演艺之都"三年行动实施方案（2023年—2025年）》发布，围绕演艺精品、主体、市场、空间、品牌、传播、生态7个方面，提出了一系列工作举措和主要任务，"演艺之都"建设精彩开局。

北京的演出市场无比繁荣。打开北京市文化和旅游局的官方网站，点击公共服务栏目，就能轻松查阅未来一周的北京商业演出，成百上千条演出信息应有尽有。既有代表传统的京剧、昆曲、相声、评书，也有年轻人喜爱的演唱会、脱口秀、Livehouse；有接地气的评剧、二人转、综艺喜剧，也有带点儿洋气的音乐会、歌剧、舞剧。丰富的剧种、繁多的门类、极高的品质、完善的服务，无不在滋养着人们的精神世界。

2024年11月22日晚，在"文化粮仓"北京艺术中心，"船夫号子震天响，一条大船驶上舞台，沿京杭大运河一路北上……"由茅盾文学奖获奖作品改编的音乐剧《北上》开启了首演，30万文字的磅礴想象变得可见可听。走进正乙祠戏楼，昆曲《牡丹亭》、越剧《红楼梦》……一出出传统好戏正在上演。2022年，这座有着300多年历史被誉为"中国戏楼活化石"的老建筑重新张灯结彩，传统好戏被重启，传世经典再现生机。台下观众领略着戏剧的魅力。

当然，还有漂洋过海来到中国的交响乐、西洋歌剧、芭蕾舞剧。在国家大剧院，人们可以领略到来自世界各地的顶尖艺术，有柴可夫斯基的交响曲《悲怆》、普契尼的歌剧《托斯卡》、马林斯基剧院的芭蕾舞剧《天鹅湖》，等等。来欣赏演出的观众，沿着台阶走过水下长廊，来到这座国家表演艺术的最高殿堂，感受着经典、精彩剧目的独特魅力，也会在演出结束时为之喝彩。

【知识链接】

水上明珠：国家大剧院

国家大剧院是国家表演艺术的最高殿堂和中外文化交流的重要平台。它位于北京市中心天安门广场西，人民大会堂西侧，由主体建筑及南北两侧的水下长廊、地下停车场、人工湖、绿地组成。

国家大剧院由法国建筑师保罗·安德鲁主持设计。主体建筑呈半椭球形，椭球壳体外环绕人工湖，各种通道和入口都设在水面下。观众需从一条80米长的水下通道进入演出大厅。这种设计不仅美观，而且与周围的水面形成了完美的结合。当大剧院矗立于水面之上时，其独特的造型会使整个建筑看起来如同一颗璀璨的"水上明珠"。

国家大剧院内设有歌剧院、音乐厅、戏剧场三大主要表演场馆，分别用于上演歌剧、音乐会、舞蹈、戏剧、戏曲等门类的高雅艺术精品。除主要表演场馆外，还设有艺术展厅、餐厅、音像商店等配套设施，为观众提供全方位的服务体验。作为国家表演艺术的最高殿堂，国家大剧院不仅承担着国内艺术表演的重任，还积极与国际接轨，举办各类文化交流活动，推动中外文化的交流与融合。同时，国家大剧院也注重艺术教育的普及和推广，通过举办各类艺术讲座、工作坊等活动，提高公众的艺术素养和审美能力。

除了国家大剧院、国家话剧院、国图艺术中心、北京艺术中心等"国字头""京字头"演出剧场，演艺新空间也成为京城演出市场井喷的一股创新力量。

地处朝阳区三里屯商圈的爱乐汇艺术空间，烛光音乐会吸引年轻人前来一探古典音乐的壮阔世界；望京地区的开心麻花·花花世界，创造"演艺+游戏"的沉浸氛围，以"演艺+餐饮"的复合型消费为特色；天桥艺术中心内的公共空间被活化利用，新空间剧场《猫神在故宫》等在此驻场演出，启发着"小观众"们的艺术萌芽；"会馆有戏"特色品牌的推广，让湖广会馆、吉祥戏院、正乙祠戏楼等百年会馆"长"

出了新个性，实现了演艺空间的"传统再焕新"。

在新时代，作为全国文化中心的北京将延续传承、开放包容、守正创新，引领时代潮流，添彩世界文脉，展现出大国首都的文化自信与人文气象。

三、WELCOME TO BEIJING：国际交往中心

勇立改革潮头，摹画开放蓝图。40 多年前，波澜壮阔的改革开放开创了北京对外交往的新纪元，开启了北京走向世界、融入世界、影响世界的伟大征程。伴随改革开放进程，北京的建设和发展取得了举世瞩目的成就，北京作为国际交往中心的发展愿景和功能定位由远及近、逐渐清晰。

推进国际交往中心功能建设，是新时代党中央交给北京的光荣任务，为落实首都"四个中心"城市战略定位、建设国际一流的和谐宜居之都的有力支撑。2020 年 9 月，《北京推进国际交往中心功能建设专项规划》发布，明确到 2035 年，北京市将以"一核、两轴、多板块"的空间格局，把北京建设成为承担我国重大外交外事活动的首要舞台、引领全球科技创新和交流合作的中心枢纽、展现中国文化自信与多元包容魅力的重要窗口、彰显我国参与全球治理的国际交往之都。

【知识链接】

"一核、两轴、多板块"空间格局[1]

"一核"为首都功能核心区，是开展国家政务和国事外交活动的首要承载区，是展示国家首都形象的重要窗口地区。

"两轴"为中轴线及其延长线、长安街及其延长线，是国家政治、经济、文化等国际交往功能的集中承载区，是体现中华文化自信和大国首都形象气质的代表地区。在中轴线及其延长线，重点完善中轴线空间秩序，延续历史文脉，全面展示中华传统文化精髓。在长安街及其延长线，塑造代表中华民族伟大复兴的"神州第一街"。

"多板块"是拓展丰富公共外交和民间外交的承载空间，是多维

---

[1] 来源：2020 年 9 月 27 日"北京推进国际交往中心功能建设"新闻发布会。

度、全方位展现北京国际化大都市形象魅力的亮点板块。东部地区充分发挥国际化高端要素高度集聚的发展优势，着力建设成为充分展示国家首都形象、具有高集聚度和高活跃度的国际交往重点承载区。北部地区依靠优美的自然风光、优良的生态环境和优越的人文特色，构建高水平的国际交往新平台。西部地区依托以世界文化遗产颐和园为代表的古典皇家园林群以及一流的高等学校和科研院所，构建传统文化和现代文明交相辉映、充满创新活力的国际交往重要承载区。南部地区重点围绕南中轴延长线，构建大国首都新兴国际交往功能的重要承载区。

首都对外交往新天地

近年来，围绕"建设具有世界影响力的中国特色国际交往中心"目标，北京市编制实施空间规划、行动计划、"十四五"发展规划，按照"一核、两轴、多板块"空间格局，构建覆盖国事活动服务保障、国际机构集聚承载、国际会展辐射带动、国际门户开放引领、国际人文交流合作五类功能的国际交往中心功能体系，为中国特色大国外交准备好空间和硬件设施。

北京以首善标准服务保障了亚太经合组织领导人非正式会议、三届"一带一路"国际合作高峰论坛、中非合作论坛北京峰会等重大国事活动，打造了服务国家总体外交的"北京样板"。雁栖湖国际会都、国家会议中心二期、第四使馆区等项目加速落地，大国外交的舞台多点开花。100多所国际学校科学布局，多家国际医疗试点工作启动，多个国际人才社区开始建设，国际交往的生活空间更加亮丽。北京国际电影节等品牌性国际文化节庆活动、北京马拉松等知名国际体育赛事的举办，进一步繁荣了中外文化交流市场。新版北京国际版门户网站上线，"12345"市民服务热线、Beijing Service英文微信公众号等平台外语服务有效改善，北京的涉外政务服务供给水平不断提高。

【知识链接】

新版北京国际版门户网站

2024 年 3 月 28 日，新版北京国际版门户网站（https：//english. beijing. gov. cn）正式上线。网站围绕北京国际交往中心功能建设，集信息发布、公共服务、咨询交流于一体，包含英语、韩语、日语、德语、法语、西班牙语、俄语、阿拉伯语、葡萄牙语 9 个语种。

首页映入眼帘的是以北京都市夜景、自然风光、文化生活、

△ 北京国际版门户网站首页

科研创新等串联的宣传视频，页面中央硕大的白字写着英文"WELCOME TO BEIJING"（欢迎来北京），搜索框简洁大方，用户可以通过菜单栏选择不同语言，了解北京文化、科技介绍等，依据不同目的选择在北京投资、工作、学习、居住、旅游等服务咨询。

按照"突出北京魅力、北京活力、北京机遇，把北京服务贯穿其中"的思路，网站坚持服务型主定位，辅以展示功能，为外国友人和外国投资者提供支付、出行、学习、生活、旅游等丰富便捷的城市服务。通过一站式、全周期的网上服务，网站致力于提升用户体验，促进国际交流与合作，展现北京作为国际大都市的魅力和活力。

在国际交往中心功能建设的牵引下，北京国际交往综合承载能力、城市国际化能级显著提升，极大地丰富了首都对外工作内涵，对外交往的新天地不断开辟。

"一带一路"与北京

明月长风啸古道，云海黄沙漫旧关。2000多年前，自西汉张骞手持旌节走出玉门关起，友好的驼铃声传遍西域，"丝绸之路"在大漠戈壁中徐徐铺开，在经济、文化和政治互通中，中华文明与西亚的波斯文明、南亚的印度文明、欧洲的希腊罗马文明彼此交织，东西方文明也得以在陆地上如丝绸经纬交错，同织繁荣。

"绝域远烟外，高浪舞连艘。"1000多年后，宋人李昂英站在斗南楼上观海山之景、远眺广州黄木湾港口贸易往来，写下《水调歌头·题斗南楼和刘朔斋韵》，描绘出一幅商船往来穿梭、中外贸易繁忙的壮丽景象。百舸出海，先辈们远航经商，也播撒中华文明的种子。"海上丝绸之路"在惊涛骇浪中开启了人类文明交融、命运与共的新时期。

2013年3月，习近平主席首次提出构建人类命运共同体重大理念；同年9月和10月，分别提出建设"丝绸之路经济带"和"21世纪海上丝绸之路"的合作倡议，为构建人类命运共同体打造实践平台。"一带一路"倡议提出十年有余，它早已从中国倡议走向了硕果累累的国际实践，从理念转化为行动，从愿景转变为现实，从谋篇布局的"大写意"到精耕细作的"工笔画"，取得了实打实、沉甸甸的成就。

△"一带一路"国际合作
高峰论坛会标

"一带一路"国际合作高峰论坛则是"一带一路"框架下最高规格的国际活动，是由中国首倡、中国主办的高层级、大规模的多边外交活动，目前已举办三届（2017年第一届、2019年第二届、2023年第三届）。北京作为中国的首都、国际交往中心，正是这三届"一带一路"国际合作高峰论坛的举办地。在北京的雁栖湖畔，这个因生态美而吸引大雁栖息的秀美水域，也会聚着"一带一路"沿线国家及地区的来宾。开幕式、领导人圆桌峰会、高级别会议、分论坛、企业家大会……他们在这里共商、共建"一带一

路",共享互利合作成果。

北京作为我国对外开放的重要窗口,也是参与"一带一路"建设的重要枢纽。相较于其他参与"一带一路"建设的中国城市和地区,北京具有得天独厚的科技创新优势。2024 年,北京市科学技术委员会、中关村科技园区管理委员会印发了《"一带一路"科技创新北京行动计划(2025-2027 年)》,提出坚持以习近平新时代中国特色社会主义思想为指导,全面贯彻党的二十大和二十届二中、三中全会精神,紧紧围绕携手构建人类命运共同体的目标,深入践行"一带一路"科技创新行动计划,以互联互通为主线,搭建"一带一路"科技创新合作平台,支持创新主体参与"一带一路"科技创新合作,稳步推动多领域创新链、产业链务实合作,不断拓宽更高水平、更具韧性、更可持续的共赢发展新空间,为共建"一带一路"高质量发展、北京国际科技创新中心建设提供有力支撑。[1]

2020 年 6 月,中俄数学中心于北京大学正式揭牌成立。中俄数学中心由北京大学和莫斯科国立大学牵头,依托数学"双一流"建设联盟,组织推动国内高校数学院系与俄罗斯乃至全世界顶尖数学机构的全方位合作交流。中心致力于提升中俄数学研究水平和人才培养质量,促进世界范围内数学家的合作与交流,为数学的发展和国家进步作出重要贡献。

此外,北京的诸多高校也参与到了"一带一路"沿线国家及地区相关项目或出口产品的技术研发和合作中。举世闻名的中国高铁等基础建设技术就是其中的重头戏,北京交通大学参与了俄罗斯高铁、印度尼西亚雅万高铁、伊朗德黑兰机场等项目并提供关键技术研究。共建联合实验室、加强科技园区交流合作、促进国际技术转移、推动科技企业支撑"一带一路"沿线国家及地区繁荣发展……北京将科技力量注入"一带一路"建设。

科技合作是"一带一路"发展的核心内容和重要驱动力。北京贡献的科技动力,让中国科技走向国际,让世界认识中国智慧并为之惊

---

〔1〕 本文信息载北京市科学技术委员会、中关村科技园区管理委员会官网 https://kw. bei-jing. gov. cn/zwgk/zcwj/202501/t20250113 _ 3987884. html #: ~ : text =% E5% 9D% 9A% E6% 8C% 81% E4% BB% A5% E4% B9% A0% E8% BF% 91% E5% B9% B3% E6% 96% B0% E6% 97% B6, % E5% 8F% 91% E5% B1% 95% E3% 80% 81% E5% 8C% 97% E4% BA% AC% E5% 9B% BD% E9% 99% 85% E7% A7% 91.

叹。从"四大发明"到现如今一项项"高精尖"科技产出，中国科技力量从不只是为一国之发展，为一家之所长，而是共创美好未来，与全球科技同呼吸共命运，既造福中国人民也造福世界人民。

从《北京条约》到《北京宣言》

本书的第三篇"百年嬗变"一开头我们便提到，1860 年 10 月英法联军攻进北京，一路烧杀抢掠，"万园之园"圆明园遭受浩劫，后来英、法、俄强迫腐朽的晚清政府签订了不平等条约《北京条约》。山河支离破碎，国土满目疮痍，主权分崩离析。那是一段屈辱的苦难历史，那是中华民族的至暗时刻。《北京条约》的签约地点在北京礼部衙门，也就是如今北京天安门广场的东南角。

百年嬗变，沧海桑田。时间来到了 2024 年，还是在北京天安门广场的一侧。

2024 年 7 月 21 日至 23 日，巴勒斯坦各派别内部和解对话在北京举行。23 日上午，巴勒斯坦各派别内部和解对话闭幕式举行，各派代表签署了《关于结束分裂加强巴勒斯坦民族团结的北京宣言》（以下简称《北京宣言》）。中方向巴勒斯坦各派表示热烈祝贺，愿意同有关各方加强沟通协调，共同为落实好北京共识作出努力。

在这次北京对话中，各方一致同意组建临时民族和解政府，结束巴勒斯坦持续 17 年的政治分裂，这给饱受战争苦难的巴勒斯坦人民带来了和平的宝贵希望。正如中国外交部部长王毅在致辞中所说，这次对话最重要的共识就是实现所有 14 个派别的大和解、大团结，最核心的成果就是明确巴勒斯坦解放组织是巴勒斯坦人民唯一合法代表，最突出的亮点就是围绕加沙战后治理、组建临时民族和解政府达成一致，最强烈的呼吁是要根据联合国有关决议实现巴勒斯坦真正的独立建国。

《北京宣言》的签署，展现了中国特色大国外交的魅力和实力。它让全世界知道，在中国的协调推动下，原本分歧深重、内耗不断的巴勒斯坦各政治派别，能够和和气气地坐在一起，共同推动解决错综复杂的政治困局。这一重大的外交功绩再次向世界传递了一个信息：中国是世界上爱好和平的国家。无论是对待俄乌冲突，还是中东局势，中国都有明确的、一贯的政治立场，一切纷争都可以通过和平协商来解决。弱肉强食的丛林法则绝不是世界唯一的法则，和平与发展才是永恒的主题。

从 1860 年的《北京条约》到 2024 年的《北京宣言》，从被迫签订不和平、不对等的条约到积极外交、协调推动世界和平进程，这条路我们走了整整 164 年！《北京条约》和《北京宣言》，看似只有两个字的不同。但是，在 164 年的岁月长河里，中国作出了多少"一寸山河一寸血"的牺牲，经历了多少前赴后继、艰苦卓绝的发展和伟大的变革，才一步一步站起来、富起来、强起来，才有了今天之中国。

从千年万里的古"丝绸之路"到如今的"一带一路"，从丧权辱国的《北京条约》到企望和平的《北京宣言》，中国对外开放、展望寰宇的步伐越发从容、淡定。而北京，将始终作为国际交往的中心门户，让世界听见中国声音，理解中国文化，感受中国魅力。未来，北京这座历史文化名城的国际影响力和全球影响力将更加凸显！

四、数字北京：科技创新中心

习近平总书记 2014 年 2 月在北京考察工作时，明确了首都北京"四个中心"的城市战略定位，要求"坚持和强化首都全国政治中心、文化中心、国际交往中心、科技创新中心的核心功能"。在这座城市上千年的文明发展史上，北京首次被赋予了"科技创新中心"的核心功能。

习近平总书记 2023 年 5 月在河北考察并主持召开深入推进京津冀协同发展座谈会时强调："要加快建设北京国际科技创新中心和高水平人才高地，着力打造我国自主创新的重要源头和原始创新的主要策源地。"北京在建设科技创新中心的道路上，有了更高的标准、更明确的方向。

打造科学中心和创新高地

长风正劲满帆行，澎湃潮音唱大风。自 2014 年至今，北京深入贯彻落实习近平总书记重要指示批示精神，从"新"出发，向"新"而行，全力推动国际科技创新中心建设，主动服务国家战略，连接中国与世界，成为全球创新网络的重要力量。

△ 怀柔科学城图

综观全球，在众多国际化科技创新城市中，北京有着得天独厚的创新资源优势。北京仿佛拥有一种"魔力"，会聚顶尖人才、云集"独角兽"企业、吸引创投资金、集聚科研资源……全国六成以上的国家最高科学技术奖获奖者、近一半的"两院"院士、三成以上国家"杰青"人才在北京，"高被引"科学家数量居全球城市首位，数以百万计的科研人员和创新人才资源，为科技创新提供了坚实的人才基础。北京还拥有北大、清华、中国科学院等世界一流的大学和科研机构，汇聚了近80家全国重点实验室、近百所高等院校以及上千家科研院所，这些构成了多元化的科技创新主体，协同推动科技创新高水平发展。

中共北京市委 北京市人民政府印发的《北京市"十四五"时期国际科技创新中心建设规划》提出，到2025年，北京国际科技创新中心基本形成，建设成为世界主要科学中心和创新高地。目前，中关村科学城、怀柔科学城、未来科学城以及创新型产业集群示范区（包括北京经济技术开发区和顺义区）组成的"三城一区"和中关村国家自主创新示范区共同构成了北京国际科技创新中心的主平台、主阵地。通过统筹联动与融合发展，在科技创新、产业发展、营商环境等方面形成紧密的合作关系，已成为北京市推动科技创新、建设国际科技创新中心的重要载体。[1]

怀柔综合性国家科学中心就像一个巨大的科技魔法场，科学家们在这里搭建起了一个个先进的科学设施。即将发射"第一束光"的高能同步辐射光源，如同一柄超级放大镜，帮助科学家更细致地观察世界，为人类解决在能源、环境、人口和健康等诸多领域的挑战提供科学基础。

各个高校和科研院所里不断上演一场场头脑风暴。年轻的学子和经验丰富的教授一起，对基础研究进行深入探索。他们在量子计算、人工智能、生物医药等前沿领域不断突破，新一代量子计算云平台、全球首枚成功入轨的液氧甲烷运载火箭等一批重大创新成果不断涌现。

此外，北京市政府也在积极为科技创新搭建舞台。出台了一系列支持政策，外资研发中心、科技企业孵化器、"独角兽"企业等都能得到政策的扶持。科研项目经费实行"包干制"，技术攻关推行"揭榜挂帅"，让有能力的人能有机会参与到科技创新中。围绕人工智能、生物医药等领域新设了巨额的政府直投产业基金，为科技创新提供了充足的资金支持。

十年间，北京的研究与试验发展经费投入强度居全国首位，出台了

---

〔1〕 本文资料载国际科技创新中心网站 https://www.ncsti.gov.cn/kjdt/scyq/hrkxc/index.html #page3，最后访问日期：2025年2月20日。

科技成果转化条例和知识产权保护条例等一系列法规，实施中关村先行先试改革举措，完善全面创新的制度环境；全市万人发明专利拥有量增长 4 倍多，年技术合同成交额、国家高新技术企业数量、每日新设科技型企业数量、高技术产业增加值、中关村示范区企业总收入等指标实现翻番。

"科学中心"建设取得新进展，"创新高地"建设实现新突破，"创新生态"营造形成新成效，北京国际科技创新中心建设正在向着更高水平迈进。

中关村传奇

中关村是一个诞生科技创新的传奇之地，是我国科技创新发展的一面旗帜，也是当今建设北京国际科技创新中心的主阵地。

曾经的中关村只是北京海淀的一条街。新中国成立后，海淀被规划为北京的"文教区"，清华、北大、中国科学院等科教领域的"排头兵"在中关村的旷野里落地生根。到 20 世纪 70 年代末，中关村已聚集了众多高校和科研院所，成为中国的"科技心脏"。后来，有一群充满激情和梦想的人来到中关村，他们带着对科技的热爱和探索的精神，在这里扎下了根，中关村发生了神奇的变化。一间间简陋的办公室变成了现代化的科技企业，一个个创新的想法在这里变成了现实的产品，一段段传奇的故事在这里上演……中关村逐渐成为北京科技创新的一张亮丽名片。

20 世纪 80 年代初，中关村迎来了重大转折。1980 年，陈春先创立"北京等离子体学会先进技术发展服务部"，拉开了科技人员面向市场、自主创业的序幕。1984 年前后，中关村一批又一批的科技人员走出科研院所和高校，"下海"经商，以"自筹资金、自愿组合、自主经营、自负盈亏"的全新运行机制，创建了民营科技企业。到 1987 年，以"两通两海"（四通公司、信通公司、科海公司、京海公司）为代表的近百家科技企业聚集在此，自白石桥起沿中关村大街向北至成府路和中关村路至海淀路一带、东至学院路，形成大写的英文字母"F"型地区，也称"中关村电子一条街"。

【知识链接】

"中关村"名字的由来

早在明清时期，中关村还被叫作"中官坟"，这是因为当时一些太监认为这里的风水适合作为"义地"，用于自己死后埋葬，因而到这里买墓地。这些"太监义地"形成村落后，称"中官坟"，因为那时候的人们称太监为"中官"。后来因为忌讳"坟"字而将它讹为"中官村"，以后又谐音为"中关村"。

此后，中关村不断发展壮大。1988 年，国务院批准成立北京市高新技术产业开发试验区；1999 年，国务院批复要求加快建设中关村科技园区；2009 年，国务院批复建设中关村国家自主创新示范区并发展至今。

作为我国第一个国家级高新技术产业开发区、第一个国家自主创新示范区，中关村科技园已不仅局限于北京西北端的 100 平方公里范围，而是形成了包括海淀园、昌平园、顺义园、大兴亦庄园、房山园、通州园、东城园、西城园、朝阳园、丰台园、石景山园、门头沟园、平谷园、怀柔园、密云园、延庆园等 16 个园在内的"一区多园"发展格局，甚至扩展到了雄安新区等地，形成了广泛的创新网络。中关村内更是聚集了众多高新技术企业，包括联想、百度、小米等知名企业，以及大量科技型中小企业和初创企业。据不完全统计，中关村拥有国家高新技术企业 1.7 万余家，形成了庞大的企业集群。[1]

作为我国科技创新的重要策源地，中关村拥有众多国家级和省部级重点实验室、工程技术研究中心等创新平台。这些平台为中关村的创新发展提供了有力支撑，推动了大量原创性科技成果的产出和转化。中关村在全模拟光电智能计算芯片、量子云算力集群、第三代"香山"RISC-V 开源高性能处理器核等多个领域取得了重大科技成果，这些成

---

〔1〕　本文资料载国际科技创新中心网站 https://www.ncsti.gov.cn/kjdt/yqdy/，最后访问人日期 2025 年 2 月 20 日。

果不仅代表了中关村在科技创新方面的领先地位，也为我国乃至全球的科技发展作出了重要贡献。

从中关村电子一条街到中关村科技园，再到现在的中关村国家自主创新示范区，这里经历了"中国制造"到"中国创造"再到"中国智造"的传奇巨变。

未来，中关村的"科创种子"将在更大范围开花结果。在天津滨海、河北雄安等地，中关村走出北京，带团队、带项目、带服务、带理念，推动京津冀协同创新。在中关村论坛，来自100多个国家和地区的顶尖专家、上千名演讲嘉宾，参与论坛会议、技术交易、成果发布、前沿大赛、配套活动等活动，围绕全球重大科技方向，开展深入交流，凝聚广泛共识，取得了丰硕的成果。

2021年，习近平总书记在对2021中关村论坛视频致贺时曾强调，中关村是中国第一个国家自主创新示范区，中关村论坛是面向全球科技创新交流合作的国家级平台。比起"小院高墙"，中国选择携手合作，与国际社会一道构建全球科技共同体。借助中关村论坛等平台，北京积极打造国际科技交流大舞台，促进国际科技交流合作。

【知识链接】

中关村论坛

中关村是我国创新发展的一面旗帜，在推进科技自立自强中肩负重要使命。把中关村论坛打造成为面向全球高科技创新交流合作的国家级平台，是党中央作出的一项重要决策。

中关村论坛以"创新与发展"为永久主题，自2007年起，历经十余年发展，中关村论坛已成为全球性、综合性、开放性的科技创新高端国际论坛。

中关村论坛聚焦国际科技创新前沿和热点问题，每年设置不同议题，邀请全球顶尖科学家、领军企业家、新锐创业者等共同参与，纵论创新，交流分享，引发各界广泛关注，不断传播新思想、提炼新模式、引领新发展。

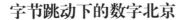

字节跳动下的数字北京

字节，计算机技术中最小的可操作存储单位，当由它构成的互联网信息化时代全面跳动，又将给北京这座城市注入怎样的生机活力呢？在当今全球数字经济蓬勃发展的浪潮中，在"数字产业化""产业数字化"的协同推进下，北京正逐步以卓越的科技创新能力和深厚的产业基础，成为全球数字经济的标杆城市。

科技创新中心的建设，给北京的数字经济发展带来了巨大红利。近年来，凭借前瞻性的视野和有力的政策支持，推动数字经济与实体经济深度融合，构建了一个多元化、高层次的数字产业生态体系，以大数据、人工智能、区块链为代表的新一代信息技术，正在向实体经济加速渗透，对经济增长和产业升级的拉动作用不断增强。

在数字基础设施建设领域，北京已建成国家工业互联网大数据中心、国家顶级节点指挥运营中心，成为国家工业大数据交互的核心枢纽。同时，北京还积极构建新型数字基础设施，目前已建成5G基站超11万个，5G-A基站试点建设超1000个，实现了重点区域的信号精准覆盖。这些基础设施的建设，为数字经济的快速发展提供了坚实的基础。

在技术创新方面，北京走在全球前列。关键算法技术，如自然语言处理、通用视觉和多模态交互大模型等，已达到国际先进水平。同时，北京还积极推动人工智能大模型产品的迭代发布，如百度的"文心一言"和智谱华章的"智谱清言"等，这些产品在全国大模型产品总数中占比超过80%，充分展现了北京在人工智能领域的创新实力。北京更是孕育了一批以"抖音""美团"为代表的互联网创新科技企业。

【知识链接】

北京抖音信息服务有限公司

北京抖音信息服务有限公司（以下简称抖音公司）是近年来北京

数字产业化发展中的杰出代表。其总部位于北京市海淀区，自2012年3月创立以来，便以惊人的速度在全球范围内扩张。从最初的"今日头条"到后来的"抖音""西瓜视频"，再到如今涵盖新闻、短视频、直播、电商等多个领域的多元化平台，抖音公司凭借其强大的内容分发技术和AI技术，通过一系列关键产品的推出和业务的拓展，逐渐成长为数字经济领域的重要力量，为用户和社会创造了巨大的价值。

在10余年的发展过程中，抖音公司不仅自身实现了跨越式发展，还通过其产品和服务，为北京乃至全球的数字经济注入了新的活力。其中，抖音（国内版）和TikTok（海外版）更是成为全球最受欢迎的应用之一，用户数已超过20亿，充分展现了北京在数字内容创作与传播领域的强大实力。抖音公司不仅带动了数字内容产业的繁荣，还促进了电商、广告等相关行业的快速发展，通过积极投身智慧城市、智慧医疗、智慧教育等数字经济领域，为社会的数字化转型贡献了自己的力量。

数字经济的发展与人们生活更是息息相关。北京的智慧交通一体化出行服务取得明显进展，国内首个绿色出行一站式服务（"Mobility as a Service"，出行即服务，缩写为MAAS）平台，实现北京全市公共交通"一码通乘"，日均刷码近780万人次。从城市端加快推动智能网联汽车行业发展，为高级别自动驾驶规模化、商业化应用按下"加速键"。

医疗领域的信息协同互联也大大提高了人们就医的便利。目前，全市共有上百家互联网医院、可提供互联网诊疗服务的医疗机构，每日总诊疗量达上百万人次。270余家医院实现平台挂号，100多家医院实现了医保移动支付、检验报告和医疗影像即时查询。

在线教育平台、教育大数据应用、电子商务、"一网通办"平台、电子证照应用……在教育、购物消费、政务服务等领域，数字经济的发展极大地便利了人们的生活。

未来北京将继续以科技创新为引领，加快构建数字经济发展新高地。随着数字经济政策的不断完善和新型基础设施的持续建设，北京的数字产业化发展将迎来更加广阔的发展前景，在全球的数字经济浪潮中不断迈上新的台阶！

思考题

1. 结合本篇内容，谈谈自己能为北京"四个中心"建设做些什么？
2. 谈一谈你心目中的国际一流和谐宜居之都是什么样？

推荐书目

《北京"四个中心"建设及其协同发展》，原珂著，光明日报出版社 2023 年版。

推荐电影

《首都规划》（2024 年），北京市规划和自然资源委员会出品。

附　录

附录一　北京爱国主义教育示范基地

【天安门广场】位于北京市中心，地处北京市东城区东长安街，北起天安门，南至正阳门，东起中国国家博物馆，西至人民大会堂，南北长880米，东西宽500米，面积达44万平方米，可容纳100万人举行盛大集会，是世界上最大的城市广场。

【天安门城楼】坐落在北京市的中心、故宫的南端，与天安门广场以及人民英雄纪念碑、毛主席纪念堂、人民大会堂、中国国家博物馆隔长安街相望，占地面积4800平方米，以杰出的建筑艺术和特殊的政治地位为世人所瞩目。

【人民英雄纪念碑】位于北京天安门广场的中心区，它是新中国成立之后第一个国家公共艺术工程，也是中国历史上最大的纪念碑。

【毛主席纪念堂】坐落在天安门广场的南端，是党和国家的最高纪念堂。在这座恢宏伟岸的殿堂里，安息着一位20世纪中国最伟大的人物——毛泽东。

【人民大会堂】位于天安门广场西侧，建筑平面呈"山"字形，总建筑面积17.18万平方米，四周有134根廊柱，于1958年10月正式动工，1959年9月建成，用时仅10个多月。

【中国国家博物馆】位于天安门广场东侧。2003年2月在中国历史博物馆和中国革命博物馆两馆合并的基础上组建成立，是以历史与艺术并重，集收藏、展览、研究、考古、公共教育、文化交流于一体的综合性国家博物馆。

【故宫博物院】是一座中国综合性博物馆，也是中国最大的古代文化艺术博物馆、第一批全国爱国主义教育示范基地、世界三大宫殿之一、全国未成年人思想道德建设工作先进单位。

【中国共产党历史展览馆】总建筑面积14.7万平方米，中宣部直属事业单位，是一座社会科学类党史专题纪念馆。

【中国共产党早期北京革命活动纪念馆】即北京大学红楼，是新文化运动的中心和五四运动的策源地，最早在我国传播马克思主义思想，也是我们党在北京早期革命活动的历史见证地，在建党过程中具有重要地位。

【中国人民革命军事博物馆】是中国唯一的大型综合性军事博物馆，是向国庆10周年献礼的首都十大建筑之一。

【中国人民抗日战争纪念馆】是中国唯一一座全面反映中国人民伟大抗日战争历史的大型综合性专题纪念馆。

【香山革命纪念馆】是集中展示香山革命历史的重要场馆、传承弘扬首都红色文化的重要抓手、加强爱国主义教育和革命传统教育的重要载体。

【北京鲁迅博物馆】即北京新文化运动纪念馆，是主要承担鲁迅和新文化运动时期著名人物、重大事件有关实物、资料的征集、保管、研究和宣传展示等工作的国家一级博物馆。

【平北抗日战争纪念馆】分为序厅、影视厅、展厅三大部分，其中展厅建筑面积550平方米，展线130米长，共分八部分，展示1933年到1945年平北军民反抗日军侵略的史实。

【平西抗日战争纪念馆】位于北京市房山区十渡镇十渡村南，距北京市区约100公里。馆内展出的是以平西抗战史料为主要内容的抗战历史长廊，馆里众多的文物、照片资料向人们讲述着平西人民这段光荣的历史。

【铁道兵纪念馆】即中国铁建展览馆，全馆分为铁道兵时期展厅、中国铁建时期展厅，采用了雕塑壁画、珍贵历史实物等多种展览方式。

【长辛店二七纪念馆】收藏和保存着京汉铁路工人革命斗争的大量实物，既是长辛店"二七"大罢工和工人运动的纪念地，又是对青少年进行革命传统教育的好场所。

【焦庄户地道战遗址纪念馆】是第二次世界大战中国人民抗击日本侵略者的一处重要战争遗址。始建于 1964 年秋，焦庄户村在战争年代隶属冀东抗日根据地领导，是通往平西、平北根据地的必经之路。

【冀热察挺进军司令部旧址陈列馆】于 1997 年 7 月 7 日开馆。虽然在众多的博物馆、纪念馆中它很小，但它的诞生产生了深远的社会影响。

【八宝山革命公墓】是全国规格建制最高、声名最著、红色教育资源最为丰富的园林式公墓，长眠着众多中华人民共和国的开国元勋、战功显赫的将军、成就卓著的科学家、国际友人和仁人志士。

【北京三一八烈士墓】在海淀区圆明园遗址西南角，位于新建的九州清晏景区内。1929 年，为纪念 1926 年"三一八"惨案牺牲的 47 名烈士而建。

【李大钊烈士陵园】坐落在京西香山东南的万安公墓内，占地面积 2200 平方米，1983 年 10 月 29 日落成并对外开放。建园至今，已成为爱国主义教育和革命传统教育的重要基地。

【李大钊故居】1920 年春至 1924 年 1 月，李大钊及其家人在石驸马大街后宅 35 号北院居住，这是他在故乡之外与家人生活时间最长的一处居所。

【宋庆龄故居】始建于清朝康熙年间，为大学士明珠的府邸花园，乾隆年间为和珅别院，嘉庆年间为成亲王永瑆王府花园，后为光绪父亲醇亲王奕譞府邸花园，清末又为末代皇帝溥仪的父亲醇亲王载沣的王府花园，即摄政王府花园。

【卢沟桥】在北京市西南约 15 千米处丰台区永定河上。

【中国美术馆】是以收藏、研究、展示中国近现代艺术家作品为重点的国家造型艺术博物馆。

【和苑博物馆】位于北京市朝阳区霄云路 18 号，是展示中国民间外交的博物馆，经常举办外国文化展览。

【中国印刷博物馆】是世界上最大的印刷专业博物馆，坐落在北京印刷学院校园内东南角。

【中国航空博物馆】是中国第一座对外开放的大型航空博物馆，是中国唯一、亚洲最大、世界前五的航空专业博物馆，是中国国家、军队

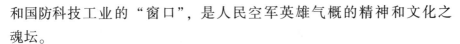

和国防科技工业的"窗口",是人民空军英雄气概的精神和文化之魂坛。

【北京海洋馆】坐落在北京动物园内长河北岸,南倚长河、毗邻北京展览馆、天文馆和首都体育馆。

【圆明园遗址公园】位于北京市海淀区中部偏东,西北去西直门二十华里,其东南角为清华大学西门。

【首都博物馆】位于北京长安街西延长线上、白云路的西侧,复兴门外大街16号。

【中国电影博物馆】是经国务院批准,由原国家广电总局和北京市人民政府共同建设的大型公共文化设施,是纪念中国电影诞生100周年的标志性建筑,是目前世界上最大的国家级电影专业博物馆,是中国华侨国际文化交流基地、北京市爱国主义教育基地、科普教育基地。

【中国妇女儿童博物馆】作为以妇女儿童为主题的博物馆,中国妇女儿童博物馆以收藏、展览和研究妇女儿童类文物,促进妇女儿童事业发展和为广大妇女儿童服务为主旨。

【中国法院博物馆】为传承和弘扬中华司法文明,发展社会主义司法文化,促进国内外司法文化交流,由最高人民法院决定建立。

【卢沟桥历史博物馆】经过全面提升改造、重新布展于2023年9月15日,拥有800多年历史的卢沟桥有了自己的桥史博物馆。

【八达岭古长城自然风景区】位于八达岭长城景区西南5公里,是八达岭长城的西大门。古长城旧称"残长城",是八达岭长城的西南延伸段。

【北京中山堂】位于中山公园社稷坛北,地处北京市中心,东邻天安门,是一座具有纪念性的古典坛庙园林。

【香山双清别墅】位于北京市海淀区香山公园南麓的半山腰,因院内一座石壁下淌出的两眼泉水而得名。

【圆明园展览馆】位于圆明园遗址公园内,由西洋楼展览馆和三园交界展览馆组成。

【北京周口店北京人遗址博物馆】集研究、收藏、展览、展示、科普教育、文化交流于一体。周口店遗址自1927年进行大规模系统发掘以来,共发现不同时期的各类化石和文化遗物地点27处,发掘出土代

表 40 多个"北京人"的化石遗骸，10 多万件石器，近 200 种动物化石及大量的用火遗迹等，是举世闻名的多学科综合研究基地。

【中国农业博物馆】是国内唯一的国家级农业专业博物馆。与全国农业展览馆是一个机构、两块牌子，共同承担弘扬我国悠久农业文明、展示农业科技成就、宣传农业基本国情、交流现代农业科技成果、传播农业科技知识的重任。

【司马台长城】位于北京市东北部密云区北部的古北口镇司马台村北，紧邻古北水镇，距离北京 120 公里，属燕山山脉，司马台长城依险峻山势而筑，并以险、密、齐、巧、全五大特点著称于世。

附录二　北京历史文化名人

1. 关汉卿（约 1220—1300）。关汉卿，号已斋、已斋叟，是元杂剧的奠基人，中国古代戏曲创作的代表人物，他与马致远、郑光祖、白朴并称"元曲四大家"，关汉卿位于"元曲四大家"之首。关汉卿的剧作深刻揭露了元代社会的黑暗，是元代残酷的民族压迫和阶级压迫的一面镜子。据各种文献资料记载，关汉卿编有杂剧 67 部，现存 18 部。关汉卿娴熟地运用元代杂剧的形式，在塑造人物形象、处理戏剧冲突、运用戏曲语言诸方面均有杰出的成就。他的剧作被译为英文、法文、德文、日文等在世界各地广为流传。他最有名的代表作《窦娥冤》（全名《感天动地窦娥冤》）被列为中国十大悲剧之一。

2. 曹雪芹（约 1715—1763）。曹雪芹，名霑，字梦阮，号雪芹，又号芹溪、芹圃。是清代著名小说家，他的长篇古典名著《红楼梦》代表了中国古典小说的最高成就，不但在国内家喻户晓，在世界文坛上也是举世公认的文学名著。《红楼梦》通过描写贾宝玉、林黛玉、薛宝钗之间的爱情婚姻悲剧，从中表现了贾、王、史、薛四大家族的兴衰，揭示了封建社会末期渐趋崩溃的社会真实内幕，反映了那个时代对个性解放和人权平等的要求以及初步的民主主义精神。内容丰富，思想深刻，艺术精湛，成为我国古典小说中伟大的现实主义作品。200 多年来，对《红楼梦》的研究历久不衰，逐渐形成了一门学——"红学"。

3. 老舍（1899—1966）。老舍，原名舒庆春，字舍予，是中国现代小说家、文学家、戏剧家。他 1918 年毕业于北京师范学校，担任过小学校长、郊外北区劝学员等职。五四掀起的民主、科学、个性解放的思潮，把他从"兢兢业业办小学，恭恭顺顺地侍奉老母，规规矩矩地结婚生子"的人生信条中惊醒；文学革命的勃兴，又使他"醉心新文艺"，由此开始生命和事业的新起点。老舍的一生，总是在忘我地工作，发表了大量影响后人的文学作品，获得"人民艺术家"的称号。

其代表作品有《骆驼祥子》《四世同堂》《茶馆》《龙须沟》等。其中，话剧《茶馆》成为京味文学的典型代表，把老舍的话剧艺术推向了高峰，成为我国戏剧艺术殿堂的一颗璀璨明珠。

4. 李大钊（1889—1927）。李大钊，字守常，河北省乐亭县人。他是中国共产主义运动的先驱和最早的马克思主义者，中国共产党的主要创始人之一。1916 年任北京《晨钟报》主编，1917 年 1 月又任《甲寅》日刊编辑，1917 年底，1918 年 1 月出任北京大学图书馆主任，并参与编辑《新青年》。其间发表了不少宣传民主主义思想和社会进步的文章，成为新文化运动的一员主将。俄国十月革命后，他率先接受和传播马克思主义，先后发表《法俄革命之比较观》《庶民的胜利》等著名论文，和陈独秀等创办《每周评论》，积极领导了五四运动，成为中国共产主义的先驱、我国最早传播马克思主义的人。1920 年初，李大钊与陈独秀相约，在北京和上海分别活动，筹建中国共产党。同年秋，他又领导建立了北京共产党的早期组织和北京社会主义青年团，并与在上海的陈独秀遥相呼应，积极活动，扩大宣传，发展组织，积极推动建立全国范围的共产党组织。"南陈北李，相约建党"成为中国革命史上的一段佳话。

5. 梅兰芳（1894—1961）。梅兰芳，名澜，字畹华，1894 年 10 月 22 日出生在北京的一个梨园世家。他是我国最杰出的京剧表演艺术家，形成了自己的艺术风格，世称"梅派"。代表作京剧有《贵妃醉酒》《霸王别姬》等；昆曲有《思凡》《游园惊梦》等。所著论文编为《梅兰芳文集》，演出剧目编为《梅兰芳演出剧本选集》。梅派艺术传人有李世芳、张君秋、言慧珠、杜近芳、梅葆玖等。以梅兰芳为代表的中国戏曲表演艺术被认为是当今世界三大主要表演体系之一。他是我国向海外传播京剧艺术的先驱。中华人民共和国成立后，梅兰芳先后当选全国人民代表大会代表，中国人民政治协商会议全国委员会常务委员，中国文学艺术界联合会副主席、中国戏剧家协会副主席，先后任中国戏曲研究院、中国戏曲学院和中国京剧院的院长，1959 年 7 月加入中国共产党，为祖国的社会主义建设作出了多方面的贡献。

6. 齐白石（1864—1957）。齐白石，原名纯芝，号渭青、兰亭，后改名璜，号濒生，别号白石、白石老人等。湖南湘潭人，1919 年开始定居北京，是我国 20 世纪著名画家和书法篆刻家。他也是 20 世纪世界十大画家之一，世界文化名人。曾任北京国立艺专教授、中央美术学院名誉教授、北京画院名誉院长、中国美术家协会主席等职。曾被授予"中国人民艺术家"的称号、荣获世界和平理事会 1955 年度国际和平金奖。代表作品有《花卉草虫册页》《白石草衣金石刻画》等。2011年 5 月 22 日，他的作品《松柏高立图·篆书四言联》被拍出 4.255 亿元人民币的天价。

7. 徐悲鸿（1895—1953）。徐悲鸿，原名寿康，江苏宜兴人，中国现代美术事业的奠基者，杰出的画家和美术教育家。1918 年，他接受蔡元培聘请，任北京大学画法研究会导师，后留学法国。1927 年回国后，先后任上海南国艺术学院美术系主任、中央大学艺术系教授、北平大学艺术学院院长、北平艺术专科学校校长。新中国成立后，任首届中华全国美术工作者协会主席、中央美术学院院长等职。徐悲鸿坚持现实主义艺术道路，创作了《田横五百士》《九方皋》《巴人汲水》《愚公移山》等一系列对现代中国画、油画的发展有着巨大影响的优秀作品。徐悲鸿的作品，无论是油画、国画还是素描，在中国近现代艺术史上都占有重要地位。他在油画方面最大的成就是使印象主义光与色的表现与古典主义严格而完美的造型相结合。国画方面，他在继承传统绘画的基础上第一个把欧洲古典现实主义的技法融入国画创作中，创制了富有时代感的新国画，成为近现代中国画坛上少有的能够全面掌握东西方绘画技法的艺术大师。

8. 侯宝林（1917—1993）。侯宝林，中国著名相声大师，极负盛名的表演艺术家。他 1917 年出生于天津，因家境贫寒，4 岁时就被舅舅张金斌从外地送到北京地安门外的侯家。从懂事起就饱尝城市贫民生活的艰辛。12 岁时，侯宝林开始学艺，先是学京剧，后来改学相声。先后拜常葆臣、朱阔泉为师，曾在北京天桥、鼓楼一带"摆地"演出，说单口相声，与许许多多旧社会的民间艺人一样，以此挣钱谋生，养家糊口。晚年，侯宝林主要从事曲艺理论研究。与人合著《曲艺概论》《相声溯源》《相声艺术论集》等，被誉为相声界的一代宗师。他的相声集有《侯宝林、郭启儒表演相声选》《再生集》《侯宝林相声选》等，其中收录了诸如《戏剧杂谈》《夜行记》《关公战秦琼》等脍炙人口的相声精品。另外，他还主演过《游园惊梦》《笑》等喜剧电影。

参考文献

[1] 武弘麟：《北京文明的曙光》，北京出版社 2000 年版。

[2] 侯仁之、金涛：《北京史话》，上海人民出版社 1980 年版。

[3] 于德源：《明清之际北京的历史波澜》，北京出版社 2000 年版。

[4] 于念慈：《幽燕都会》，北京出版社 2000 年版。

[5] 洪烛：《永远的北京》，中国社会出版社 2005 年版。

[6] 王岗：《通往首都的历程》，北京出版社 2000 年版。

[7] 袁熹：《1840—1949 北京近百年生活变迁》，同心出版社 2007 年版。

[8] 王均：《清末民初北京的政治风云》，北京出版社 2000 年版。

[9] 胡绳：《从鸦片战争到五四运动》，人民出版社 1981 年版。

[10] 杨念群：《"五四"九十周年版祭：一个"问题史"的回溯与反思》，世界图书出版公司 2009 年版。

[11] 孙承泽：《天府广记》，北京古籍出版社 1984 年版。

[12] 罗哲文：《中国古园林》，中国建筑工业出版社 1999 年版。

[13] 于倬云：《紫禁城宫殿》，商务印书馆 1982 年版。

[14] ［瑞典］喜仁龙：《北京的城墙与城门》，邓可译，北京联合出版公司 2017 年版。

[15] 高巍：《四合院：砖瓦建成的北京文化》，学苑出版社 2007 年版。

[16] 翁立：《北京的胡同》，北京图书馆出版社 2003 年版。

[17] 成善卿：《天桥史话》，三联书店 1990 年版。

[18] 马建农：《琉璃厂》，北京出版社 2006 年版。

[19] 张清常：《胡同及其他》，北京语言学院出版社 1996 年版。

[20] 周传家、秦华生主编：《北京戏剧通史》，燕山出版社 2001 年版。

[21] 佟洵主编：《佛教与北京寺庙文化》，中央民族大学出版社 1997 年版。

[22] 习五一：《北京的庙会民俗》，北京出版社 2000 年版。

[23] 王美秀：《中国基督教史话》，社会科学文献出版社 2011 年版。

[24] 吴建雍：《北京城市生活史》，开明出版社 1997 年版。

[25] 阎红生：《从北京的人文背景中看北京话的发展》，载《琼州大学学报》1999 年

第 3 期。

［26］吴殿尧主编：《开国大典：从西柏坡到天安门》，湖南文艺出版社 1999 年版。

［27］丛笑难主编：《中国革命史》，解放军出版社 1994 年版。

［28］沈福煦：《建筑美学》，中国建筑工业出版社 2007 年版。

［29］杨东平：《城市季风：北京和上海的文化精神》，东方出版社 1994 年版。

［30］［法］埃里克·伊兹拉莱维奇：《当中国改变世界》，姚海星译，中信出版社 2005
　　　年版。

［31］金元浦主编：《北京：走向世界城市——北京建设世界城市发展战略研究报告》，
　　　北京科学技术出版社 2010 年版。

［32］李其荣：《世界城市史话》，湖北人民出版社 1997 年版。

［33］［英］M. 帕西昂主编：《当代城市的困扰和出路》，王松涛、孙以芳等译，重庆
　　　出版社 1989 年版。

［34］宋卫忠编著：《北京古代建筑》，北京出版社 2018 年版。

［35］中共北京市委编：《习近平关于北京工作论述摘编（2024 年版）》。